LAW AND ETHICS Vol.10

法律与伦理

第 十 辑

侯欣一／主　编

夏纪森／执行主编

社会科学文献出版社
SOCIAL SCIENCES ACADEMIC PRESS (CHINA)

目录

目　录

《民法典》研究

Das bürgerliche Recht 在中国：
从"资产阶级法权"到"民事权利"

——民法从不平等的体现到平等的体现逆转史

徐国栋*

摘　要：马克思在其《哥达纲领批判》中用 bürgerliche Recht 指称一种形式平等、实质不平等的分配方式，而这种方式在马克思写作当时的资本主义社会运作，导致列宁把 bürgerliche Recht 翻译为资产阶级法权。共产主义社会的分配是实质平等的，所以，苏俄建立初期，基于其不平等性排斥民法中的所有权法、继承法和家庭法。战时共产主义导致的经济危机迫使列宁改行新经济政策，为此要制定民法。最初仅制定了被认为具有平等性的合同之债法典，后来才制定了切除家庭法、压缩继承法的苏俄民法典，并放弃把平等，而是把生产关系的调整作为民法的存在依据。资产阶级法权的概念进入中国，成为特权的同义词，表明我国人民（包括其领导阶层）对民法的陌生，构成我国长期制定不出民法典的深层次原因。从本质来看，bürgerliche Recht 实际上是天分高者和幸运者的多得问题，自由主义者和非自由主义对此有不同的态度。马克思使用的 bürgerliche Recht 一语昭示了民法内在的不平等性，但改革开放后，我国学界竟然在商品关系中找到了民法平等性的依据。此等认知随我国民法典包纳众多的非商品关系内容面临严峻挑战。

关键词：民法　资产阶级法权　平等　天赋　苏俄民法典

一　"民事权利"被译为"资产阶级法权"的来龙去脉

1875 年 5 月，马克思在《哥达纲领批判》中说：所以，在这里平等

---

* 徐国栋，厦门大学南强重点岗位教授，法学博士。感谢中国政法大学的王志华教授提供俄文资料和翻译。

的权利按照原则仍然是资产阶级的法权，虽然原则和实践在这里已不再互相矛盾，而在商品交换中，等价物的交换只存在于平均数中，并不是存在于每个个别场合。① （Das gleiche Recht ist hier daher immer noch-dem Prinzip nach-das bürgerliche Recht, obgleich Prinzip und Praxis sich nicht mehr in den Haaren liegen, während der Austausch von Äquivalenten beim Warena-ustausch nur im Durchschnitt, nicht für den einzelnen Fall existiert. ②） 此语中的 "资产阶级的法权" 的德文形式是 bürgerliche Recht，学过德语的人一看就知该词的通常译法是 "民法" 或 "民事权利"。bürgerliche Recht 被译成 "资产阶级的权利"，叫人觉得突兀。可能还有其他人提出了意见，使得中共中央马恩列斯著作编译局于 1977 年 12 月 12 日在《人民日报》发表《"资产阶级法权" 应改译为 "资产阶级权利"》一文，才解决了这个问题的一半。③

把 bürgerlichen 译成 "资产阶级的" 属于明显的误译，因为马克思在《哥达纲领批判》中多次用 bourgeois 这个法文词④来表示 "资产阶级"，有如下列。

其一，在《共产党宣言》里写道："在当前同资产阶级对立的一切阶级中，只有无产阶级是真正革命的阶级。"⑤ （Im "Kommunistischen Manifest" heißt es："Von allen Klassen, welche heutzutage der Bourgeoisie gegenüberstehn, ist nur das Proletariat eine wirklich revolutionäre Klasse". ⑥）

其二，在这里，资产阶级作为大工业的体现者，对那些力求保持过时的生产方式所创造的一切社会阵地的封建主和中间等级说来，是被当做革命阶级看待的。所以他们并不是同资产阶级一起只组成反动的一帮。⑦

---

① 参见《马克思恩格斯选集》第 3 卷，人民出版社，1972，第 11 页。

② Vgl. Karl Marx Friedrich Engels Werke, Bd. 19, Dietz Verlag Berlin, 1987, S. 20.

③ 基于此文，人民出版社 1995 年版和 2012 年版的《马克思恩格斯选集》第 3 卷中收录的《哥达纲领批判》的有关段落改译如下："所以，在这里平等的权利按照原则仍然是资产阶级权利，虽然原则和实践在这里已不再互相矛盾，而在商品交换中，等价物的交换只是平均来说才存在，不是存在于每个个别场合。" 参见《马克思恩格斯选集》第 3 卷，人民出版社，2012，第 363 页及以次（该段落处在人民出版社 1995 年版的《马克思恩格斯选集》第 3 卷的第 304 页）。由于只把 "法权" 改为了 "权利"，未把 "资产阶级" 改为 "民事的"，所以我说只解决了问题的一半。

④ 严格说来也是一个德文词，因为德文词典里有它，意思是资产者、资产阶级、有钱的庸人。参见《德汉词典》编写组《德汉词典》，上海译文出版社，1983，第 220 页。

⑤ 参见《马克思恩格斯选集》第 3 卷，人民出版社，1972，第 14 页。

⑥ Vgl. Karl Marx Friedrich Engels Werke, Bd. 19, Dietz Verlag Berlin, 1987, S. 22.

⑦ 参见《马克思恩格斯选集》第 3 卷，人民出版社，1972，第 14 页。

（Die Bourgeoisie ist hier als revolutionäre Klasse aufgefaßt-als Trägerin der großen Industrie-gegenüber Feudalen und Mittelständen, welche alle gesell-schaftlichen Positionen behaupten wollen, die das Gebilde veralteter Produktion-sweisen. Sie bilden also nicht zusammen mit der Bourgeoisie nur eine reaktionäre Masse. [1]）

其三，另一方面，无产阶级对资产阶级说来是革命的，因为它本身是在大工业基地上成长起来的。[2]（Andrerseits ist das Proletariat der Bourgeoi-sie gegenüber revolutionär, weil es, selbst erwachsen auf dem Boden der großen Industrie. [3]）

其四，所以，从这个观点看来，说什么对工人阶级说来，中间等级"同资产阶级一起"并且加上封建主"只组成反动的一帮"，这也是荒谬的。[4]（Von diesem Gesichtspunkt ist es also wieder Unsinn, daß sie "zusam-men mit der Bourgeoisie" und obendrein den Feudalen, gegenüber der Arbe-iterklasse "nur eine reaktionäre Masse bilden". [5]）

其五，他这样粗暴地歪曲《宣言》，不过是为了粉饰他同专制主义者和封建主义者这些敌人结成的反资产阶级联盟。[6]（Wenn er es also so grob verfälschte, geschah es nur, um seine Allianz mit den absolutistischen und feu-dalen Gegnern wider die Bourgeoisie zu beschönigen. [7]）

其六，……居然向一个以议会形式粉饰门面、混杂着封建残余、已经受到资产阶级影响、按官僚制度组织起来、并以警察来保卫的、军事专制制度的国家，要求只有在民主共和国里才有意义的东西……！[8]（Dinge, die nur in einer demokratischen Republik Sinn haben, von einem Staat zu ver-langen, der nichts andres als ein mit parlamentarischen Formen verbrämter, mit feudalem Beisatz vermischter und zugleich schon von der Bourgeoisie beeinflußter, bürokratisch gezimmerter, polizeilich gehüteter Militärdespotismus ist. [9]）

---

[1] Vgl. Karl Marx Friedrich Engels Werke, Bd. 19, Dietz Verlag Berlin, 1987, S. 23.
[2] 参见《马克思恩格斯选集》第 3 卷，人民出版社，1972，第 14 页。
[3] Vgl. Karl Marx Friedrich Engels Werke, Bd. 19, Dietz Verlag Berlin, 1987, S. 23.
[4] 参见《马克思恩格斯选集》第 3 卷，人民出版社，1972，第 14 页。
[5] Vgl. Karl Marx Friedrich Engels Werke, Bd. 19, Dietz Verlag Berlin, 1987, S. 23.
[6] 参见《马克思恩格斯选集》第 3 卷，人民出版社，1972，第 14 页。
[7] Vgl. Karl Marx Friedrich Engels Werke, Bd. 19, Dietz Verlag Berlin, 1987, S. 23.
[8] 参见《马克思恩格斯选集》第 3 卷，人民出版社，1972，第 21～22 页。
[9] Vgl. Karl Marx Friedrich Engels Werke, Bd. 19, Dietz Verlag Berlin, 1987, S. 29.

那么，误译是如何造成的？这要追寻到列宁在 1917 年于芬兰完成的《国家与革命》中，他夹叙夹议地介绍《哥达纲领批判》论述的共产主义社会两阶段论，写道："马克思说：这里确实有'<u>平等权利</u>'，但这仍然是'<u>资产阶级法权</u>'，它同任何权利一样，是以不平等为前提的。"①（«<u>Равное право</u>»—говорит Маркс—мы здесь действительно имеем, но это ещё «<u>буржуазное право</u>», которое, как и всякое право, предполагает неравенство. ）②《国家与革命》的中译本由陈昌浩（1906～1967）完成，在西路军失败后，1939 年 8 月他到苏联治病。从 1943 年到 1952 年，他在苏联孙文书籍出版局工作，翻译了两卷本的《列宁文集》等。③ 作为一个未专修过法律的译者，在翻译《国家与革命》时，感到俄文中的 право 如果翻译为"权利"，反映不出他在莫斯科中山大学学习（1927～1930）时接受的法是统治阶级维护国家权力的工具的思想。④ 译为"法权"，则其中的"权"既可指"权利"，也可指"权力"，可与他接受的法的定义相容。至于把 буржуазное 译为"资产阶级的"，陈昌浩仅仅是跟随列宁的原文，因为 буржуазное 不过是 Bourgeoisie 一词的俄文转写而已。当然，陈昌浩把 буржуазное 译为"资产阶级的"，也可能是跟随他的先驱者的传统。

开创这一传统的为熊得山（1891～1939），他作为《哥达纲领批判》（1922 年）的第一个中译者，把作为列宁夹叙夹议对象的马克思的那句话译为"并以这样平等权利：（即有产阶级的权利）为原则"。⑤ 贺团卫认为，熊得山留日出身，精通日语，很可能是根据《哥达纲领批判》的日译本并参照德文本译出的。⑥ 但查日本国会图书馆的目录，日本到大正 13 年（1924 年）才有水谷长三郎的《哥达纲领批判》日译本，这个译本晚于熊

① 参见《列宁选集》第 3 卷，人民出版社，1972，第 250 页。
② Cm. Видеть，Институт Маркса—Энгельса—Ленина При Цк Вкп （Б），В. И. Ленин，Маркс，Энгельс，Марксизм，Огиз Государственное Издательство Политической Литературы，1946，Шестое Издание，c. 353.
③ 参见罗学蓬《红四方面军总政委陈昌浩的跌宕人生》，《档案记忆》2016 年第 10 期，第 28 页及以次。
④ 参见康闪金《"资产阶级法权"：一个革命政治语词的历史考察》，《党史研究与教学》2015 年第 1 期，第 94 页。
⑤ 参见贺团卫《〈哥达纲领批判〉在中国的早期传播和主要版本研究》，博士学位论文，陕西师范大学，2018，第 150 页。
⑥ 参见贺团卫《〈哥达纲领批判〉在中国的早期传播和主要版本研究》，博士学位论文，陕西师范大学，2018，第 153 页。

得山的译本。所以，熊得山的影响源，还需要探索。

李达（1890～1966）的《哥达纲领批判》全译本（1923 年）把同一句话翻译成这样：于是平等的权利——资产阶级的权利——还成为劳动的原则。① 这个译文把熊得山译文中的"有产阶级"改为"资产阶级"，更忠实于原文。有产阶级不等于资产阶级，因为无产阶级的概念产生于古罗马以财产多寡为基础进行的阶级划分。无产阶级就是"除了子女，别无财产"的阶级，与它对立的有 10 万阿斯及以上、7.5 万～10 万阿斯、5万～7.5 万阿斯、2.5 万～5 万阿斯、1.1 万～2.5 万阿斯等五个阶级。如果无产阶级是"一"，则它的反义词是"多"。无产阶级以外的五个阶级都是有产阶级，不讲清楚无产阶级是哪个阶级的对反，则五个阶级都是它的对反，熊得山的译本让人得出这样的推论。李达的译文让人得不出这样的推论，资产阶级的外延显然比有产阶级的外延窄得多，是占有生产资料，通过雇佣劳动榨取工人剩余价值的剥削阶级。② 这样的解读如果正确，则资产阶级就是资本家阶级。另外要指出的是，凡遇到可能不清楚的地方，李达都附注英文，他似乎是从《哥达纲领批判》的英译本译出的。彭学沛的译本（1925 年）则声称是从德文原文翻译，并参考法译本。③ 他如此翻译我们关注的那句话：所以此时平等的权利在原则上仍是资产阶级的权利。④ "资产阶级的权利"的译法如此背离德文原文，让人怀疑彭学霈的诚实。柯柏年（本名李春蕃，1904～1985）的译本（1925 年）把同一句话译为：社会还是以权利平等——资产阶级的权利——为原则。⑤ 李一氓（1903～1990）的译本（1930 年）把同一句话译为：社会还是以权利（资产阶级的权利）平等为原则。⑥ 何思敬（1896～1968）与徐冰的译本（1939 年）把同一句话译为：所以此地的平等的权利在原则上仍然是资产阶级的权利。⑦ 何思敬、邢西萍 1949 年的译本把同一句话译为：所以此

---

① 参见〔德〕马克思《德国劳动党纲领栏外批评》，李达译，《新时代》第 1 卷第 1 期，1923 年，第 9 页。
② 参见《哲学大辞典》编辑委员会《哲学大辞典》（下），上海辞书出版社，2001，第 2046 页。
③ 参见贺团卫《〈哥达纲领批判〉在中国的早期传播和主要版本研究》，博士学位论文，陕西师范大学，2018，第 161 页。
④ 参见贺团卫《〈哥达纲领批判〉在中国的早期传播和主要版本研究》，博士学位论文，陕西师范大学，2018，第 163 页。
⑤ 参见〔德〕马克思《哥达纲领批评》，李春蕃译，上海解放丛书社，1926，第 20 页。
⑥ 参见李一氓《马克思论文选集》，上海科学研究会，1930，第 64 页。
⑦ 参见〔德〕马克思《哥达纲领批判》，何思敬、徐冰合译，解放社，1939，第 10 页。

地，平等的权利在原则上仍然是资产者的权利。① 此书的"出版者的话"告知，何思敬重新根据德文原文校阅了一遍译稿。校对的结果显然就是把"资产阶级的权利"改成了"资产者的权利"。1975 年的成仿吾校译本把同一句话译为：所以，在这里的平等的权利原则上总还是资产阶级的权利。②

至此可见，近代以来的八个《哥达纲领批判》的中文全译本除了熊得山译本外，都把 bürgerliche Recht 翻译为"资产阶级的权利"或"资产者的权利"，没有一个译成"民事权利"！这样的误译的根源还是列宁的《国家与革命》中对马克思的话的转述。由于列宁在国际共产主义运动中的巨大权威，他的转述取代了马克思的原话被各国共产主义者采用，成为一个存在近百年的翻译问题并极大地影响我国 1958 年后的政治。

但在陈昌浩之后，"资产阶级的权利"的误译进入了"资产阶级的法权"的误译阶段。前文讲到的何思敬、邢西萍《哥达纲领批判》译本的末尾还附录了列宁《国家与革命》摘录，这个摘录采用的是苏联外国文书籍出版局出版的 1949 年中译本。这导致何思敬在根据德文原文校阅早先的译稿时，需要与列宁的《国家与革命》中译文协调。但在解放社 1949 年版的《哥达纲领批判》中，何思敬与陈昌浩就 bürgerliche Recht 的译法还是各执一端。何思敬的译法已见前述。陈昌浩的译法是"资产阶级式的法权"。③ 但陈昌浩从 1953 年起担任中央编译局的副局长直到 1967 年。由于他的领导地位，其对术语的使用影响了被列宁诠释的《哥达纲领批判》原有中译本的修订。1964 年，中共中央马克思、恩格斯、列宁、斯大林著作编译局译，人民出版社出版的《哥达纲领批判》则正式把 bürgerliche Recht 译成了"资产阶级法权"。④

李达等七个《哥达纲领批判》的全译者可能万万想不到，他们对一个术语的翻译会对未来的中国产生如此巨大的影响！用沈越的话来说，马克思主义分为原马克思主义和苏俄马克思主义、日本马克思主义，三者并不

---

① 参见〔德〕马克思《哥达纲领批判》，何思敬、邢西萍译，解放社，1949，第 14 页。
② 参见〔德〕马克思《哥达纲领批判》，成仿吾小组校译，中共中央党校，1978，第 27 页。
③ 参见〔德〕马克思《哥达纲领批判》，何思敬、邢西萍译，解放社，1949，第 91 页。
④ 参见王平原《新中国民法典起草与破除"资产阶级法权"》，《江苏警官学院学报》2011 年第 2 期，第 86 页。

一致，① 影响在于误译让我们偏离了原马克思主义，接受了苏俄马克思主义，因为"资产阶级法权"是苏俄马克思主义的重要词汇。

二 我国学界对"资产阶级法权"误译的逐步改正

把 bürgerliche Recht 译为"资产阶级法权"显然错误。从《哥达纲领批判》的上下文来看，该词指三种情形造成的不平等。其一，天赋的差别，包括体力差别和智力差别。一个人由于在这两方面或其中一方面优于其他人，能在同一时间内提供较多的劳动，或能劳动更长的时间而不累，他的所得就要高于其他人。马克思将此称为"天然特权"。② 这两种天赋差别，尤其是体力差别，与"资产阶级"无关。无产阶级由于长期从事体力劳动，通常孔武有力，资产阶级在这方面处于不利地位。当然，资产阶级有钱让自己的子女上学甚至名校，可能在智力上享有优势，但不必然如此。其二，负担的差别。已婚者的负担比未婚者大，多子女的人比无子女或少子女者的负担大，在提供的劳动相同从而从社会消费基金中分得的份额相同的条件下，独身者、少子女或无子女的人事实上所得到的比相反情形的人多，从而更富。③ 这一差别中的"结婚与否"与资产阶级负相关，因为无产阶级可能穷得结不起婚，资产阶级则不存在跨不过结婚的财产门槛问题。这一差别中的"多子女"与"资产阶级"无关。无产阶级中也有多子女的和少子女的父亲，在不采取任何措施的情况下，子女的多少取决于人的自然生殖能力的高低，这种能力是跨阶级平均分配的。所以，马克思说：权利，就它的本性来讲，只在于使用同一的尺度；但是不同等的个人（而如果他们不是不同等的，他们就不成其为不同的个人）要用同一的尺度去计量。④ 这是讲的民事权利的形式性。所以，以"民事权利"翻译 bürgerliche Recht 是完全符合马克思的意思的。马克思前面所讲的，与现代法国法学家雅克·盖斯旦等所讲的，完全一致：一旦承认了主观权利这一保留权利人的自由而排斥他人自由的制度，不平等就是必然的，但这

---

① 参见沈越《论古典经济学的市民性质——马克思市民理论再探讨》，《经济研究》2013年第 5 期，第 142 页。
② 参见《马克思恩格斯选集》第 3 卷，人民出版社，1972，第 11 页。
③ 参见《马克思恩格斯选集》第 3 卷，人民出版社，1972，第 12 页。
④ 参见《马克思恩格斯选集》第 3 卷，人民出版社，1972，第 12 页。

种不平等是合法的，因为它不是基于暴力而是法律规则。① 不同在于，雅克·盖斯旦认为这种不平等是合法的，但马克思认为是不合法但可暂时容忍的。他这样说：要避免所有这些弊病，权利就不应当是平等的，而应当是不平等的。但是这些弊病，在共产主义社会的第一阶段，在它经过长久的阵痛刚刚从资本主义社会里产生出来的形态中，是不可避免的。②

用归谬法巩固一下上述结论的效力。如果 bürgerliche Recht 意指的是"资产阶级法权"，则可以这样推论：资产阶级相对于其他阶级（尤其是无产阶级）在体力和智力上都要优越，而且独身者多，即使结婚，生的孩子也比其他阶级（尤其是无产阶级）的成员少，所以在劳动成果的分配和享有上总是具有优越的地位。这样的推论显然问题严重，尤其是关于结婚与生育的推论。

实际上，马克思在《哥达纲领批判》中讲到的 bürgerliche Recht 是天分高者和幸运者的多得问题。这是一个永恒的问题，许多学者不使用 bürgerliche Recht 术语地关注这一问题。例如诺齐克（Robert Nozick，1938～2002）就主张人们对于自己的自然资质享有权利，他们从此等天赋中得到了不同的利益，只要未侵犯他人的权利，就可以享有，是为正义，由此造成的不平等可能是不幸的，但绝不是不公平的。③ 用"文革"时期的术语来说，诺齐克是在为"资产阶级法权"辩护。与诺齐克对立的是罗尔斯（John Rawls，1921～2002），他看到人们由于自然天赋的差异而不平等，主张天赋是公共财产，要遵循差别原则处置之，即课加得利多的天赋高者帮助弱者的义务。④ 用"文革"时期的术语来说，罗尔斯是在限制"资产阶级法权"。可以说，对所谓的"资产阶级法权"的态度，是区分自由主义与非自由主义的标杆之一。

基于对 bürgerliche Recht 认识的加深，改革开放以后，我国学界在研究《哥达纲领批判》时，逐渐忽略"资产阶级法权"的表述，注重这个表述的内容：分配正义。⑤ 这就跟诺齐克和罗尔斯的论域接近了。相反，

---

① 参见〔法〕雅克·盖斯旦等《法国民法总论》，陈鹏等译，法律出版社，2004，第145页及以次。

② 参见《马克思恩格斯选集》第3卷，人民出版社，1972，第12页。

③ 参见〔美〕罗伯特·诺齐克《无政府、国家与乌托邦》，何怀宏等译，中国社会科学出版社，1991，第228页及以次。

④ 参见文长春《逻辑在先的个人权利——诺齐克政治哲学研究》，博士学位论文，吉林大学，2006，第187页。

⑤ 例见王广《分配正义的批判与超越：对〈哥达纲领批判〉的政治哲学解读》，《探索》2006年第3期，第118页；李真《超越分配正义：基于〈哥达纲领批判〉的分析》，《海南大学学报》（人文社会科学版）2018年第4期，第53页及以次。

改革开放前（尤其是"文革"中）的研究《哥达纲领批判》的文献，则多从阶级斗争的角度着手。[1]

顺便指出，由于在俄文[2]中，буржуазное право 既表示"资产阶级权利"，也表示"资产阶级法"，也就是排在奴隶社会的法、封建社会的法之后的那种社会形态的法，所以，"十月革命"后的苏联法学家就把 буржуазное право 兼用于这两个意思。例如，伊凡·波德沃洛茨基（И. П. Подволоцкий，1900～1938）就是如此。一方面，他用这个词表示马克思在《哥达纲领批判》中提到的在共产主义第一阶段存在的形式平等却导致实质不平等的权利，为了消除此等权利的不平等性，他主张以社会权利取代之；另一方面，他又用这个词表示通过保留资本主义社会制度保护资产阶级的阶级统治的法律。[3] 这两者应该是两回事。这样的兼用移植到我国，20 世纪 50 年代的研究者误把《苏联大百科全书》中的"法"词条下的"资产阶级法"子词条的说明当作对资产阶级法权的说明，其辞曰：历史上第三种剥削者的法权是资产阶级的法权，资产阶级的法权是由于资产阶级革命和推翻封建社会制度而产生和形成起来的。……资产阶级法权的主要文献有：1900 年的德国法典，1907 年的瑞士民法典，1931 年的意大利刑法典等等。[4] 这里显然不是讲的《哥达纲领批判》里讲到的"资产阶级法权"，因为刑法典肯定与"资产阶级法权"无关甚至对反，但 50 年代的中国研究者却认为两者是一回事。这就错误得更严重了，本来是权利的固有属性问题，现在变成了特定社会形态的法的属性问题。

既然是误译，就有人正误。正误分为一般批评和具体指正两种类型。先说一般批评。

1991 年，何小平发表《"资产阶级权利"还是"市民权利"——论列宁对"市民权利"的误解及其原因和影响》一文，指出了列宁的误读、

---

① 例见宋官德《限制资产阶级法权是无产阶级专政的重要任务——学习〈哥达纲领批判〉的一点体会》，《延边大学学报》（哲学社会科学版）1975 年第 3 期，第 28 页及以次。

② 实际上，在其他西语中也是如此。

③ Ver Ivan P. Podvolotsky, Direito Enquanto Instrumento de Dominação de Classe：Direito Burguês e Direito Proletário, Sobre http：//www. scientific-socialism. de/PECAP13. htm，最后访问时间：2021 年 11 月 27 日。Ver Ivan P. Podvolotsky, Direito e Comunismo：A Transição Rumo a uma Sociedade Sem Classes e o Perecimento do Direito, Sobre http：//www. scientific-social-ism. de/PECAP14. htm，最后访问时间：2021 年 11 月 27 日。

④ 参见《马克思、恩格斯、列宁、斯大林论"资产阶级式的法权"》，《理论与实践》1959 年第 1 期，第 56 页。

其原因以及后果。① 2022 年，张超、杜玉华重申了应译为市民权利说。② 1980 年，胡乔木说："《哥达纲领批判》有它的负面影响"，"列宁在《国家与革命》中把资产阶级法权说死了"。③ 2018 年，尼克·罗杰斯（Nick Rogers）发表《列宁对〈哥达纲领批判〉的误读》一文，揭示列宁的《国家与革命》对《哥达纲领批判》的误读，核心观点是前者把后者的共产主义社会分为两个阶段的理论发展成为社会主义与共产主义两个阶段不合马克思的原意。④ 此文未讲到列宁对马克思的用词 bürgerliche Recht 的误读，但它开创的列宁可能跟不上马克思思路的论述路径允许人们认为列宁在这方面也发生了误读。

具体指正分为针对"法权"的和针对"资产阶级"的两个方面，按照时间顺序先说前者。

首先提出就"法权"正误的人有宋钟璜。⑤ 他从北外德语系毕业后曾在我国驻民主德国大使馆任文化秘书，曾参与编纂《德汉词典》《德语会话手册》等，他认为把 bürgerliche Recht 译成"资产阶级法权"明显错误，提出反对，但屡屡遭遇"约定俗成"的橡皮墙。⑥ 还有陈忠诚，他在东吴大学自学过德语和俄语，毕业后在最高人民法院华东分院工作，他感到把 Recht 译成"法权"不对，给最高人民法院华东分院写了改正意见书。⑦ 可能还有其他人提出了意见，使中共中央马恩列斯著作编译局于 1977 年 12 月 12 日在《人民日报》发表《"资产阶级法权"应改译为"资产阶级权利"》一文，解决了这个问题的一半。1979 年，陈中绳发表《关于废除"法权"译名的建议》于前述中共中央马恩列斯著作编译局声明

---

① 何小平：《"资产阶级权利"还是"市民权利"——论列宁对"市民权利"的误解及其原因和影响》，《社会科学战线》1991 年第 3 期，第 159 页及以次。

② 参见张超、杜玉华《重释马克思的权利理论——基于〈哥达纲领批判〉中"das bürgerliche Recht"的考察》，《太原理工大学学报》（社会科学版）2022 年第 3 期，第 82 页及以次。

③ 参见《胡乔木传》编写组编《胡乔木谈中共党史》，人民出版社，1999，第 60 页及以次。

④ 参见 Nick Rogers, "Lenin's Misreading of Marx's Critique of the Gotha Programme," *Journal of Global Faultlines*, vol. 4, no. 2, The Centenary of 1917 - Year of Two Revolutions in Russia, pp. 95ss.

⑤ 1946 年高中毕业于江苏省怀仁中学。他在我国驻东德使馆工作的时间当在 20 世纪 50 年代。

⑥ 参见高年生《我与商务印书馆》，https://www.cp.com.cn/Content/2016/06 - 14/1752583012.html，最后访问时间：2021 年 11 月 21 日。

⑦ 参见陈忠诚、邵爱红《"法权"还是"权利"之争——建国以来法学界重大事件研究（25）》，《法学》1999 年第 6 期，第 2 页。

之后，属于"加强针"的性质。①

针对"资产阶级"（bürgerliche）进行正译的首先是沈越，他在 1986 年著文《"资产阶级权利"应译为"市民权利"》，其内容如同其标题。② 聂锦芳于 2009 年认为 bürgerliche Recht 可译为"公民权利"。③ 王贵贤、赵丁琪于 2013 年著文《"资产阶级权利"新解》，认为 bürgerliche 应译为"小资产阶级的"。④ 此文的思路甚有道理，因为按照上引我国权威辞书的解释，资产阶级即资本家阶级，而在马克思《哥达纲领批判》涉及本文研究的那句话的上下文中，所谓的"资产阶级"，即能力强者、运气好者阶级，两个"阶级"并不重合，而在德语中，bürgerliche 恰恰有中产阶级的意思，⑤ 王贵贤、赵丁琪想利用此等意思排除 bürgerliche 与资产阶级的－资本家阶级的之等同。此等排除符合当时人们对"资产阶级法权"术语中"资产阶级"的理解。例如，我父亲在解放战争时期在辽宁入伍（中农成分），南下到湖南省某县武装部任副政委。到我上中学的 1975 年许，我父亲因为资格较老工资较高（120 多元，当时工人工资 30 多元），在反资产阶级法权的运动中，他贴出大字报自请降低自己的工资。显然，他并不属于资本家阶级，而是属于相对高收入群体。

令人遗憾的是，上述正译者的专业都是经济学或马克思主义，没有一个是法学专业的，更无一人是民法专业的，所以不能一针见血，把 bürgerliche Recht 翻译为"民事权利"！这导致被知网收录的包括 bürgerliche Recht 一词的文章，民法作者们都翻译为"民法"或"民事权利"，其他专业的作者则译得五花八门。⑥ 马克思法科出身，1835 年秋季进入波恩大学研究民法，是萨维尼的学生，曾按法学阶梯体系写出一部 300 页的私法著作，其基本结构为：（1）人对人的权利，包括合同；

---

① 陈中绳：《关于废除"法权"译名的建议》，《社会科学》1979 年第 1 期，第 57 页。

② 沈越：《"资产阶级权利"应译为"市民权利"》，《天津社会科学》1986 年第 4 期，第 29 页及以次。魏小萍后来继承了沈越的观点。参见魏小萍《资产阶级权利与市民权利：同质与否？——〈马克思恩格斯全集〉历史考证版 MEGA2 词汇问题研究》，《马克思主义研究》2005 年第 5 期，第 19 页及以次。

③ 参见聂锦芳《马克思文本研究的一般图景与思路》，《党政干部学刊》2009 年第 2 期，第 5 页。

④ 王贵贤、赵丁琪：《"资产阶级权利"新解》，《理论月刊》2013 年第 11 期，第 103 页及以次。

⑤ 参见《德汉词典》编写组《德汉词典》，上海译文出版社，1983，第 237 页。

⑥ 例如，高国希的《马克思人的自由全面发展理论与社会主义核心价值观》译为"市民权利"（《中州学刊》2007 年第 6 期，第 141 页）。

（2）物权；（3）在物上人对人的权利。① 所以，其著作中使用民法术语甚多。可惜的是，自 1922 年以来的《哥达纲领批判》的中国译者，没有一个是民法出身，而且不懂德语，所以，遇到 bürgerliche Recht 这样的民法开门第一术语，译得离民法如此遥远！真是令人唏嘘。近期，笔者作为民法教授在讲课的过程中偶遇"资产阶级法权"一词的德文原文（恰巧笔者在读硕士时学过一年德文，以后经常使用），震撼莫名，惊讶地发现自己从事的专业就是中学时迫使我父自请降薪的资产阶级法权！一股乌龙感怅然上心，刺激我把 bürgerliche Recht 译回其民法学的含义。

三 列宁把"民事权利"解读为"资产阶级法权"对苏联民法的影响

（一）新经济政策前阶段

既然马克思（以及恩格斯）把民法或民事权利看作形式平等且必然导致实质不平等，而他们设计的共产主义是一个实质平等的社会，按照他们的蓝图，共产主义社会是没有民法的。所以，马克思与恩格斯 1848 年合写的《共产党宣言》提出的建立共产主义措施大多以平等为宗旨。有如下列：

1. 剥夺地产，把地租用于国家支出。

2. 征收高额累进税。

3. 废除继承权。

4. 没收一切流亡分子和叛乱分子的财产。

5. 通过拥有国家资本和独享垄断权的国家银行，把信贷集中在国家手里。

6. 把全部运输业集中在国家手里。

7. 按照总的计划增加国营工厂和生产工具，开垦荒地和改良土壤。

8. 实行普遍劳动义务制，成立产业军，特别是在农业方面。

9. 把农业和工业结合起来，促使城乡对立逐步消灭。

10. 对所有儿童实行公共的和免费的教育，取消现在这种形式的儿童

---

① 参见李光灿、吕世伦主编《马克思恩格斯法律思想史》，法律出版社，1991，第 36 页及以次。

的工厂劳动，把教育同物质生产结合起来，等等。①

按照这个建议中的1和7，要建立起生产资料的国有制，因为生产资料的私有制是不平等的原因，继承法意味的不平等是其派生物：通过死亡传送的不平等。所以，在共产主义社会，物权法如果能保留，也只能以生活资料为对象。

按照这个建议中的3，继承权必须废除，这样就消除了通过死亡传送不平等的大舞台，实现了起跑线的平等。但这些建议只适用于"最先进的国家"，对于并非如此的国家，则可以保留继承权，以高额累进税限制之。

按照这个建议中的10，家庭的教育功能要由国家取代，而且父母对于子女的经济利用权要被剥夺。但这个建议清单不涉及家庭法在共产主义社会的存废。该问题在《共产党宣言》中以问答的方式出现。其辞曰：

> 消灭家庭！连极端的激进党人也对共产党人的这种可耻的意图表示愤慨。
>
> 现代的、资产阶级的家庭是建筑在什么基础上的呢？是建筑在资本上面，建筑在私人发财上面的。这种家庭的充分发展的形式，只是在资产阶级中才存在，而它的补充现象是无产者的被迫独居和公开的卖淫。
>
> 资产者的家庭自然会随着它的这种补充现象的消失而消失，两者都要随着资本的消失而消失。②

以上话语按照研究者的解读，是要消灭强制家庭，③ 即妇女为了生存的需要不得不进入的不平等的家庭。所以，为了平等，家庭法在共产主义社会也是要废除的。

如果把物权法、继承法、家庭法理解为 bürgerliche Recht（被误译为"资产阶级法权"）的不同分支，可知马克思和恩格斯把它们理解为民法不平等的板块，为了平等要切除之。

"十月革命"胜利后，苏俄把上述建议付诸实践，根本未考虑制定民法典，相反，做了一些废除民法的主要分支的立法安排。

015

---

① 参见《马克思恩格斯选集》第1卷，人民出版社，1972，第272~273页。

② 参见《马克思恩格斯选集》第1卷，人民出版社，1972，第268页。

③ 参见 Wilhelm Reich, *La rivoluzione sessuale*, Traduzione dall'inglese di Vittorio Di Giuro, Feltrinelli, 1963, p. 136。

首先，废除权力财产①的私人所有权。发布了如下战时共产主义的政策：

1. 颁布余粮收集制法令，强制征收农民除维持生存量之外的所有粮食；

2. 实行实物配给制，食物与商品集中计划配给；

3. 所有的大中型工业企业实施国有化，小工业企业则实行监督；

4. 国家经营所有的外贸活动；

5. 对工人采取严格的管理制度，罢工者即行枪决；

6. 全国实施成年人劳动义务制，贯彻"不劳动者不得食"的原则；

7. 私有企业非法；

8. 铁路控制军事化。②

这个清单中的 3 和 7 实行了生产资料的国有化。1 和 2 把私有生活资料的范围大大缩小，如此，物权法如果还有存在空间，其对象也只包括食物以外的生活用品。

上述清单中 6 包含的"不劳动者不得食"的原则是对继承法的反对，因为遗产的取得并非基于劳动，果然，苏俄在"十月革命"后的 1918 年 4 月 27 日，颁布了了"关于废除继承制度"的法令，其第 1 条规定：（1）法律和遗嘱的继承被取消。所有者去世后，属于他的财产（包括不动产和动产）成为俄罗斯社会主义苏维埃联邦共和国的国家财产。（2）农地使用权的终止和转让，由《土地社会化基本法》规定的规则决定。其第 2 条规定：直至有关普遍社会保障的法令颁布之前，死亡人的贫困的（即缺少必要生活资料的）无劳动能力的直系卑亲属和直系尊亲属，全血缘和非全血缘的兄弟姐妹以及配偶，可以从死者遗留的财产中获得赡养。其第 5 条规定：死者的任何财产，除本法令第 9 条所列财产外，均由地方议会管理，该委员会将其移交给俄罗斯共和国在死者最后居住地或剩余财产的所在地负责地方财产的机构管理。③ 该法第 1 条废除继承权，人死后，其遗产由国家继承。第 2 条缓和了第 1 条的严峻，允许死者的贫困的直系近亲和配

---

① 权力财产是权利人控制他人，使其以此等财产为基础劳动或作为他命令的活动的舞台的财产。参见 Margaret Jane Radin, *Reinterpreting Property*, The University of Chicago Press, Chicago and London, 1993, p. 49。

② 参见韩树洋《浅谈"战时共产主义"时期第一阶段》，《中国市场》2016 年第 18 期，第 228 页及以次。

③ CM. ДЕКРЕТ от 27 апреля 1918 года, O http://www.consultant.ru/cons/cgi/online.cgi? req = doc&base = ESU&n = 9417#3IUmwpS8N1RTermN，最后访问时间：2021 年 11 月 27 日。

偶从遗产中取得生活费，如果他们并不贫困，则本条不适用。第 5 条规定了死者不归亲属继承的遗产的具体所属。总之，该法的内容并不如其名称那样决绝。

在上述清单之外，1918 年 8 月 20 日，全俄中央执行委员会还颁布了《关于废除城市不动产私有制的法令》。此法凡 25 条。第 1 条废除了所有城市房屋地基的私有权。第 2 条适用于人口超过 1 万人的城市，此等城市中的建筑物连同其地基，如果其价值超过法定的标准，其私有权则被废除。[①] 如此，城市土地及其上的建筑物，基本上被国有化。由此根本缩小了城市人可有的值钱财产的范围。

按恩格斯的设计，共产主义社会制度将使两性关系成为仅仅与当事人有关而社会无须干预的纯粹私人关系。该制度之所以能实现这一点，是由于它将废除私有制并把儿童交给社会教育，从而消灭现代婚姻的两种基础，即私有制所产生的妻子依赖丈夫、孩子依赖父母。[②] 所以，苏俄领导人把强制家庭看作奴役妇女的千年桎梏，[③] 力图建立新家庭。如此，"丈夫和妻子间的盟约才得以从任何外来的或偶然的约束中解放出来，一方不再依赖另一方而生活。真正的平等终于确立，双方的盟约将系于相互爱慕。当然这盟约会因人而异，但对谁都是没有强制性的"。[④] 得到保留的新式"婚姻是在双方同意的基础上通过简单的登记程序完成的。任何一方都可以选择使用对方的名字或保留自己的名字"。[⑤] 基于这样的思想，哥伊赫巴尔格（А. Г. Гойхбарг，1883～1962）受托起草了《公民身份、婚姻、家庭和监护法》，于 1918 年 10 月 22 日获得通过。该法凡 246 条，[⑥] 其"公民身份"部分相当于我国的户籍管理条例，其余部分才相当于我国的婚姻家庭法，这部分的特点在于采用民事婚姻而不是教会婚姻；男女在家庭中的权利平等；确定所有儿童的地位平等，无论其出生情况如何。[⑦]

---

① CM. ОБ ОТМЕНЕ ПРАВА ЧАСТНОЙ СОБСТВЕННОСТИ НА НЕДВИЖИМОСТИ В ГОРОДАХ, На http://www. consultant. ru/cons/cgi/online. cgi? req = doc；base = ESU；n = 6113#307tJvSSZ1kMQQs91，最后访问时间：2022 年 1 月 23 日。

② 参见《马克思恩格斯选集》第 1 卷，人民出版社，1972，第 224 页。

③ 参见〔俄〕托洛茨基《被背叛的革命》，何伟旧译，向青、林广厦校订，2008，第 56 页。

④ 参见〔俄〕托洛茨基《从旧式家庭迈向新式家庭》，佚名译，https://www. marxists. org/chinese/trotsky/mia-chinese-trotsky‑192307. htm，最后访问时间：2022 年 1 月 23 日。

⑤ 参见〔俄〕托洛茨基《被背叛的革命》，何伟旧译，向青、林广厦校订，2008，第 56 页。

⑥ 俄文版的所在网址 https://istmat. org/node/31624，最后访问时间：2022 年 9 月 25 日。

⑦ Cm. Наталия Т. Леоненко, Александр Григорьевич Гойхбарг: годы свершений, поражений и забвения, Юридическая наука и практика. 2020. Т. 16, № 4, CTP. 80.

（二）新经济政策阶段

但上述战时共产主义的制度安排适用效果不好。1921 年春天，由于战争破坏和推行战时共产主义，苏俄发生了严重的经济危机和政治危机，工农业生产大幅下降，日用品奇缺。1922 年，顿巴斯矿区发生了饥荒，个别地方出现了吃人肉现象。赫鲁晓夫的第一个妻子加琳娜就死于 1921 年的饥荒。[①] 那个时期到过苏俄的瞿秋白和徐志摩在各自的作品中记载了苏俄人民遭遇的贫困和饥饿。[②] 由此，人民产生了不满情绪，罢工暴动事件不断发生。1921 年 2 月 28 日，喀琅施塔得水兵叛乱，他们提出了"政权归苏维埃，不要布尔什维克！"的口号。[③] 危机震惊了列宁，他说："我们计划……用无产阶级国家直接下命令的办法在一个小农国家里按共产主义原则来调整国家的产品生产和分配。现实生活说明我们错了。"[④] 1921 年 3 月 21 日的俄共（布）第十次全国代表大会决议通过了新经济政策取代战时共产主义。其内容包括：1. 废除余粮收集制，实施实物税。2. 停止配给制，允许商品买卖。3. 放松贸易限制，鼓励外资企业投资，将资金与技术引进苏俄。4. 停止以没收的方式进行资本主义改造，改以租借和租让的方式，在一定范围内允许个体私营经济的存在。[⑤] 要言之，新政策就是恢复承认私有制，以市场的方式配置资源，并对外开放，与我国在 20 世纪 80 年代实行的改革开放类似。

为了为新经济政策提供法律框架，1921 年夏天苏俄安排起草民法典。作为第一步，于 1922 年 2 月完成了《合同之债法典》，主持者是哥伊赫巴尔格，他毕业于圣彼得堡大学法学院，1914 年起任圣彼得堡大学法学院民法系助理教授。布尔什维克夺取政权后，从 1918 年初开始，他在人民

---

① 参见《赫鲁晓夫回忆录》（上），赵绍棣等译，中国广播电视出版社，1988，第 5 页。
② 参见瞿秋白《饿乡纪程》（上），https：//www. douban. com/group/topic/233373563/？type = rec#9639128LLK4MFU，最后访问时间：2021 年 12 月 16 日。也参见徐志摩《欧游漫录Ⅶ——西伯利亚》，https：//www. douban. com/group/topic/116451818/#9638980 LLK4MFU，最后访问时间：2021 年 12 月 16 日。
③ 参见辛燕《苏俄战时共产主义政策浅说》，《赤峰学院学报》（汉文哲学社会科学版）2010 年第 4 期，第 22 页。
④ 参见〔苏〕列宁《十月革命四周年》，《列宁选集》第 4 卷，人民出版社，1960，第 571 页。
⑤ 参见李树藩《战时共产主义政策的终结与新经济政策的实施》，《苏联东欧问题》1987 年第 2 期，第 40 页及以次。

司法委员会工作，担任法典编纂与起草部的负责人。[1]

为何先制定合同法？坚金和诺维茨基认为，战时共产主义时期对买卖的限制在新经济时期被取消，所以，迫切需要系统的民事法律体系来规范民事关系。人民司法委员会选择先一步制定《合同之债法典》，是因为债权债务关系在苏俄立法中受到的管制最少。同时，商品交易的发展要求尽快调整这些关系。此外，私营成分在国民经济中的份额不断增加，使得国家必须对私营企业者的活动以及他们签订的合同进行监管。[2] 此语有其道理，但从"十月革命"领袖革命前后考虑民法几个板块的平等性的思想历程来看，我宁愿从平等无亏的角度看待合同法的先行。马克思说，在商品流通中，"参加交换的个人就已经默认彼此是平等的个人，是他们用来交换的财物的所有者"。[3] 所以，合同法因其平等性得到保存并取得优先地位，并能避免战时共产主义坚持者的质疑。这种质疑不是存在于私人圈子里，而是发表在报纸上，质疑者认为民法典危害苏维埃共和国的共产主义制度。[4] 经过冗长的讨论后，《合同之债法典》于 1922 年 5 月 2 日在人民委员会会议得到通过。[5]

1922 年 5 月 22 日，全俄中央执行委员会第三次会议决定改为全面起草民法典草案，委托全俄中央执行委员会主席团和人民委员会会议实施。很快设立了一个哥伊赫巴尔格领导的跨部门的委员会负责起草，要求在 8 月 15 日前完成。7 月末开始起草，到 10 月完成，费时三个月。[6] 可谓急就章。

苏联决策层抛弃《合同之债法典》的计划改采基本（说基本，乃因为"婚姻、家庭和监护"三大块不在民法典的涵盖范围内）全面的民法典计划，乃因为他们放弃了把平等作为民法典的基础，改采用马克思的另一些论述把生产关系的调整作为民法典的基础。1922 年 5 月 22 日通过了

---

[1] 参见 Tomasz Giaro，"Russia and Roman Law，" *Rechtsgeschichte Legal History*，Rg 23（2015），p. 313。

[2] СМ. Генкин Д. М. ，Новицкий И. Б. ，Рябинович Н. В. История советского гражданского права 1917 – 1947 гг. Госюриздат，1949. c. 335 – 336.

[3] 参见《马克思恩格斯全集》第 19 卷，人民出版社，1963，第 422 页及以次。

[4] 参见 Jacob Kantorovitch，"The Civil Code of Soviet Russia，" *The Yale Law Journal*，vol. 32，no. 8（Jun. 1923），p. 781。

[5] СМ. Генкин Д. М. ，Новицкий И. Б. ，Рябинович Н. В. Истори я советского граждан-ского права 1917 – 1947 гг. Госюриздат，1949. c. 335 – 336.

[6] СМ. Генкин Д. М. ，Новицкий И. Б. ，Рябинович Н. В. История советского гражданского права 1917 – 1947 гг. Госюриздат，1949. c. 335 – 336.

《关于苏联承认并受其法律和法院保护的基本私有财产权的决议》（以下简称《决议》），它是对 1918 年 8 月 20 日的《关于废除城市不动产私有制的法令》的修正。《决议》基于组织工商业企业并从事苏联允许的职业和贸易的目的，承诺法院保护以下私有财产：城乡房屋所有权以及对此等房屋的承租权；从地方政府取得的土地经营权，但期限应在 49 年以内；工厂的私有权、工贸企业中的动产所有权，包括各种工具和生产资料、农业生产和工业产品、特别法未排除进入私人流通的货物，也包括货币资本、家具、农具以及个人消费品；外加对以上财产的抵押权和质押权。另外保护订立法律不禁止的任何合同的权利，包括财产租赁、买卖、互易、贷款、担保、保险、合伙（简单、全产、有限、股份）、本票等合同。[①] 这个《决议》至少部分地恢复了民法典的私有制基础以及合同之债的必要性，这就为物权法和债法的重新得到认可提供了空间。

民法调整生产关系的论证可以雅·别尔曼（Я. Берман，1888～1937）发表在《苏维埃法》1922 年第 3 期的《马克思主义与民法典：论人民司法委员会起草的民法典草案》为例，作者援引马克思的《〈政治经济学批判〉序言》，认为民法的对象是生产关系，原始的生产关系又可细分为狭义的生产关系、交换关系、分配关系和消费关系。其中，生产的财产关系最重要，它决定了所有其他的财产关系。[②] 确实，马克思在上述著作中表述了唯物主义的法律观，认为生产关系的综合构成一个社会的经济基础，在它之上有法律的、政治的上层建筑。而生产关系的法律用语是财产关系，[③] 别尔曼据此论证，民法主要调整在直接生产抑或商品流通过程中，社会生产参与者之间由于劳动对象、生产资料和劳动产品的占有而产生的关系，[④] 由此把民法政治经济学化。

然而，民法除了所有权法外还有债法、亲属法和继承法，前者中的侵权法还保护生命、健康和荣誉，但那是民法的"旁枝"，从"主干"的角度看，民法是用来规制经济财货（使用价值和交换价值）的分配形式

① CM. ОБ ОСНОВНЫХ ЧАСТНЫХ ИМУЩЕСТВЕННЫХ ПРАВАХ, ПРИЗНАВАЕМЫХ РСФСР, ОХРАНЯЕМЫХ ЕЕ ЗАКОНАМИ И ЗАЩИЩАЕМЫХ СУДАМИ РСФСР, На http://www.libussr.ru/doc_ussr/ussr_1330.htm, 最后访问时间：2021 年 12 月 7 日。
② CM. Я. Берман, Марксизм и гражданский кодекс, В Советское право, 1922, 3, с. 90. 引用时参考了宫楠的中译文，《苏州大学学报》（法学版）2023 年第 1 期（未刊文）。
③ 参见北京大学哲学系编《马克思、恩格斯、列宁、斯大林论民法》，内部资料，1964，第 5～6 页。
④ CM. Я. Берман, Марксизм и гражданский кодекс, В Советское право, 1922, 3, с. 93. 引用时参考了宫楠的中译文，《苏州大学学报》（法学版）2023 年第 1 期（未刊文）。

的。① 所以，民法主要是经济法。

如果说，以前的民法是以市民社会作为基础，《苏俄民法典》则以生产关系的调整为基础，这使得它与既往的民法判然不同。故《苏俄民法典》的主要起草者哥伊赫巴尔格说：很难依据我们的民法典写一部教材，这部法典没有过去的根，它不是长期实践和法学理论积累的产物，而是建立在全新的地基上。在它于苏俄问世前两年，不曾有任何被称为私人的或民事的法律关系的痕迹。② 此语昭示了第一部社会主义民法典与传统民法的巨大差异。确实，民法的历史在 1922 年的苏联拐了个弯，由于被政治经济学化，它对继承法的保留是勉强的，篇幅萎缩，继承额不得超过 1 万金卢布，③ 与传统民法典继承编篇幅大、规定复杂形成对照。④ 家庭法则被排除在外。尽管在 1918 年和 1926 年先后制定了新旧《婚姻家庭和监护法典》，但它属于一个独立的法律部门。所以，这部民法典的几何形状颇为奇特。如果把《德国民法典》比作五叶草（包括五编），《苏俄民法典》则是三叶半草（五编制减去了亲属编，把继承编的篇幅减半）。而这样的民法典成了包括我国在内的所有的社会主义国家民法典的样本。

四 列宁把"民事权利"解读为"资产阶级法权"对中国的影响

（一）对中国政治的影响

张春桥于 1958 年在上海的《解放》第 6 期发表《破除资产阶级法权思想》一文，核心观点是供给制好于工薪制，实行前者，人不分贵贱，一律平等，体现了共产主义精神。后者是资产阶级法权的体现，核心是等级制，靠物质刺激运作。⑤ 毛泽东看到这篇文章后，非常重视，把它传播到

---

① СМ. Я. Берман, Марксизм и гражданский кодекс, В Советское право, 1922, 3, с. 93. 引用时参考了宫楠的中译文，《苏州大学学报》（法学版）2023 年第 1 期（未刊文）。

② Cfr. Vladimiro Largu, Il Diritto di proprietà nella legislazione sovietica, Torino, Presso L'istituto Giuridico della R. Università, 1932, p. 15. Nota 1.

③ 参见 Jacob Kantorovitch, "The Civil Code of Soviet Russia," *The Yale Law Journal*, vol. 32, no. 8（Jun. 1923），p. 784.

④ 优士丁尼《学说汇纂》用 1/4 的篇幅规定继承。参见〔英〕巴里·尼古拉斯《罗马法概论》，黄风译，法律出版社，2000，第 245 页。

⑤ 参见张春桥《破除资产阶级法权思想》，https://www.marxists.org/chinese/reference-books/chinese revolution/zhangchunqiao/01-30/04.htm，最后访问时间：2021 年 11 月 28 日。

全国，并把资产阶级法权作为他领导的执政团队直到他去世前的政治运动的主要发力对象。丛进认为，"资产阶级法权"是中共"左"倾错误的主要内容，① 导致一度在人民公社搞供给制，在军队取消军衔等。②

由于俄文中的"资产阶级法权"兼有"资产阶级法"的含义，毛泽东认为，"我们现在正是列宁所说的没有资本家的资产阶级国家，这个国家是为了保护资产阶级法权。工资不相等，在平等口号的掩护下实行不平等的制度"。③ 此语中，"没有资本家的资产阶级国家"词组指以资本主义的方式运作的社会主义国家，这是一个毛泽东创造的概念，④ 对付他们的方法是在无产阶级专政条件下继续革命，革命的方式是搞运动。"工资不相等"词组指工薪领取者的工资额差别过大，最高工资高于最低工资31.11 倍，比差之大甚至超过资本主义国家。处理的方法是降低高薪者的薪酬，把最高工资高于最低工资的倍数降低到25.2。⑤ 结果是否定了人的能力的差别，搞平均主义，造成干好干坏一个样，损害了生产力的发展。

（二）对民法理论和民事立法的影响

众所周知，在1956 年中苏关系破裂之前，中国民法理论对苏联民法理论亦步亦趋，"破裂"之后直到20 世纪80 年代西方民法理论逐步影响中国民法理论前，苏联民法的影响维持，所以，列宁把"民事权利"解读为"资产阶级法权"对苏联民法的影响，也是对中国民法的影响，但下述几点影响值得单独一提。

其一，影响了中国民法的形态和内容构成。由于为了回避资产阶级法权的不平等性改以生产关系即经济关系作为民法的调整对象，非经济关系性的民法内容被割除或压缩，形成了物前人后、物肥人瘦的民法形态，一

---

① 参见丛进《曲折发展的岁月》，人民出版社，2009，第481 页及以次。
② 参见康闪金《"资产阶级法权"：一个革命政治语词的历史考察》，《党史研究与教学》2015 年第1 期，第84 页及以次。
③ 参见梅俏《毛主席留下了一笔丰富的理论财富》，http://m. wyzxwk. com/content. php? classid =13&id =172808，最后访问时间：2021 年11 月28 日。
④ 参见何云峰《毛泽东"走资派"理论形成脉络探析》，《湖南科技大学学报》（社会科学版）2009 年第6 期，第5 页及以次。
⑤ 参见1956 年12 月18 日《国务院关于降低国家机关十级以上干部的工资标准的规定》，中国社会科学院、中央档案馆编《1953 ~1957 中华人民共和国经济档案资料选编》（劳动工资和职工保险福利卷），中国物价出版社，1998，第628 ~629 页。

体现为 1986 年《民法通则》第 2 条规定，民法调整平等主体的公民之间、法人之间、公民和法人之间的财产关系和人身关系；二体现为婚姻家庭法成为独立于民法的学科。到了 2020 年，我国颁布的《民法典》才摆脱这种局面，改采人前物后的民法对象定义，单独设人格权编并迎归婚姻家庭法。由此，把民法重新设置于市民社会的底座上，但经济唯物主义的民法观的遗迹仍存，例如婚姻家庭法研究会仍独立于民法研究会。又如，物文主义的民法观仍支配着许多民法学者的头脑，导致他们经常说"民法是市场经济的基本法"。

其二，影响了一段时期内知识产权制度在我国的生存。1949 年新中国成立后，我国建立了知识产权制度，但开始反资产阶级法权后（即 20 世纪 60～70 年代），知识产权作为智力强者的"保镖"和"奖品"面临厄运。知识私有观念受到批判，[①] 知识产权制度失去了生存的经济和社会基础，在相当长的一段时间内，知识产权被定位为一种公共产品，认为不能赋予创造者以私人权利。[②] 不仅本国的知识产权被充公，外国的也是如此。就著作权中的物质权利而言，1966 年取消稿费（毛泽东自己的著作例外），此等取消延续到 1976 年。[③] 直到改革开放后，知识产权制度才在我国得到重建。1980 年，中国专利局（后来发展为国家知识产权局）成立，我国也在这一年正式加入世界知识产权组织。1982 年，第五届全国人民代表大会常务委员会第二十四次会议审议并通过了《商标法》，成为我国第一个知识产权立法。用"文革"时期的术语说，民法确立知识产权制度，就是保留了一个"资产阶级法权"特区。

其三，迟滞了破产制度在我国的确立。如果说，知识产权制度是褒奖有能者的，破产制度则是制裁或解脱无能者的，因为在排除天灾人祸的原因后，经营破产是对经营者能力不足的证明，但资产阶级法权理论不允许人的能力差别外显为分配结果，所以，改革开放前我国无破产法。改革开放后，"优胜劣汰"这样的承认人的天赋、运气差别的用语首见于（按我的记忆）1984 年 10 月 20 日通过的《中共中央关于经济体制改革的决

---

① 参见张德民、梁庆寅、王义库《"知识私有"观念非批判不可》，《中山大学学报》（哲学社会科学版）1976 年第 2 期，第 37 页及以次。

② 参见冯晓青《中国 70 年知识产权制度回顾及理论思考》，《社会科学战线》2019 年第 6 期，第 26 页。

③ 参见陈伟军《著书不为稻粱谋——"十七年"稿酬制度的流变与作家的生存方式》，《社会科学战线》2006 年第 1 期，第 133 页。

定》，涉及的对象是企业。① 由此为企业破产提供了依据，尽管第一个破产案件②进行得非常艰难。但青山遮不住，毕竟东流去，我国终于在1986年制定了《企业破产法（试行）》。按照这个方向发展，个人破产也于2020年在深圳出现了，是年颁布了《深圳经济特区个人破产条例》（2021年3月1日起施行），涉及的对象是自然人，即天赋和运气（即"资产阶级法权"）的直接载体。从某种意义上可以说，破产制度是以承认"资产阶级法权"为基础的。

其四，影响了我国在认识清醒的前提下进行第二次民法典起草。王平原认为，"1958年对资产阶级法权的讨论趋向极端，侵蚀了民法典起草工作的理论与舆论环境"，③ 此语没错。然而，毛泽东并未意识到，在《哥达纲领批判》的语境中，他关注的所谓"资产阶级法权"就是"民法"或"民事权利"，仍然批准了第二次民法典起草，其结果是1964年民法典草案，该草案的起草者在起草中反资产阶级法权，未规定继承法，并把它描述为不劳而获的制度，④ 以维持起跑线的平等。如果决策者能意识到民事权利不可避免的形式性，可能会像今天中国的《民法典》起草者一样做出承认继承法的安排。

五　结论和余论

今年是《哥达纲领批判》的第一个中译本诞生100周年，尽管"资产阶级权利"的误译仍然盘踞在我国的《哥达纲领批判》的译本中，但它的合理性在经受了经济学者和马克思主义研究者的质疑后，遭到了我这个民法学者的质疑。一个一望而知的表示民法本身的术语在我国被误译、误解近一个世纪，而且否定这种误解并不容易。置之不理是一种比较安全的纠正方式。徐光春似乎采用了这种方式。他于2018年出版的《马克思主义大辞典》的马克思主义部分、列宁主义部分都不设"资产阶级权利"

---

① 其辞曰：在为社会主义现代化建设服务的前提下，让企业在市场上直接接受广大消费者的评判和检验，优胜劣汰。按劳分配（其反义词是按需分配）也属于此种性质的用语。篇幅有限，本文不分析此语。

② 即1986年的沈阳防爆器材厂破产案。

③ 参见王平原《新中国民法典起草与破除"资产阶级法权"》，《江苏警官学院学报》2011年第2期，第85页。

④ 参见徐国栋《1964年民法典草案的政治经济学化——兼论现行〈民法典〉中政治经济学条文的处理》，《探索与争鸣》2021年第1期，第121页。

条目（也不设"走资派"条目），在毛泽东思想部分设"可以消灭了资本主义，又搞资本主义"条目。[1] 这个条目讲的就是毛泽东名之为"资产阶级法权"的内容。徐光春及其团队对"资产阶级法权"乃至"资产阶级权利"用语的放弃代表了他们的反思成果。如前所述，以马克思在《哥达纲领批判》中表达的分配正义的探讨取代对资产阶级法权的探讨，也是一种比较安全的纠正方式。

王平原说，破除"资产阶级法权"的实质是否定公民权利。"文革"后对"破除资产阶级法权"的否定是思想解放的先声，也吹响了第三次民法典起草的号角。[2] 把此语中的"否定公民权利"改为"否定民事权利"，则更为确当。邓小平改革政策的核心内容之一是让一部分人先富起来，跟列宁实行新经济政策产生的效果一致，这使得有人认为邓小平发动这场改革的背景是他曾生活在实行新经济政策的苏俄6个月。[3] 无论如何，邓小平的改革意味着承认人的天赋能力的差别以及其他条件的差别并以法律形式保障此等差别带来的成果，用《哥达纲领批判》中的话来说，这就是bürgerliche Recht。用当时的政治术语来说，这就是"资产阶级法权"，无论用何种表述，都以承认实质不平等为所指。

吊诡的是，在那一时期，商品经济被认为是资产阶级法权的根源，或曰不平等的根源。1975年开始的理论学习运动中的"资产阶级法权"主要指称商品制度、货币交换和按劳分配，是"全面专政论"的主要内容。经济学家许经勇在那个时期发表的论文《正确认识商品制度中的资产阶级法权》，认为社会主义商品制度是产生资本主义和资产阶级的土壤，所以必须限制社会主义商品制度中的资产阶级法权。[4] 改革开放后，经济改革从为商品经济正名开始，把它当作改革对象的计划经济的对立物，极言其是平等的载体。商品经济的民法观由此找到了土壤，统治我国法坛

---

① 参见徐光春主编《马克思主义大辞典》，崇文书局，2018，第780页。但在该书正文中，"资产阶级法权"一词共出现一次，在第179页第2段第10行（词条：资产阶级革命）。"资产阶级权利"一词共出现四次，分别在第194页第1段第12行（词条：按劳分配）、第194页第5段第12行（词条：按需分配）、第200页第1段第1行（词条：现代资本主义）、第586页第5段第9行（词条：国家与革命）。

② 参见王平原《新中国民法典起草与破除"资产阶级法权"》，《江苏警官学院学报》2011年第2期，第92页。

③ 参见高长武《试解邓小平对列宁的新经济政策的评价》，https://news.ifeng.com/history/2/200708/0804_336_176533_1.shtml，最后访问时间：2021年12月16日。

④ 许经勇：《正确认识商品制度中的资产阶级法权》，《厦门大学学报》（哲学社会科学版）1975年第3期，第48~54页。

30 多年。由此让民法成为其学习者加封的平等模范生。体现在民事立法上，形成了调整对象平等、自然人权利能力平等、不同所有制平等等平等规范群，① 与马克思、恩格斯、列宁对 bürgerliche Recht 或 буржуазное право 的不平等认知形成强烈对照，也与社会法学等相邻学科把民法看作平等问题上的老病号②形成对照，真是讽刺性的对照。看来，在对民法本性的正确认识上，我国许多民法学者达不到马克思、恩格斯、列宁的水平。

与此同时，我国学界也以生产资料的公有制作为社会主义民法平等性的依据，把前者看作后者坚实的物质保障基础。③ 但是，随着改革开放的深入，私营（亦称"民营"）经济的比重逐渐加大，根据国家统计局的报告，1978 年公有制经济占全国工业总产值的比重为 100%。到了 2018 年末，规模以上私营工业企业达 22.1 万个，占全部规模以上工业企业数量的 58.3%；民营企业创造的国内生产总值、固定资产投资以及对外直接投资超过 60%；民营企业城镇就业超过 80%，对新增就业贡献率达到了90%。④ 这个时候，再拿公有制作为平等原则的依据显然不合时宜，也就无人使用这样的依据了。

对"资产阶级法权"的忌惮，导致苏俄的第一批立法者放弃平等的技术路径制定民法典，改采生产关系的法律规制的技术路径，由此民法被政治经济学化、经济法化，与此关联度弱的民法内容要么被割除（例如家庭法），要么被淡化（例如继承法），由此形成的商品经济的民法观成为统治我国几十年的民法思想的源头。第一部《苏俄民法典》的起草者哥伊赫巴尔格曾担心苏式民法无根基，写不出相应的教材。此种担心并非无据，例如，《苏俄民法典》第 21 条附则规定：土地私有制废除以后，动产和不

---

① 《民法典》第 2 条调整对象平等，第 14 条规定自然人权利能力平等，第 4 条规定不同所有制平等。

② 董保华认为，社会法针对的是形式平等实质不平等的社会关系，劳动法中的不平等是具体而非抽象的，民法的形式主义调整方式试图解决劳动法的问题，注定将无功而返，反而将劳动法作为社会法的体系与功能。参见吴文芳《我国社会法理论演进与研究路径之反思》，《华东政法大学学报》2019 年第 4 期，第 85 页。

③ 参见徐国栋《民法基本原则解释——成文法局限性之克服》，中国政法大学出版社，1992，第 57 页。

④ 参见国家统计局《经济结构不断升级 发展协调性显著增强——新中国成立 70 周年经济社会发展成就系列报告之二》，http://www.stats.gov.cn/ztjc/zthd/sjtjr/d10j/70cj/201909/t20190906_1696308.html，最后访问时间：2022 年 1 月 24 日。

动产的区别就消失了。① 而这两种"产"的区分是欧陆物权法的根基。但他的担心是多余的，苏联民法的教材写出来了并深刻影响我国。② 幸运的是，我国《民法典》对婚姻家庭法的迎归和人格权编的设立标志着它已趋向于摆脱这种模式，回归市民社会 - 市民法的模式，这样的回归使得商品交换平等观动摇，因为民法典中非商品交换的内容越多，这样的平等观的漏洞就越大，最终崩溃。看来，我们现在到了承认民法的根基并非平等而是团结的时候了。③

---

① 参见郑华译《苏俄民法典》，法律出版社，1956，第 7 页。
② 两本苏联民法教材对我国影响巨大。它们是〔苏〕斯·恩·布拉都西主编，中国人民大学民法教研室译的《苏维埃民法》（中国人民大学出版社，1954）和〔苏〕坚金主编，中国人民大学民法教研室译的《苏维埃民法》（中国人民大学出版社，1956）。
③ 即使对于常人认为最具平等性的合同法，石佳友也认为：必须以当事人地位不平等为出发点来重构当代合同法，忠诚、团结和友爱是合同法的新格言。参见石佳友《民法典与社会转型》，中国人民大学出版社，2018，第 161 页。

从境外离婚制度看我国民法典
"离婚冷静期"条款

谢冬慧[*]

摘　要：面对普遍存在的离婚现象，世界各国都在开展"治理"，依法制约，维护家庭及社会稳定。其中，多数国家设置了"离婚冷静期"及其配套制度。我国于现行民法典中设有"离婚冷静期"条款，实际上是在与世界离婚规则接轨。但是，面对复杂多变的离婚现象，应从源头上，冷静细致、全面系统地思考和安排，制定与"离婚冷静期"条款相配套的制度，有效杜绝草率轻率离婚现象，更好地维护未成年人、家庭和社会的利益。

关键词：离婚制度　冷静期　境外规定

引　言

离婚是一种普遍存在的社会现象，它给个人、家庭及社会带来的负面影响极其巨大，以致在制约离婚方面，世界各国及地区都做过探索，开展制度设计且不断创新，我国也不例外。2020 年 5 月 28 日，新中国第一部民法典正式颁布，其中的"离婚冷静期"条款，作为民法典的亮点，更是万众瞩目。对照世界各国的离婚制度，我们发现：尽管世界范围之广阔，民族之众多，语言之差异，但是各国的婚姻法体系都贯穿了一条主线，那就是以维护未成年人利益、家庭和谐、社会安定为重心，慎重对待离婚问题。相关的离婚立法都有"冷静期"或"考虑期"的设置，并且，在这些境外的离婚制度里，有的"冷静期"设置科学，配套细致，值得我国参考和借鉴。

＊　谢冬慧，法学博士，南京审计大学法学院教授，研究方向：外国法律制度与思想。

一　认真对待离婚：共同的价值追求

"人类社会造端于夫妇。"① 在人类社会发展的历史长河里，婚姻起到了至关重要的作用，它是关乎每个人和每个家庭的大事。古今中外，概莫能外。通常意义上，婚姻始于结婚，终于死亡，异常于离婚。"任何一段婚姻的解体都将导致一个家庭的解体，此时离婚不仅仅涉及夫妻之间的利益，往往也涉及未成年子女及其他近亲属的利益。"② 因此，针对离婚，世界各国都从本国利益出发，采取应对之策。尤其是近代以来，世界各国认真对待离婚行为，精心设计制度，积极采取措施，努力挽救离婚危局，将维护婚姻家庭稳定作为政府的重要职责。

（一）近代之前世界离婚观念之样态

社会对于婚姻制度的选择，不仅受制于整个社会的价值观，而且也作用于整个社会的价值观。近代之前的世界历史要追溯至古代和中世纪。在这两大漫长的历史时期里，占世界主导地位的国家对离婚的态度是非常明确的，与近代相比，也大不相同。

首先，世界古代国家的离婚观。离婚是消灭或者结束婚姻关系的法律行为，对离婚的态度和看法，东西方古代的法律文献当中大都有记载。但是，东方的古巴比伦《汉谟拉比法典》等文献对离婚的规定，表现出男女不平等的特征，也即离婚权操纵于丈夫之手。而西方的古希腊则相对开明一些，如"配偶双方都被允许有离婚的自由。只要一方逐出另一方或抛弃另一方，就构成离婚的事实，无须提出任何理由。但实际上，妻子提出离婚则要履行比丈夫提出离婚复杂得多的手续"。③ 可见，在早期的东西方社会，夫妻双方虽然均可以提出离婚，但是男性比女性更有优势。

到了古罗马时代，西方社会对离婚持更加宽松的态度。尤其到了罗马共和国后期，产生了"无夫权婚姻"，不再以家族利益为基础，强调夫妻双方本人的利益，政府对离婚持较为宽松的态度。根据古罗马盖尤斯的《法学阶梯》，"夫妻双方可以意思表示一致而解除婚约（协议离婚），也

---

① 徐思达：《离婚法论（全一册）》，天津益世报馆，1932，第 1 页。
② 贾静主编《比较家庭法学》，中国政法大学出版社，2015，第 62 页。
③ 何勤华主编《外国法制史》，法律出版社，2011，第 57 页。

可以对方有过错为由单方提出离婚（片面离婚）"。① 这里的协议离婚非同今天的程序，往往没有任何法律规定，妻子只要离开丈夫的住所即可。到罗马帝国时期，"无夫权婚姻"逐渐增多，也即意味着离婚越来越自由，于是离婚之风日盛。史载："在罗马帝国的最后一个世纪中，伴随着一个伟大文明的崩溃，离婚就像一种恶性传染病一样，极度蔓延开来。"② 以致查士丁尼皇帝在位时曾试图对自由离婚现象加以限制，但遭至反对，直到查士丁尼的后继者才命令废除。

随着西罗马帝国的灭亡，西方历史跨入中世纪，神学思想统治一切，以天主教会为主体的教会组织对离婚采取禁锢的态度："一个合法的婚姻是不能解除的，因此不允许离婚。"③ 教会倡导抽象普遍的爱，认为婚姻是一种圣礼，离婚是对上帝的不忠。同时，教会法将永不离异视为婚姻制度的首要原则。婚姻一经缔结便永远不能解除，违者将会受到上帝的严厉处罚。"直到 13 世纪为止，天主教的教义是绝对禁止离婚的。"④ 这一规定对欧洲教会国家的影响是深远的。

值得一提的是，中世纪的禁止离婚制度，尽管有它不近人情的地方，但在一定程度上反映了教会组织对婚姻的格外重视，严格限制离婚，以维护婚姻家庭的稳定，事实上也为社会稳定做出了一定贡献。当然，这种制度也有不足之处，毕竟有一些夫妻在性格、观念等方面有较大分歧，却因为"禁离"制度所限，不能分开，因此痛苦终身。所以后面有所改变，"在 16 世纪教会与罗马教廷决裂的欧洲国家中，只有英国没有放弃婚姻不可解除的教义，也没有制定离婚条款。德国、瑞士、荷兰、丹麦、挪威、瑞典、冰岛和苏格兰等新教国家都已以这样或那样的形式允许离婚"。⑤ 这一趋势表明，随着时代发展，离婚观念发生变化。

相形之下，同时期的中国在离婚观念上与古代东方国家一样，离婚权掌握在丈夫之手中。正如学者所言："中国古昔，与信奉基督教的诸国不同，并非绝对不准离婚，只是严禁妇女离婚。"⑥ "总的说来，在整个中国

---

① 何勤华主编《外国法制史》，法律出版社，2011，第 72 页。
② 〔英〕乔纳森·哈迪：《情爱·结婚·离婚》，苏斌等译，河北人民出版社，1988，第 14 页。
③ 〔加〕罗德里克·菲利普斯：《分道扬镳——离婚简史》，李公昭译，中国对外翻译出版公司，1998，序言第 1 页。
④ 〔加〕罗德里克·菲利普斯：《分道扬镳——离婚简史》，李公昭译，中国对外翻译出版公司，1998，序言第 2 页。
⑤ 〔加〕罗德里克·菲利普斯：《分道扬镳——离婚简史》，李公昭译，中国对外翻译出版公司，1998，第 30 页。
⑥ 郭文英、李忠芳：《简论中国离婚法的变迁》，《当代法学》1989 年第 4 期，第 23 页。

古代，离婚是受到限制的，对妇女来说，更是如此。"① 唐律、明律等多部法律文献明令对离夫之妻的制裁，是中国古代社会"男尊女卑"思想在离婚问题上的表现。

（二）近代世界离婚观念之转型

随着著名"三 R"运动的洗礼，人类重新回到世界舞台的中心，整个人类历史跨入近代社会。与此相应，婚姻家庭问题再次被关注，离婚观念发生转变。此时，"家庭被看作社会的基本单元，家庭内部的稳定就是社会和政治稳定的保障"。② 在这一理念的支配下，离婚政策及制度发生变化。根据史料，"17 世纪初，欧洲的离婚势志图已经形成：除了宗教改革受到罗马天主教会抵制的国家和英国外，凡是建立了信教团体的国家都制定了离婚法"。③ 与此同时，北美的英属殖民地也出台了离婚制度。

后来，随着离婚法世俗化进程的加快，18 世纪西方国家的舆论界出现了大量谴责婚姻不可解除、呼吁立法允许离婚的文章和报道。在此舆论的影响下，英国于 18 世纪建立了一种有限的离婚形式，19 世纪中叶通过了离婚法。研究表明："16 到 18 世纪之间，西方各国的离婚都得到了合法化。"④ 随着社会经济的发展，工业化和城市化的加速，离婚政策开始宽松化，离婚法规开放化。资产阶级片面强调个人自由利益，认为婚姻是民事契约，可以自由缔结，也可以自由解除，由此带来了提出离婚和获准离婚的数量快速增多。

这里，离婚宽松化最为典型的国家是法国，1792 年，法国通过世俗离婚法案，宣布男女可以依据同样的法律理由离婚，确立起离婚是人的天赋权利的原则。该法案所宣扬的离婚思想比当时世界上任何国家的理念都要开放。1800～1804 年，拿破仑主持制定了举世闻名的《拿破仑法典》，该法典的"人"编里即纳入了婚姻及离婚制度。随着强权扩张，离婚在19 世纪之初就被法国有意识地推广到整个欧洲，法国的附庸国和保护国纷纷制定包括离婚条款的民法。可以说，在整个相当于欧洲大陆 3/4 的势

---

① 张贤钰等编著《离婚与法律》，知识出版社，1987，第 26 页。
② 〔加〕罗德里克·菲利普斯：《分道扬镳——离婚简史》，李公昭译，中国对外翻译出版公司，1998，第 37 页。
③ 〔加〕罗德里克·菲利普斯：《分道扬镳——离婚简史》，李公昭译，中国对外翻译出版公司，1998，第 36 页。
④ 〔加〕罗德里克·菲利普斯：《分道扬镳——离婚简史》，李公昭译，中国对外翻译出版公司，1998，第 83 页。

力范围之内，离婚法几乎得到完整的实施。并且在法国的带动下，19世纪，整个西方社会都在积极开展与离婚相关的立法、司法活动。

但是，由于长期传统"禁离"观念的影响，一些思想相对保守的国家即使有离婚法的支持，民众的离婚率还是比较低的。据统计，"整个1670到1857年间，尽管可以通过议会进行离婚，但英国只有325桩离婚案获得成功，平均每年一到两桩而已"。[1] 说明此时的英国民众对离婚保持谨慎和克制的态度。事实上，婚姻与社会的政治、经济及文化发展密不可分，由于离婚破坏了家庭，加重了社会负担，甚至影响了国家稳定，因此，离婚被称为异常事件，常常受到非议和谴责。

由上可知，近代世界各国打破了中世纪禁止离婚的藩篱，积极制定允许离婚的政策和法律，相应带来离婚的增加，使家庭和社会产生巨大的震荡，政府不得不再次重视。近代中国，西学东渐，离婚观念及制度设计深受西方影响，尤其是打上了法国、德国和美国等国家的烙印。当时的家庭组织、女性地位等均发生了一些变化，先前人们更多地依靠家族制度解决婚姻等家庭纠纷，而到民国时期，人们越来越愿将离婚诉诸法院，希望通过法律来解决。

（三）现当代世界离婚观之变迁

历史跨入20世纪，现当代的离婚价值观再次发生转变。20世纪，"在大多数的国家、州和殖民地，离婚或是得到法律的承认，或是被放宽，因此离婚率有明显上升，离婚也变成了一个重要的社会问题"。[2] 特别是"到20年代末和30年代，轻易离婚和滥用法律的现象越来越引起官方的注意"。[3] 甚至有人认为，"跟自杀和犯罪一样，离婚也被看作是一种社会病变"，[4] 需要采取措施开展治理，此时，社会本位思潮兴盛起来，国家干预主义开始盛行。世界各国都在进行理性思考，合理规制离婚现象。其中，最为典型的是美国在婚姻家庭立法方面的努力，原本美国的各个州均

---

[1] 〔加〕罗德里克·菲利普斯：《分道扬镳——离婚简史》，李公昭译，中国对外翻译出版公司，1998，第85页。

[2] 〔加〕罗德里克·菲利普斯：《分道扬镳——离婚简史》，李公昭译，中国对外翻译出版公司，1998，第241页。

[3] 〔加〕罗德里克·菲利普斯：《分道扬镳——离婚简史》，李公昭译，中国对外翻译出版公司，1998，第260页。

[4] 〔加〕罗德里克·菲利普斯：《分道扬镳——离婚简史》，李公昭译，中国对外翻译出版公司，1998，第293页。

有婚姻立法，但随着现代社会的发展，原有婚姻立法模式及制度设置不利于美国国家的整体利益。于是，1970 年《美国统一结婚离婚法》出台，与美国法律互相连接、互相依存。州法律全国统一委员会在对该法草案的说明里提到："在不至使国家利益由于婚姻的稳定性的变化而受到影响的前提下，本法对……"① 委员会的注释深刻地诠释了美国政府对制约离婚的决心和对稳定社会的追求。

从理论上看，婚姻是人类通过男女两性的结合，实现人类自身的繁衍，创造物质和精神财富，为社会贡献力量。毫无疑问，婚姻是人类社会文明进步的基石，其根基不可随意撼动。19 世纪，马克思曾对离婚问题有过专门探讨，他在 1842 年 12 月 18 日的《莱茵报》上发表《论离婚法草案》一文，坚定地指出："婚姻不能听从已婚者的任性，相反地，已婚者的任性应该服从婚姻的本质。谁随便离婚，那他就是肯定任性。"② 在马克思看来，离婚不能听凭个人的任性，不能把任性提升为法律。他还引用黑格尔的观点证明自己的立场，强调婚姻不可任意解除，认为："几乎任何的离婚都是家庭的离散，就是纯粹从法律观点看来，子女的境况和他们的财产状况也是不能由父母任意处理、不能让父母随心所欲地来决定的。"③ 显然，在离婚问题上，马克思主张理性主义，倡导深思熟虑。他的思想观点对现当代的离婚价值观的形成和固化影响深远。

在现实当中，离婚往往具有传染性，由于离婚的人越来越多，离婚变得司空见惯，以致对离婚持宽容态度的人越来越多。但是，无论是个人还是社会，离婚对其均会产生一定的负面影响。根据美国学者的调查，"对一个人最大的精神打击便是离婚，无论你是否是离婚的主动提出者，也无论你是男人还是女人。亲人死亡对我们的打击，也许都要排在离婚之后"，④ 足见离婚对婚姻当事人个人影响之大。而对于社会，离婚的负面效应也已经凸显，不能不引起警觉。早在 30 多年前，我国就有学者提出："离婚率的上升，已是当今一个世界性的普遍关注的课题。"⑤ 因此，当今世界各国都在努力解决离婚问题，其中"增加离婚考虑时间"（冷静期）的办法得到多国的普遍认可。设置冷静期的目的是让当事人有时间审慎充

033

---

① 北京政法学院民法教研室：《外国婚姻家庭法典选编》，内部资料，1981，第 2 页。
② 《马克思恩格斯全集》第 1 卷，人民出版社，1956，第 183 页。
③ 《马克思恩格斯全集》第 1 卷，人民出版社，1956，第 183 页。
④ 方刚：《告别离婚》，重庆出版社，2006，第 26 页。
⑤ 程继隆：《婚姻异离面面观：一百个离婚案的背后》，北方妇女儿童出版社，1988，第 26 页。

分地思考，从一时的愤怒和冲动中冷静下来，以家庭、子女及社会大局为重，打消离婚念头，重启家庭生活。

当代中国，地域广大，民族众多，传统深厚，人们对待婚姻的态度是慎重的。但是，"人们已经无法否认，离婚在中国也是一个普遍的社会问题"。① 自1950年开始，离婚率经历了几次高峰期，特别是改革开放以来，人们的价值观和离婚观多元化，社会民众对离婚现象越来越包容，离婚率也逐年递增，其中不乏草率、轻率离婚者。近些年来，在我国，离婚案件引发了诸多家庭和社会问题，国家一直在努力解决，立法不断跟进。针对协议离婚方式，2020年新颁布的民法典专门设置了"离婚冷静期"条款，试图杜绝草率、轻率离婚现象，以国家公权力干涉居高不下的离婚现象，求得个人幸福、家庭美满、社会安宁。在某种程度上，协议离婚本身排除了国家公权力的干预，导致高离婚率，影响到社会稳定，所以需要用国家公权力来矫正。

简言之，婚姻乃家庭的基础，对个人成长和社会发展意义非凡。从古至今的世界各国都有自己的离婚价值观，且在国家治理过程中予以立法规范。但是综观婚姻发展的历史，可以发现，世界各国对离婚的态度都是由严格限制到宽松开放，再到局部控制，政策也随之变化。诚如学者总结的那样："纵观现代各国离婚制度的发展历史，大多数国家的立法均注重保护离婚中的弱势群体的利益，而对离婚作出了一定的限制。"② 其共同的价值追求在于：不鼓励离婚，杜绝草率离婚，尽可能挽救婚姻，保护未成年人利益，实现家庭和谐与社会稳定。为达到此目的，各国发挥制度优势，设计"冷静期"及其配套制度，认真对待离婚行为。

二 预留冷静时间：相似的制度设置

俗话说，时间是最好的疗伤药。针对婚姻矛盾和创伤，或许可以用"时间"来缓解和治疗。纵观世界各国的婚姻家庭立法，可以发现，大多数国家和地区选择了"时间"这一剂良药，用来治疗婚姻"疾病"，限制任性、草率的离婚现象。在各国的民法典亲属编或者婚姻家庭法里，针对离婚问题，设置了专门的冷静期制度，为挽救婚姻预留了冷静时间，只不

---

① 孙文兰：《离婚在中国》，中国妇女出版社，1991，前言第1页。
② 贾静主编《比较家庭法学》，中国政法大学出版社，2015，第67页。

过时间长短不一，采用方式各不相同。在此，以世界两大法系为代表，做一考证。

（一）大陆法系离婚冷静期的制度安排

大陆法系国家基本采纳了罗马法的体系、概念和术语，以《法国民法典》和《德国民法典》为代表。而古罗马时期离婚法律制度相对宽松，渊源于此，法国的离婚制度也极其宽松，但是对待离婚问题的态度是谨慎的，主张设置离婚冷静期等制度，以法典的形式对"离婚冷静期"做了规定，时间长短不一，最长的6个月，最短的1个月（见表1）。

表1 大陆法系部分国家离婚冷静期概览

序号	国家法名	冷静期时间	结婚时间	冷静期措施
1	《法国民法典》	3~9个月	6个月~2年	分居3年、调解
2	《德国民法典》	3个月	2年	别居1年
3	《比利时民法典》	6个月	2年	分居、调解
4	《瑞典民法典》	6个月	不详	分居1年、调解
5	《苏俄婚姻和家庭法典》	6个月	不详	调解
6	《俄罗斯联邦家庭法典》	1个月	不详	调解
7	韩国民法修正案	1~3个月	不详	义务调解

资料来源：参见北京政法学院民法教研室《外国婚姻家庭法典选编》，内部资料，1981；中国法学会婚姻法学研究会编《外国婚姻家庭法汇编》，群众出版社，2000；北京政法学院民法教研室《外国婚姻家庭法讲义》，内部资料，1982；张贤钰主编《外国婚姻家庭法资料选编》，复旦大学出版社，1991；等等。

当然，大陆法系国家在"离婚冷静期"立法方面存在各不相同的制度设计。

第一，1804年《法国民法典》是近代社会最有影响力的法律文献，协议离婚制度诞生于该法典，后经过多次修改。民法典对与离婚相关的时间限制主要有两点。其一，双方达到法定年龄和结婚届满年数，方可以申请协议离婚。依据法典，离婚协议，非于结婚2年后不应准许；后改为，结婚最初6个月内不得提出双方同意的离婚。[①] 其二，协议离婚必须经过法定考虑期，才生效力。法典规定：如果夫妻双方坚持离婚意愿，法官应当指出，他们应在3个月的考虑期限之后，重新提出离婚申请；如在考虑

---

① 参见《法国民法典》，罗结珍译，法律出版社，2005，第42页。

期届满后 6 个月内，未重新提出离婚申请，原来的共同离婚申请即失去效力。① 这里，实际上的离婚考虑期是 3~9 个月，最短的为 3 个月，最长的为 9 个月。此外，1975 年修订的《法国民法典》，专门增加了"调解"一节，针对离婚案件进行全过程调解，特别是对处在不超过 6 个月的离婚考虑期内的夫妻双方进行调解，以求延缓和减少离婚。② 虽然离婚立法发生了变化，但是，始终规定了"离婚冷静期"，表明对离婚的慎重态度。

第二，德国紧步法国后尘，设置了 3 个月的离婚冷静期。《德国民法典》规定：双方同意离婚的，夫妻别居已 1 年，方能证明婚姻破裂。二战后的德国曾分东德与西德两个国家，法律也分别制定。西德于 1946 年颁布的《德意志联邦共和国婚姻法》中明确规定了"离婚冷静期"：解除婚姻关系须经司法判决，起诉离婚视同申请确定一个日期实行庭审调解，如果起诉方不参加调解，或在调解结束后 3 个月内不再起诉，则离婚申请失效，婚姻继续维持。③ 东德于 1965 年出台的《德意志民主共和国婚姻法》并未设置"离婚冷静期"制度，只是原则性规定，但是 1990 年 10 月起，统一适用原西德的法律，意味着德国坚持"离婚冷静期"做法，尤其是在当代社会。

第三，苏联与俄罗斯，两个时期离婚皆有冷静期制度。在苏联时代，"十月革命"是离婚制度变革的重要分水岭。"十月革命"之前遵从教会敕令办理离婚，程序非常复杂。但是"十月革命"胜利后，离婚程序设置得非常简单，只要一方申请，即可向国家登记，办理离婚。直到 1944 年的婚姻家庭法令出台，才确认了诉讼离婚程序。1969 年施行的《苏俄婚姻和家庭法典》肯定了诉讼离婚和自愿离婚。在诉讼离婚过程中，法典规定法官应设法使夫妻和解，并有权延期审理案件，规定夫妻有 6 个月的和解期，相当于有 6 个月的离婚冷静期。1995 年《俄罗斯联邦家庭法典》规定协议离婚从提交离婚申请之日起满 1 个月，婚姻登记机关才能办理离婚，也就是设置了 1 个月的离婚冷静期。对于诉讼离婚，法院可以采取一定的措施帮助夫妻和解，同时给当事人不超过 3 个月的和解期，供当事人慎重考虑。由于历史渊源关系，苏联及俄罗斯的法律制度对中国影响较大，在某种程度上，2020 年我国民法典的"离婚冷静期"条款，参考了《俄罗斯联邦家庭法典》里关于协议离婚冷静期的规定。

第四，瑞典法律规定，婚姻是两个自立的人自愿共同生活的形式。如

---

① 参见《法国民法典》，罗结珍译，法律出版社，2005，第 42 页。
② 参见张贤钰等编著《离婚与法律》，知识出版社，1987，第 53~54 页。
③ 参见张贤钰主编《外国婚姻家庭法资料选编》，复旦大学出版社，1991，第 13~15 页。

果夫妻一方负有监护未满 16 周岁子女的职责或将和子女永久共同生活，那么，离婚前必须经过一段等待时间，法律上称为 6 个月的"考虑期"。规定等待时间的理由在于尊重夫妻一方要求解除婚姻的意愿，但是这种意愿必须经过认真的考虑，特别是基于子女的利益，应尽可能地防止过于轻率的离婚。如果夫妻双方或一方在等待期届满后 6 个月内提出终审判决的申请，法官则依法审理这一案件。① 实际上，在瑞典，一桩离婚案件要经历 12 个月才能真正结束。

第五，韩国特别重视离婚对未成年子女的影响，为此设置离婚冷静期，具体时间为：有未成年子女（包括怀孕）的为 3 个月；有到成年还有 1 个月至 3 个月的未成年子女时，为子女的成年日期；有到成年还有不到 1 个月的子女或没有子女等其他情形时为 1 个月。② 这是韩国 2006 年民法修正案里面的规定，以求解决韩国离婚率急速增长的现实问题。从这里可以发现，韩国的离婚冷静期设置得很细致，它将离婚对象分成三类分别确定冷静期长短，突出对未成年人的保护。

（二）英美法系离婚冷静期的制度设置

英美法系以英国和美国为代表，许多法律部门受到了罗马法的影响，有些甚至直接沿用了罗马法，或者说存在直接的渊源联系。在对待离婚问题上，英美法系国家也做了慎重的选择，设置离婚冷静期制度（见表2）。

表2　英美法系部分国家离婚冷静期概览

序号	国名	冷静期时间	结婚时间	冷静期措施
1	英国	6~9 个月	3 年	分居 2~5 年、鼓励调解
2	美国	6 个月	不详	分居前置或并列
3	加拿大	1~12 个月	不详	分居 1 年
4	澳大利亚	12 个月	2 年	特定分居期
5	菲律宾	6 个月	不详	别居、调解
6	墨西哥	3 个月	1 年	调解

　　资料来源：参见北京政法学院民法教研室《外国婚姻家庭法典选编》，内部资料，1981；中国法学会婚姻法学研究会《外国婚姻家庭法汇编》，群众出版社，2000；北京政法学院民法教研室《外国婚姻家庭法讲义》，内部资料，1982；张贤钰主编《外国婚姻家庭法资料选编》，复旦大学出版社，1991；等等。

---

① 参见张贤钰主编《外国婚姻家庭法资料选编》，复旦大学出版社，1991，第366、371 页。
② 参见姜海顺《韩国协议离婚立法对中国的启示》，《延边大学学报》（社会科学版）2010 年第5 期，第76 页。

　　首先，英国自结束"禁离"之后，于 1857 年、1969 年和 1973 年先后颁布了《处理夫妻案件法》《离婚改革法》《婚姻案件诉讼法》，三部法律对离婚总体上仍持慎重态度。《处理夫妻案件法》第一次承认诉讼离婚，为英美法系只有一种离婚方式"诉讼离婚"奠定了基础。后两部离婚法律规定，婚姻当事人在诉讼离婚之前必须连续分居 2~5 年，类似于离婚冷静期。1996 年英国颁布《家庭法》，其中对离婚冷静期做了明确规定，做出声明后，为促使当事人考虑下列事项，应当给予当事人双方一定时间：（1）反省婚姻关系是否可以挽救及是否有机会和解；（2）考虑对将来的安排。反省和考虑期为 9 个月，自法院收到声明后第 14 日起计算。① 这两点关乎"离婚冷静期"的制度设定，非常细致，切合实际。此外，夫妻双方结婚满 3 年之后，才可以提出离婚诉讼。

　　其次，美国的离婚制度与英国有密切的历史渊源，且与本国法制创新模式相联系，50 个州的离婚制度各不相同，给离婚案件的处理带来不便。1970 年终于通过了《美国统一结婚离婚法》，将婚姻关系破裂作为离婚的法定理由。该法值得关注的一个地方就是配合"离婚冷静期"制度，用调解方式解决离婚问题。"在离婚诉讼中，法院要考虑一切有关因素包括调解的可能性，在初审后 30 天至 60 天的等待期内，向双方当事人提出进行协商的建议，法庭认为有必要时或依一方当事人的请求，可以任命一个调解委员会。"② 最终法庭将这种调解后没有和好的希望作为判定婚姻破裂的理由。对此，美国人评价道："美国采取严格的离婚法是有道理的，因为当事人的亲属们确实需要一段时间做劝解工作，以尽量使要离婚的夫妻重归于好。"③ 这种愿望是好的，可惜没能在美国普遍实行。同年，美国加利福尼亚州又抛出了"无责离婚法"，也就是无理由离婚制度，一石激起千层浪，该制度的出台再次提升了美国的离婚率。

　　此外，根据 1984 年《加拿大离婚法》，加拿大所采用的两种离婚方式皆有冷静期：如果协议离婚，相关部门需要等待 1 个月之后，才可以办理离婚手续，中间可以撤回申请；如果诉讼离婚，夫妻任何一方都可以提出离婚申请，但最终的离婚结果必须在提交离婚申请 1 年后，才能获得批

---

① 参见中国法学会婚姻法学研究会编《外国婚姻家庭法汇编》，群众出版社，2000，第 5~6 页。
② 张贤钰等编著《离婚与法律》，知识出版社，1987，第 54 页。
③ 〔美〕康斯坦丝·阿荣斯：《良性离婚》，陈星等译，中央编译出版社，1997，第 39 页。

准。① 这 1 年的时间就是诉讼离婚的冷静期。而澳大利亚的《家庭法》规定，夫妻任何一方或双方必须在结婚满 2 年以后，才可以向法院提出离婚申请；法院审查其申请后，"首先宣布的判决为暂时判决，宣告后的 1 个月内，如果双方和解，离婚当事人可以撤销判决。在此 1 个月内，在确定没有欺诈、隐匿证据及其他没有导致误判的情况下，法院则将暂时判决转为终局判决，双方的婚姻关系解除"。② 这里的 1 个月就是离婚冷静期，用来使当事人双方审慎思考，求得和解，婚姻继续。

（三）其他地区离婚冷静期的制度考虑

当今世界除了大陆和英美两大法系之外，还有伊斯兰法系不可忽视。采用伊斯兰法系的主要是阿拉伯半岛诸多国家和东南亚部分国家，它们以《古兰经》为首要的法律渊源，倾向于反对离婚，同样存在离婚冷静期制度。早在伊斯兰教产生之前的蒙昧时代就有"离婚等待期"规定，即男女准备离婚时，女方需经历 3 个月到 2 年直至终生的离婚等待期。后来《古兰经》里所记载的待婚期制度即来源于此，这个待婚期制度相当于今天的离婚冷静期制度。《古兰经》规定：在丈夫休妻的决定生效之前，需要经历一个等待期，使男方慎重考虑。可见，这个冷静期由丈夫独享，一般为 3 个月。设置这个冷静期还有一个目的，就是丈夫确认妻子是否怀孕。3 个月后如果妻子怀孕了，则丈夫取消休妻决定。由于伊斯兰国家皆以《古兰经》为最高法源，自然也服从离婚冷静期制度。近现代的伊斯兰国家大多以法典或其他专门立法形式，继承并完善了待婚期制度。

除了世界主要法系国家之外，中国的香港、澳门和台湾虽然分属不同的法域，但是也都建立了离婚冷静期制度，值得关注。香港只有诉讼离婚一种方式，且设置了结婚期、该分居及离婚冷静期制度。根据香港《婚姻诉讼条例》与《婚姻诉讼规则》，结婚不满 3 年不准申请离婚；离婚判决之前，必须度过分居期，该分居期相当于离婚冷静期或考虑期。在分居 1 年的情况下，双方都同意离婚，法院才能判决离婚，否则必须分居 2 年，才能得到离婚判决。实践中，常常是分居 5 年才能成为离婚理由，得到最终的离婚判决。③ 此外，香港法院对离婚案件的判决分为临时和正式两次进行，这两次判决之间的时间间隔实际上就是"离婚冷静期"，"其目的

---

① 张贤钰主编《外国婚姻家庭法资料选编》，复旦大学出版社，1991，第 160 页。
② 陈苇主编《外国婚姻家庭法比较研究》，群众出版社，2006，第 589 页。
③ 参见李思涛主编《离婚怎么办》，中国法制出版社，2011，第 20～23 页。

在于给当事人以充分考虑的机会。在临时判决 3 个月后，如果双方当事人均未就临时判决提出异议，法院一般即在 6 个星期后可作出正式判决"。① 足见香港离婚的限制之多，以冷静期制度为首。澳门的离婚方式二元化，均有离婚冷静期规定。但是协议离婚的先决条件是结婚满 3 年，且要经过法院决定。符合条件的协议离婚，需经法院召集离婚审议会。"第一次审议会 3 个月后 1 年内，如配偶双方仍执意离婚，则向法院提出第二次申请。"② 可见，在澳门法院处理离婚案件的过程中，法官必须贯彻调解精神，并给双方至少 3 个月反省期，在反省期内尽可能调解。至于台湾地区的婚姻家庭相关规定，则延续了 1930 年民国民法典。根据其中的第四编（亲属）第五节（离婚）规定，也有协议和诉讼两种离婚方式，其中协议离婚称为"两愿离婚"，须有两个以上证人在协议书上签名。③ 但是，这里没有设定冷静期或考虑期，也没有调解等挽救两愿离婚的做法，只是在"民事诉讼法"关于诉讼离婚的内容里有调解的要求，且有 6 个月暂停诉讼、专门调解和好的冷静期限。

概言之，世界上大多数国家及我国的港澳台地区，早已设置了相对成熟的"离婚冷静期"制度。我国学者认为，离婚"冷静期，是解决坚守离婚自由法律、权利底线与抑制离婚率快速增长，维护社会稳定之间矛盾的折中办法"。④ 该办法的确不错，从境外立法可以得出结论：为规制较为普遍的离婚现象，绝大多数国家和地区都制定了相关的旨在限制离婚的冷静期制度以及配套法规。

相比之下，我国婚姻法对离婚的限制性规定则较少，尤其是协议离婚。2003 年的《婚姻登记条例》过度放松和简化协议离婚的条件和程序，申请—审核—登记，一步到位，"即申即离"带来"闪婚闪离"，轻率离婚、虚假离婚的现象随处可见，也引发严重的社会问题，引起社会广泛关注。2018 年 7 月，最高人民法院率先从诉讼离婚领域试行离婚冷静期制度，《关于进一步深化家事审判方式和工作机制改革的意见（试行）》第 40 条提出："人民法院审理离婚案件，经双方当事人同意，可以设置不超过 3 个月的冷静期。在冷静期内，人民法院可以根据案件情况开展调

---

① 王旭春、罗斌主编《港澳台民商法》，人民法院出版社，1997，第 84 页。
② 王旭春、罗斌主编《港澳台民商法》，人民法院出版社，1997，第 181 页。
③ 参见陶百川《最新六法全书》（上），台北：三民书局，1993，第 142 页。
④ 成婷婷：《离婚诉讼以冷静期调解结案的探索》，《人民法院报》2018 年 10 月 31 日，第 007 版。

解、家事调查、心理疏导等工作。冷静期结束，人民法院应通知双方当事人。"在协议离婚领域，2020 年 5 月出台的民法典里增加了"离婚冷静期"条款，这些制度设置，旨在解决国内离婚率过高的社会问题。不过，与一些国家的离婚制度相比，我国的"离婚冷静期"条款尚有完善的空间。

三　提供积极帮扶：丰富的经验借鉴

综观境外离婚制度，不难发现"离婚冷静期"早已有之，且是限制轻率离婚的重要制度设置。我国的协议离婚方式程序较为简单，为轻率离婚者提供了便利，也带来离婚率的攀升。为了杜绝轻率离婚现象，2020 年颁布的民法典当中设置了"离婚冷静期"条款，规定：自婚姻登记机关收到离婚登记申请之日起三十日内，任何一方不愿离婚的，可以向婚姻登记机关撤回离婚登记申请。根据《民法典（草案）说明》，设置"离婚冷静期"条款的原因是："实践中，轻率离婚的现象增多，不利于婚姻家庭的稳定。"[①] 可见，"离婚冷静期"条款基于维护家庭稳定。

的确，离婚是一种极其复杂的社会现象，它不仅关乎婚姻当事人双方的个人利益，也牵涉到子女的抚养教育及成长成才等家庭利益，而这两个利益直接关系到未来国家和民族的利益。因此，离婚问题必须妥善处理，尽可能减少和杜绝轻率离婚。从境外的离婚制度可知，"离婚冷静期"条款是一项重要的阻滞离婚的好办法，但是，如果没有配套制度，未来的实施效果不容乐观。因此，还需要多措并举，关注婚姻关系的关键环节、处理婚姻矛盾的时间方法等，构建维护婚姻家庭的系统。

（一）深刻把握结婚自由规则，不要草率结婚

结婚自由是婚姻自由原则的重要内容，它是结婚当事人按照法律规定在结婚问题上所享有的充分自主的权利，任何人不得强制或干涉。进言之，结婚自由是指男女双方有权根据自己的意愿决定何时、何地以及和谁依法确定夫妻关系。任何组织和个人不得以任何方式限制、影响、禁止公民自愿、自主地决定何时结婚，也不得以任何理由和方式禁止从事某些职业或者接受某些教育的公民结婚。[②] 但就当事人而言，和什么样性格及品

---

① 《最高人民法院关于进一步深化家事审判方式和工作机制改革的意见（试行）》（2018 年 7 月 25 日）。

② 参见周伟《国家与婚姻：婚姻自由的宪法之维》，《河北法学》2006 年第 12 期，第 17 页。

质的人结婚，却是需要慎重考虑的问题。

当下，我国部分人尤其年轻人，以极不严肃的态度对待婚姻自由原则，在对另一半缺乏足够了解、对未来没有思想准备的情况下，匆忙结合。他们没有充分认识到在婚姻上对自己、对另一半、对家庭、对社会所应负的责任和义务，或者在婚后较短时间内，在性格、生活习惯等方面没有实现磨合的背景下，稍有不顺，就争吵不断，随即轻率地提出离婚，如果离婚机制中缺乏应有的补救婚姻的措施的话，一桩婚姻可能很快随之消亡，过高的离婚率必将影响整个社会的稳定。所以，附设离婚冷静期的离婚机制非常必要。

我国民法典规定："家庭应当树立优良家风，弘扬家庭美德，重视家庭文明建设。"结婚后的夫妻应该主动贯彻民法典的家风建设倡议，相敬相爱，互相欣赏，彼此包容对方的弱点和缺点。即使发生不愉快，切忌动辄说分手，形成不稳定的婚姻状态。有学者指出："父母婚姻关系的不稳定性可以传给子女。"① 可见其危害性之大。在此，鉴于境外离婚制度的做法，建议增加离婚申请者结婚年限的原则性规定，以法律增强婚姻的稳定性。诚如学者所言："一个想离就离的婚姻制度，最终导致的是一连串短暂的、不再是伴侣性的婚姻。"② 所以，离婚申请者结婚年限的原则性规定很有必要。

（二）正确认识离婚自由原则，杜绝轻率离婚

婚姻自由从来不是绝对的，而是相对的。正如学界对"自由"一词本身的理解一样，英国的约翰·密尔指出，自由的价值是可以为人们和社会带来好处的。③ 现实当中的很多当事人，过于强调离婚自由，草率离婚，造成了对个人、家庭和社会的不良影响，恰恰是因为没有正确认识离婚自由原则。

从世界各国对离婚的态度可以发现，在某种意义上，放纵"离婚自由原则"，必然导致高离婚率。古罗马后期，"随无夫权婚姻的废弛，自由离婚之风盛行。为了稳定婚姻关系，出现了对自由离婚的限制"。④ 苏联

---

① 〔美〕柏忠言编著《西方社会病——吸毒、自杀和离婚》，三联书店，1983，第506页。
② 〔美〕理查德·A. 波斯纳：《性与理性》，苏力译，中国政法大学出版社，2002，第329~330页。
③ 参见〔英〕约翰·密尔《论自由》，许宝骙译，商务印书馆，1959，第112页。
④ 北京政法学院民法教研室：《外国婚姻家庭法讲义》，内部资料，1982，第57页。

"十月革命"后强调男女平等，实行离婚自由，缺乏慎重考虑，离婚率急剧增长。

"保障离婚自由，决不意味着就可以轻率地对待和处理离婚问题，或者把离婚作为改善和巩固婚姻关系的唯一手段。"① 列宁曾指出："承认妇女有离婚自由，并不等于号召所有的妻子都来闹离婚！"② "我们提倡离婚自由，并不等于可以轻率离婚。不负责任，视婚姻如儿戏，以轻率的态度对待和处理离婚问题，属于滥用离婚自由的行为。"③ 婚姻作为稳定的社会关系，建立起来不易，却因琐碎矛盾被轻易解除，对双方当事人、家庭和社会都没有益处，所以值得慎思。

"轻率离婚，就是没有经过慎重考虑，以轻率的态度对待和处理离婚问题。"④ 其实，轻率离婚的当事人的感情并没有破裂，婚姻依旧可以维持，只是一时冲动，选择用离婚的方式解决婚姻生活中的矛盾。"在家庭中，夫妻间有时难免出现这样或那样的矛盾，但双方都应本着团结的精神，善意的态度与和好的愿望，合情合理地解决矛盾，搞好夫妻关系，防止轻率离婚的发生。"⑤

现实生活中，很多离婚是因草率结婚而引起的。男女相识相知需要一个过程，需要时间作保障。但是，有的青年男女相识时间短暂，彼此不够了解便草率结婚，婚后发生矛盾，双方不能互相体谅，就选择离婚。因此，建议未婚的男女，要本着对自己、对子女、对家庭、对社会高度负责的态度，认真挑选情趣相投、志同道合、品格端正的对象，在充分了解、慎重考虑的基础上，结合成家庭，以诚相待，和睦相处，彼此视对方为自己的终身伴侣，共同面对家庭当中的问题，从源头上杜绝离婚问题的发生。

自由与法律关系密切。法律既是保护离婚自由的手段，又是限制离婚自由的工具。早在苏联婚姻家庭的立法原则里，就强调了阻止轻率离婚的内容，即"在每个婚姻关系里所有的这些社会利益，促使国家采取办法来推动这些关系，并采取必要的措施，以阻止轻率离婚"。⑥ 因此，离婚自

---

① 张贤钰等编著《离婚与法律》，知识出版社，1987，第59页。
② 《列宁全集》第23卷，人民出版社，1958，第67页。
③ 李思涛主编《离婚怎么办》，中国法制出版社，2011，第33页。
④ 李思涛主编《离婚怎么办》，中国法制出版社，2011，第37页。
⑤ 张贤钰等编著《离婚与法律》，知识出版社，1987，第61页。
⑥ 〔苏〕斯维尔德洛夫：《苏维埃婚姻与家庭的立法原则》，李世楷译，人民出版社，1953，第77页。

由应该符合社会秩序，否则就要接受正义价值的拷问，用法律去重新规制。

（三）认真做好调解工作，挽救危机婚姻

充分利用冷静期时间，认真开展离婚当事人的调解工作，无疑是挽救婚姻危机的理想做法。关于诉讼离婚的调解，很多国家的法律，包括我国均有规定，但是民法典所规定的"离婚冷静期"条款并未有配套的调解制度。"实践证明，在办理离婚登记中，经过登记机关的调解工作，消除了双方的矛盾和隔阂，重归于好的夫妻为数不少。"[1] 因此，建议完善与"离婚冷静期"条款相配套的调解制度，充分利用冷静期，将调解工作做到位。

首先，借鉴冷静期调解的经验。前文已述，世界各国相继制定了冷静期制度，部分国家做得特别细致，在冷静期内，配以调解制度，包括自愿调解和强制调解。有的国家聘请婚姻专家给离婚当事人进行调解，并实行专业指导，使他们理性冷静地思考自己的婚姻家庭及子女问题，帮助他们度过婚姻困境时期。有的国家要求强制调解，例如苏联、法国、美国、南斯拉夫等国都规定离婚诉讼须经过调解程序。[2] 丹麦、挪威、芬兰三国对离婚实行强制调解。在丹麦，在整个分居和离婚过程中都进行调解，且要求双方均到场，否则将予以罚款；在挪威和芬兰，在夫妻分居之前进行调解。[3] 这里，"调解人的责任在于找出他们意见不同的原因，告诉他们分居或离婚的后果，并与他们讨论继续共同生活的可能性。如果他们已有了孩子，调解人必须充分考虑到子女的利益"。[4] 在瑞典，婚姻调解队伍很完备。根据法案规定，每个城市至少要任命2名调解人，每个郡、市或宗教组织都建立了许多家庭咨询机构。[5] 冷静期内配套调解的制度设计非常精细。

调解方面最值得一提的是日本。日本法荟萃了世界各国优秀立法成果，其协议离婚效仿德国模式，需要2名以上成年人作证人，要求离婚的当事人向家庭裁判所申请调解。日本非常重视离婚冷静期内的调解工作，

---

① 张贤钰等编著《离婚与法律》，知识出版社，1987，第73页。
② 参见北京政法学院民法教研室《外国婚姻家庭法讲义》，内部资料，1982，第73页。
③ 参见张贤钰主编《外国婚姻家庭法资料选编》，复旦大学出版社，1991，第370页。
④ 张贤钰主编《外国婚姻家庭法资料选编》，复旦大学出版社，1991，第371页。
⑤ 参见张贤钰主编《外国婚姻家庭法资料选编》，复旦大学出版社，1991，第377~378页。

1922 年起正式建立调解制度，二战之后，又出台了专门的《家庭调解法》，由法院专任调解员做当事人的离婚调解工作，协商解决婚姻纠纷。

其次，借鉴诉讼离婚调解的经验。根据南斯拉夫婚姻法，在开庭审理前，审判长应尽力对夫妻双方进行多次调解，直至认为没有希望达到和解为止。法院只有在调查了解所有情况后，确信重新建立家庭和夫妻和好的任何希望都不存在时，才允许离婚。① 塞尔维亚婚姻法对离婚调解做了明确规定：调解须与负责社会工作的区级机构或婚姻家庭研究机关合作进行，或把案卷交给专门调解机构，或邀请专家一起调解。② 还有"国外家事法庭的经验表明，许多表面上不愿意参加调解的当事人，原来事实上在暗中非常关心他们的婚姻状况，并且急欲探索和解的可能性"。③ 可见，对于离婚案件，调解的可行性较大。

再次，中国法院调解经验丰富，也值得借鉴。"建国以来，各级人民法院审理的离婚案件，绝大多数是以调解方式结案的，其中调解离婚为判决离婚的好几倍，调解不离的，又是判决不离的好多倍。"④ 显然，在处理离婚问题上，诉讼调解已取得了很多成功的经验，值得协议离婚案件借鉴。这里，"离婚冷静期"制度已为协议离婚的调解提供了时间保证。在此，建议除了婚姻登记机关专家、社区楼长、群众团体以及基层调解委员会等组织之外，特别邀请离婚当事人所在单位（所在部门及工会）作为调解主体。2003 年《婚姻登记条例》不仅取消了 1994 年《婚姻登记管理条例》关于登记机关 1 个月的审核期规定，还同时取消了单位或居委会提供证明的要求。原先的离婚需要"单位或居委会提供证明"，实际上为当事人离婚设置了一个缓冲地带，当单位得知自己的员工要离婚后，肯定要做调解工作，让其打消离婚念头。此外，当事人本人在打算离婚之前，因为需要单位证明，也会考虑单位的影响，多少会慎重对待离婚一事。2020年民法典"离婚冷静期"条款已经将协议离婚的办理时间拉长，但是"单位或居委会提供调节"环节仍需要倡导，得到立法强化。因为单位或居委会与当事人联系紧密，他们出面，帮助开导当事人，处理家庭矛盾，更有说服力。

---

① 北京政法学院民法教研室：《外国婚姻家庭法典选编》，内部资料，1981，第 163 页。
② 参见张贤钰等编著《离婚与法律》，知识出版社，1987，第 85 页。
③ 张贤钰主编《外国婚姻家庭法资料选编》，复旦大学出版社，1991，第 480 页。
④ 张贤钰等编著《离婚与法律》，知识出版社，1987，第 76 页。

（四）适当限制协议离婚方式，增加离婚成本

协议离婚也称无因离婚，1804年《法国民法典》首次确认了这一方式，接着日本、苏联等国纷纷效仿。理论上，协议离婚最好地贯彻了离婚自由精神，也体现了婚姻法作为私法的本质特征。但是，如果没有把握好自由度，就降低了婚姻的稳定度，殃及国家和社会利益。因此，需要公权力的介入。从国外的离婚法律制度看，国家公权力有必要干预婚姻家庭领域，以维护社会公共利益。也如学人所言：婚姻家庭问题已然从私人问题领域发展到社会问题的公共领域，婚姻家庭问题的解决已经从"个人麻烦"变成了"社会福利"。[①]

我国当下的协议离婚，由于程序简单，时间短暂，相对保密，比较符合人们的心理。因此，相当多的离婚当事人采取协议离婚方式，结束自己的婚姻。有学者认为，"从表面上看，这种协议离婚颇有些不严肃，甚至有把婚姻当儿戏的嫌疑"，[②] 因此，尽可能少用或不用这种离婚方式。"一般而言，结婚时间不长，无子女，财产纠葛少的当事人较多采用协议离婚的方式。"[③] 俄罗斯和韩国也有类似的做法。根据境外离婚制度，协议离婚的使用主要有以下三种情形。

第一，英美法系明令禁止协议离婚。除了大陆法系，目前世界上采用协议离婚方式的国家并不多。即使大陆法系的一些国家采用协议离婚，也必须经过法院的审查确认，也即由国家公权力介入。建议我国尽可能减少采用协议离婚，或者增加法院审查环节。

第二，严格限定协议离婚的适用范围。《苏俄婚姻和家庭法典》规定的协议离婚，仅适用于婚后没有未成年子女的夫妻。反之，必须通过诉讼离婚。后来的《俄罗斯联邦家庭法典》延续了这一规定，即离婚当事人有共同的未成年子女时，离婚必须采取诉讼离婚。对有未成年子女的离婚当事人限定协议离婚的适用，也是贯彻世界各国普遍认同的"未成年人利益最大化原则"的体现。我国的协议离婚不妨借鉴俄罗斯的做法，对于有未成年子女的离婚当事人禁止适用协议离婚，只允许向法院提起诉讼离婚。

第三，慎重对待冷静期限，同时考虑结婚期限。"协议离婚的结婚限

---

① 参见〔美〕威廉姆·H.怀特科等《当今世界的社会福利》，解俊杰译，法律出版社，2003，第1页。

② 孙文兰：《离婚在中国》，中国妇女出版社，1991，第95页。

③ 孙文兰：《离婚在中国》，中国妇女出版社，1991，第96页。

制期和离婚考虑期都是为了巩固婚姻关系，防止草率离婚现象的发生而规定的制度。"① 很多国家的法律在预设离婚冷静期的同时，对离婚申请者的结婚年限做了规定，对于维护婚姻关系，防止草率离婚的发生有积极意义，值得借鉴。

结　语

离婚乃全世界共同关注的主题，各国都采取积极措施，认真对待离婚问题，设置离婚冷静期等一系列制度，限制离婚的方式，延缓离婚的时间，探究离婚的根源，旨在缓解婚姻危机，化解婚姻矛盾，维持婚姻关系，维护未成年人利益，保护整个社会的安宁。我国民法典所载"离婚冷静期"条款，尚有完善的空间，境外离婚制度的有益经验，值得我国借鉴。

---

① 北京政法学院民法教研室：《外国婚姻家庭法讲义》，内部资料，1982，第64页。

民事裁判中预约合同的认定方法[*]

张浩良^{**}

摘　要： 在意思表示的解释方法中，表示主义逐渐占据上风。据此，协议文本的名称在预约合同的认定上十分重要。诸如预约选房确认单、预订协议书、投资建设协议书、框架协议等，是法官认定预约存在的初始依据。其次，预约的目的在于未来一定期限内签订本约。预约的内容应当明确，至少应当具备该类合同的必备条款。一份协议的名称、标的，已经能为法官判断预约合同是否存在提供可靠依据。但是在司法实践中，存在一项例外。在商品房买卖合同纠纷中，当预约合同具备本约合同的主要条款，并且出卖人收受部分购房款时，立法者将之前的预约合同拟制成本约合同。所以，法官要将这样的文本排除出预约合同的行列。当然，立约定金、部分履行情况、要式合同等综合认定的方法，也能在司法实践中发挥重要作用。

关键词： 预约合同　认定方法　合同名称　合同标的　法律拟制

对于预约合同的认定规则，《中华人民共和国民法典》（以下简称《民法典》）第 495 条第 1 款规定："当事人约定在将来一定期限内订立合同的认购书、订购书、预订书等，构成预约合同。"此条虽将预约的适用范围扩张及于所有合同类型，但却没有具体规范来指引司法实践。以至于有学者断言，"当事人的约定，究竟属于预约抑或本约，理论上虽容易区别，但实践中往往不易判断"。^① 在这样的背景下，研究民事裁判中预约合同的认定方法具有重大意义。借由案例的类型化，预约合同的界定将更加清晰。

──────────

* 基金项目：江苏省高校哲学社会科学研究专题项目"法治文化认同视角下大学生法治教育研究"（2020SJB0194），常州大学科研启动费项目"紧急救助行为相对免责的理论建构"（ZMF22020138）。

** 张浩良，常州大学史良法学院讲师，法学博士，研究方向：民法基础理论，合同法，侵权法等。

① 韩世远：《合同法总论》（第 4 版），法律出版社，2018，第 92 页。

关于预约合同的认定方法，学界多有提及。如有学者认为，（一项文本）要成立预约，应当具备合意性、约束性、确定性和期限性等四个基本特征。① 也有学者认为，预约合同的认定，"关键在于当事人是否有明确的未来订立本约的意思"。② 这样的表述更加具体化，也便于实践操作。也有学者吸收英美法的经验，强调认真性标准和多因素测试。而多因素包括文本中有无明确的约束豁免表达、部分履行情况、对协议关键条款的合意情况等。③ 还有学者认为，对预约合同的认定应重点考察合同当事人的立约目的、合同文本及主要条款的完整性、当事人的真实意思表示以及是否在合同中体现出未来须经过进一步磋商确立合同主要条款的意思。④ 最后，也有学者从德国法的立场研究预约的成立，重点考察了拘束性和确定性标准，具有比较法上的借鉴意义。⑤ 但是，以上学者的研究依旧存在不足之处。其一，确定性、约束性等表述过于抽象，缺乏对实践经验的总结。其二，英美法、德国法中的判断标准是否能够全盘移植，尚需检验。

鉴于此，本文从裁判文书出发，围绕司法实践中如何认定预约合同的问题展开论述，试图对预约合同进行类型化的分析，以廓清预约合同与本约合同之间、预约合同与不具有约束力的协议之间的界限。在结构上，文章大致从预约合同名称、预约合同标的、预约合同拟制等方面展开。

一　意思表示解释中的表示主义
——合同名称

某份文本是否属于预约合同，这在一定程度上是个解释问题。民法上的解释分为两种，即法律解释和法律行为解释。与私人间签订的文本相关的解释种类是法律行为解释。法律行为解释，又称意思表示解释，指的是

① 参见最高人民法院民事审判第二庭编著《最高人民法院关于买卖合同司法解释理解与适用》，人民法院出版社，2012，第51页。其他学者也对约束性特征有所强调，参见许德风《意向书的法律效力问题》，《法学》2007年第10期，第79页；陈进《意向书的法律效力探析》，《法学论坛》2013年第1期，第144页；张素华、张雨晨《〈民法典合同编〉预约制度的规范构造》，《社会科学》2020年第1期，第116页。
② 陆青：《〈买卖合同司法解释〉第2条评析》，《法学家》2013年第3期，第113页。
③ 参见石美君《预约合同的认定研究》，硕士学位论文，厦门大学，2014，第15~19页。
④ 参见张古哈《预约合同制度研究——以〈买卖合同司法解释〉第2条为中心》，《社会科学研究》2015年第1期，第103~108页。
⑤ 参见汤文平《德国预约制度研究》，《北方法学》2012年第1期，第146页。

依照法律规定的原则和方式，阐明并确定意思表示内容的活动。① 当意思与表示不一致或意思表示模糊不清时，意思表示解释就具有适用价值。以法律效果的发生看重当事人的意思还是当事人的表示为划分依据，可将意思表示解释的理论分为意思主义和表示主义。司法实践中，法官面对一份文本时，首先注意的就是其名称。而根据名称来判断预约合同，采取意思主义的学者与采取表示主义的学者之间会得出不同的结论。所以，应当先在这两种学说中选择解释立场。

（一）意思主义与表示主义之争

传统民法理论认为，意思表示由两部分组成——内心意思与外部表示。② 意思主义以 18 世纪的理性法学派为基础，其认为法律行为能产生一定私法上效果的原因只是行为人的内心意思，表示只起着一种从属性的作用。③ 在解释问题上，当意思与表示不一致或意思表示模糊时，其主张探求当事人的真意。而一切客观的情势都只能证明一般理性人的想法，而不能证明当事人当时的主观意图。与此相对，表示主义则兴起于 19 世纪末的民法学说论争。它强调意思表示的核心是表示的意思，而不是内在的意思。在解释问题上，其采取客观性立场，当意思与表示不一致时，以外部表示为准。在相对人需受领的意思表示场合，解释应以相对人客观了解的表示内容为准。④

在现今立法上，就意思表示的解释而言，采用意思主义的国家（地区）很多。如《德国民法典》第 133 条："在解释意思表示时，必须探究真意，而不得拘泥于词句的字面意义。"⑤ 我国台湾地区"民法典"第 98 条："解释意思表示，应探求当事人之真意，不得拘泥于所用之辞句。"尽管如此，但学者们通常主张，在意思表示解释问题上应以表示主义为原则，以意思主义为补充。⑥ 这一观点为《民法典》第 142 条所接受。该条共分两款，分别规定有相对人的意思表示的解释和无相对人的意思表示的解释。前者采表示主义，后者采意思主义。回到本文的论题上来，预约合

---

① 董安生：《民事法律行为》，中国人民大学出版社，2002，第 171 页。
② 王泽鉴：《民法总则》（增订新版），台北：新学林出版股份有限公司，2014，第 374 页。
③ 参见〔澳〕瑞安《民法导论》，《外国民法论文选》，第 282 页，转引自董安生《民事法律行为》，中国人民大学出版社，2002，第 172 页。
④ 董安生：《民事法律行为》，中国人民大学出版社，2002，第 173 页。
⑤ 陈卫佐译注《德国民法典》（第 4 版），法律出版社，2015，第 48 页。
⑥ 史尚宽：《民法总论》，台北：正大印书馆，1980，第 315 页。

同作为有相对人的意思表示，应当采取表示主义的立场。其中，作为客观表示的一项具体体现，文本名称的价值不言而喻。那么，在司法实践中，预约合同又有着怎样的称谓？或者说，出现什么样的名称时，法官就能认定其为预约合同？

（二）预约合同的常见名称

1. 意向书。它是指缔结正式合同之前，合同的双方或多方达成的记录初步事项的协议。① 实践中，意向书广泛存在，如房地产项目合作意向书、加盟意向书、战略合作意向书、餐饮娱乐经营意向书等。② 一般而言，一份文本以意向书命名时就应当认定其为预约。在叶中剑与金芷伊合同纠纷上诉案中，一、二审法院均以《购房意向书》的合同名称为判断依据，认定原、被告双方签署的文本为预约合同。③ 在仲崇清诉上海市金轩大邸房地产项目开发有限公司合同纠纷案中，法院同样以《金轩大邸商铺认购意向书》的合同名称为依据，将文本定性为预约合同。④ 另外，在施义强与仲振超等合同纠纷上诉案中，法院也以《购房意向书》的名称作为断案依据。⑤ 尽管存在这些"望文生义"的例子，但是也要将一些缺乏拘束力的文本排除出预约合同的行列。例如，当存在"该文本不是正式文本，不存在法律效力"或者"本协议仅示意双方合作友谊，不具有其他任何法律效力"的条款时，⑥ 基于双方当事人的真实意思表示，该文本不具有法律效力，自然也非预约。

2. 预约选房确认单。该文本一般适用于商品房销售领域，指房屋买受人在商品房预售之前，向开发商交纳一定的价款以换取优先购房资格的协议。在司法实践中，此协议一般也具有预约效力。例如，在天津雨麟投资发展有限公司与屈春艳商品房买卖合同纠纷上诉案中，一、二审法院均认为，"双方签订的预约选房确认单应属预约合同"。⑦ 同样，在同一系列案例——天津雨麟投资发展有限公司与衡庆英商品房买卖合同纠纷上诉案中，

---

① 陈进：《意向书的法律效力探析》，《法学论坛》2013年第1期，第144页。
② 各种意向书的范文参见 http://www.fwdq.com/yixiangshu/，最后访问时间：2022年10月1日。
③ 参见浙江省杭州市中级人民法院民事判决书，（2017）浙01民终7501号。
④ 《仲崇清诉上海市金轩大邸房地产项目开发有限公司合同纠纷案》，《最高人民法院公报》2008年第4期。
⑤ 江苏省常州市中级人民法院民事判决书，（2017）苏04民终3873号。
⑥ 参见彭觅叶《论预约的成立》，硕士学位论文，华南理工大学，2017，第29页。
⑦ 天津市第一中级人民法院民事判决书，（2018）津01民终673号。

法院也持相同看法。① 这类预约合同往往有实质意义上的履行行为与之相对应，如买受人给付首付款或者定金给出卖人。法官在案件审理过程中，若发现文本冠以"选房确认单"的名称，则可初步判断其为预约。更进一步地，若有买受人给付价款给出卖人的事实，则表明当事人双方愿意受此文本拘束，法官应当认定该文本为有法律效力的预约，而非一般的"君子协议"。

3. 预订协议书。预订书的使用范围极其广泛，如预订酒店、预定书籍、预定车票等。它是指当事人双方为锁定交易机会而预先拟定合同条款的协议。实践中，初始协议或初步达成的协议是重要的。如在梁雷与长春澳海房地产开发有限公司房屋买卖合同纠纷上诉案中，法院认为，"关于双方签署的《长春澳海梦想城商品房预订协议书》的性质问题……本案双方订立的协议符合预约合同的性质"。② 预订书虽然常见，但与司法实践中的订单极易混淆。在性质上，预订书是预约合同，订单已经是本约合同了。区别的关键在于，此项文本中有无将来一定期限内签订本约的约定。如果没有此约定，并且当事人直接依据文本履行协议，那么法官就可以将其认定为本约。关于预约合同的标的和期限性，下文还将具体论证，此处不再赘述。

4. 其他常见名称。一是认购书，如在陆岳民与靖江万都置业有限公司商品房销售合同纠纷上诉案中，法院认为案涉《〈万都五金机电博览城〉认购书》为预约合同。③ 在常州路劲宏润房地产开发有限公司诉周克文等商品房预约合同纠纷案中，法院认为周克文与路劲公司签订的《认购书》属于预约合同。④ 在河南新濠盛置业有限公司等诉徐春艳等房屋买卖合同纠纷案中，法院认为，原告与被告签订的中濠·硅谷国际广场项目VIP认购书构成预约合同。⑤ 二是投资建设协议书，或者框架协议。所谓框架协议（Frame of Contract）是指，双方当事人拟定的一般交易条款，旨在为今后拟定具体条款作准备。在中国铝业股份有限公司重庆分公司与重庆涪立矿业有限公司招标投标买卖合同纠纷上诉案中，法院认为，"双

---

① 天津市第一中级人民法院民事判决书，（2018）津01民终674号。
② 吉林省长春市中级人民法院民事判决书，（2018）吉01民终566号。
③ 江苏省泰州市中级人民法院民事判决书，（2017）苏12民终2123号。
④ 江苏省常州市中级人民法院民事判决书，（2017）苏04民终3596号。
⑤ 河南省商丘市中级人民法院民事判决书，（2017）豫14民终3864号。其他以认购书命名的预约合同案例还有"深圳市国融房地产开发有限公司［变更前企业名称：港丰房地产开发（深圳）有限公司］与陈碧莲房屋买卖合同纠纷上诉案"，广东省深圳市中级人民法院民事判决书，（2017）粤03民终8584号；"乔继文与淮安金辉房地产有限公司商品房预约合同纠纷案"，江苏省淮安市中级人民法院民事判决书，（2017）苏08民终2778号。

方签订的《石灰投资建设协议书》《石灰石投资建设协议书》的名称冠以‘投资建设’字样而非‘买卖合同’字样，可以看出双方……更强调了两份协议书的另外一个长期合作的基础——投资建设”，这也证实本案两份协议书是以产品买卖与长期合作为双重目的之预约买卖合同。① 其他的名称还有《房屋居间转让意向协议》② 等。

（三）小结

在意思主义与表示主义的论争中，表示主义逐渐占据上风。合同名称作为客观表示的具体体现，对于预约合同的认定具有重大意义。③《民法典》第 495 条第 1 款规定了一些典型形式，如认购书、订购书、预订书等。虽然该规定十分具体，但司法发挥了造法功能，进一步丰富了预约合同类型，如预约选房确认单、预订协议书、投资建设协议书等。法官查明这些名称时，可初步判断其为预约合同。④ 为了增强内心确信，法官要继续考察合同内容。⑤

二　作为预约本质属性的标的

法官在合同名称的指引下，已能初步判断预约存在与否。此时，尚需进一步寻找预约合同成立的关键因素——标的。民事法律关系的标的是权利义务关系。预约合同的标的，是指当事人一方请求对方在未来一定期限内签订本约的权利，以及经对方请求在未来一定期限内签订本约的义务。

---

① 中华人民共和国最高人民法院民事判决书，（2017）最高法民终 722 号。

② "张岩与张晚楚房屋买卖合同纠纷上诉案"，浙江省杭州市中级人民法院民事判决书，（2017）浙 01 民终 6400 号。

③ 如有学者提倡主观解释论：除非合约中进一步明确表示双方愿意根据此合约成立具体法律关系，才能将含有"认购、订购、预订"等字眼的合约认定为本约，否则，即使合约规定了详细内容，一般也应当根据合约的名称来认定合约的性质为预约。参见王瑞玲《预约、本约区分和衔接的主观解释论——兼对客观解释论商榷》，《政治与法律》2016 年第 10 期，第 151 页。

④ 陈峻阳：《论我国预约合同效力的认定方法》，《河南财经政法大学学报》2022 年第 3 期，第 104 页。

⑤ 因为可能存在"名为预约，实为本约"的情况。如有学者认为，当事人就其法律关系采取的名称，并非理所当然地具有无条件的决定意义。当一个协议虽然名为预约，但是所有合同条件均已具备时，也不存在预约，它已是本约。参见汤文平《德国预约制度研究》，《北方法学》2012 年第 1 期，第 146 页；张古哈《预约合同制度研究——以〈买卖合同司法解释〉第 2 条为中心》，《社会科学研究》2015 年第 1 期，第 103 页。

（一）未来一定期限

预约应当具备期限性。[①] 但这里的期限长短并无限制，一个月、三个月或者一年、三年，都是可行的。这往往取决于当事人对缔约成熟度的判断。如在王志强诉李圣军等房屋买卖合同纠纷案中，原、被告双方约定，"等乙方社保满五年且社保中心可以拿出满五年社保证明后10天内，双方须签订买卖合同"。[②] 此案签订本约的期限达数年。也有较短的，在蒋莉等诉陈舒君房屋买卖合同纠纷案中，上诉人与被上诉人2017年4月6日作成的《收款收据》约定签订本约的时间为2017年4月6日晚上，后双方协商一致变更为2017年4月7日晚上，继而又变更为2017年4月10日。[③] 此案签订本约的期限只有短短数日。另外，在民法上，期限有特定的含义，是"指当事人以将来客观确定到来之事实，作为决定法律行为效力的附款"。[④] 这一点区别于条件。"条件系以将来不确定的事实为内容，而期限系以将来确定的事实为内容。"[⑤] 所以，条件成否待定，期限永远都会到来。但预约合同所指向的期限，区别于此处的期限，而较类似于条件。其可能到来，也可能不会到来。例如在李治廷与安徽刘庄置业有限责任公司房屋买卖合同纠纷上诉案中，"刘庄置业公司于2017年6月16日才取得商品房预售许可证，对于双方当事人不能订立商品房买卖合同，刘庄置业公司应承担违约责任"。[⑥] 在本案中，签订本约的期限与获得商品房预售许可证的时间有关。而刘庄置业公司也可能不符合相关资质，无法领取商品房预售许可证。所以，签订本约的时间也可能永远不会到来。

期限取决于缔约成熟度而有长有短。那么怎样判断它是否到来？有些案件在预约合同中会明定签订本约的时间，如预约签订一个月后或某年某月某日。但有些案件则否，如在协议中可能有"在将来换订本约""在未来签订房屋买卖合同本约"的条款，此时由谁来启动本约的缔约程序？这种情形可以适用合同的补充解释规则，即先按照《民法典》第510条协议补充，当不能达成协议时，按照第511条第4项的规定在经过必要的准备

---

① 参见最高人民法院民事审判第二庭编著《最高人民法院关于买卖合同司法解释理解与适用》，人民法院出版社，2012，第52页。
② 上海市第一中级人民法院民事判决书，（2017）沪01民终13688号。
③ 江苏省常州市中级人民法院民事判决书，（2017）苏04民终3683号。
④ 梁慧星：《民法总论》（第5版），法律出版社，2017，第193页。
⑤ 梁慧星：《民法总论》（第5版），法律出版社，2017，第194页。
⑥ 安徽省阜阳市中级人民法院民事判决书，（2017）皖12民终2856号。

时间后随时履行。这一点也有案例加以佐证，如在芜湖欣润置业有限公司与葛大清合同纠纷上诉案中，法院认为，"认购书并没有明确双方何时订立商品房买卖合同，但是，2015 年 6 月 20 日，葛大清以自己和芜湖众鑫门窗有限公司的名义向欣润公司有关人员送交了《函告》，要求欣润公司在 2015 年 7 月 20 日前办理该认购书约定的商铺的房产证，已经给了欣润公司合理履约时间……"。①

所以法官在认定预约合同是否存在时，对"未来一定期限"的要件应当灵活把握。这种期限可能十分确定，也可能基于某种条件的达成而成否未定，也可能需要当事人自己来决定，这些情形都是"未来一定期限"的合理表达。切不可因其表述过于模糊，而将协议文本认定为没有约束力的意向书。

（二）签订本约

1. 预约的目的在于本约的达成，而不是诚信磋商。关于预约的目的，或称预约的法律效果，学界有四种学说——必须磋商说、应当缔约说、内容决定说、视为本约说。② 必须磋商说认为，预约的目的仅在于当事人之间对于本约的友好诚信谈判。至于本约最终是否缔结成功，则无关紧要。③ 应当缔约说认为，本约必须最终缔结。若没有成功缔结，则要追究当事人的过错责任。④ 内容决定说以预约内容的完备程度为标准，认为若预约具备了本约的主要条款，则应产生应当缔约的效力。若预约的内容非常简略，本约的主要内容需留待日后磋商且当事人仅有进一步磋商的意思，则产生必须磋商的效力。⑤ 视为本约说则认为，如果预约已经具备了本约的必备条款，则应视为本约。对这四种学说，理论界争议很大。⑥ 但实务界

---

① 安徽省芜湖市中级人民法院民事判决书，（2017）皖 02 民终 1409 号。
② 参见最高人民法院民事审判第二庭编著《最高人民法院关于买卖合同司法解释理解与适用》，人民法院出版社，2012，第 54 页。
③ 参见林洹民《预约学说之解构与重构——兼评〈民法典〉第 495 条》，《北方法学》2020 年第 4 期，第 18 页。
④ 叶雄彪、梅夏英：《预约合同问题研究》，《中国社会科学研究生院学报》2019 年第 4 期，第 60 页。
⑤ 韩强：《论预约的效力与形态》，《华东政法学院学报》2003 年第 1 期，第 46 页；罗昆：《功能视角下的预约类型论》，《法学家》2022 年第 4 期，第 89 页。
⑥ 如有学者认为，在当事人没有约定的情况下，应根据预约合同的内容来判断。在必要条款完备时或者双方当事人事后有进一步履行本约内容的行为时可采用应当缔约说，在必要条款不具备时可采用必须磋商说，由双方当事人进一步协商。参见王建东、杨国锋《预约合同的效力及判定——以商品房买卖预约合同为例》，《浙江学刊》2011 年第 1 期，第 149～153 页。

采应当缔约说。① 这一方面是出于规避必须磋商说的"弱效力",另一方面也是为了排除内容决定说的不确定性。所以,当某协议写明"于未来签订正式的买卖合同,以明确双方权利义务关系"时,可认定其为预约。但是,如果该协议上仅有条款"当事人应当本着诚实信用、友好协商的精神缔结本约",则法官很难将其认定为预约。

2. 预约合同的目的,或称法律性质在于签订本约,则本约应当以预约合同为根据。所以,预约合同应当具备本约合同的重要条款或必备条款,以便当事人有的放矢。必备条款因合同类型不同而有差异。例如,在商品房买卖预约合同中,当事人双方名称、商品房基本状况是必须写明的内容。而在供用电力预约合同中,投资建设供电线路的主体、供应电力的主体、付费方式就是必备条款。司法实践中有两则案例可供参考。在呼和浩特市诚誉房地产开发有限责任公司与周兴伦房屋买卖合同纠纷上诉案中,法院认定事实,"2013 年 9 月 25 日,周兴伦、诚誉公司签订了《预订房协议书》,约定周兴伦购买诚誉公司开发建设的位于呼和浩特市新城区兴安北路'金丽园'小区 1 座 3 单元 2 层中户房屋一套,建筑面积 113.05 平方米,房屋单价为 7500 元/平方米,房屋总价款 847875 元"。② 在该协议中,当事人名称、商品房基本情况被明确约定。这即是签订本约合同的依据——房号可以据此确定,房屋价款也不会有巨大波动。而在青海鑫垚矿业有限公司等诉中国石油天然气股份有限公司青海油田分公司供用电合同纠纷案中,供电、用电的双方主体在《供电意向书》中写明,并且也有预付电费的约定,这即是预约合同的必要条款。③

当然,预约合同也是一类合同,其必备条款也可以参考合同成立的必备条件。当事人对合同是否成立存在争议,人民法院能够确定当事人名称或者姓名、标的和数量的,一般应当认定合同成立。这是合同成立的要件,预约合同也应当适用。不过,如果文本仅写明标的和数量的确定方法,也不失为预约合同。

(三) 小结

预约合同的本质在于未来一定期限内签订本约的意思表示。首先,未

---

① 参见最高人民法院民事审判第二庭编著《最高人民法院关于买卖合同司法解释理解与适用》,人民法院出版社,2012,第 55 页。
② 呼和浩特市中级人民法院民事判决书,(2017) 内 01 民终 3611 号。
③ 青海省高级人民法院民事判决书,(2017) 青民终 155 号。

来一定期限长短各异，其可能十分确定，也可能基于某种条件的达成而成否未定，也可能需要当事人自己来决定。这些情形都是"未来一定期限"的合理表达。其次，基于应当缔约说，双方当事人在期限到来时，必须签订以预约合同为依据的本约合同。预约合同作为一类特殊合同，应当满足合同成立的一般要件。这种要件包括了标的和数量的确定方法。在特殊情况下，合同中没有将来订立本约的条款，这时要综合审查合同全部内容，如当事人意思、合同内容和履行情况等。①

三 商品房买卖预约合同的拟制

当法官拿到一份协议文本，其名称为认购书、订购书、意向书、框架协议等，其内容为未来一定期限内签订本约合同时，就可以判断其为预约合同。但是在司法实践中，有一类预约合同比较特殊。依《最高人民法院关于审理商品房买卖合同纠纷案件适用法律若干问题的解释》（法释〔2020〕17号）第5条，"商品房的认购、订购、预订等协议具备《商品房销售管理办法》第十六条规定的商品房买卖合同的主要内容，并且出卖人已经按照约定收受购房款的，该协议应当认定为商品房买卖合同"。此即商品房买卖预约合同拟制为本约合同的规定。这可以作为前述预约合同认定方法的例外。

（一）预约合同具备商品房买卖合同的主要内容

虽然《商品房销售管理办法》第16条规定了12项商品房买卖合同的主要内容，② 但是预约合同不可能将这12项都加以约定。那么，在这12项中，哪几项是预约合同拟制为本约合同时必须具备的？或者说，当预约合同具备了哪几项时就可以转化为本约合同？

---

① 孙超：《预约条款的性质识别及效力认定》，《人民司法（案例）》2016年第11期，第60页。
② 《商品房销售管理办法》第16条规定："商品房销售时，房地产开发企业和买受人应当订立书面商品房买卖合同。商品房买卖合同应当明确以下主要内容：（一）当事人名称或者姓名和住所；（二）商品房基本状况；（三）商品房的销售方式；（四）商品房价款的确定方式及总价款、付款方式、付款时间；（五）交付使用条件及日期；（六）装饰、设备标准承诺；（七）供水、供电、供热、燃气、通讯、道路、绿化等配套基础设施和公共设施的交付承诺和有关权益、责任；（八）公共配套建筑的产权归属；（九）面积差异的处理方式；（十）办理产权登记有关事宜；（十一）解决争议的方法；（十二）违约责任；（十三）双方约定的其他事项。"

关于这一问题，司法实践见解不一。如在乔继文与淮安金辉房地产有限公司商品房预约合同纠纷案中，一审法院认为，"原、被告签订的《商品房认购协议》，尽管对房屋的坐落位置、面积、价格已作出约定，但并不具备《商品房销售管理办法》第十六条规定商品房买卖合同应当具备的主要内容，所以，不能认定为商品房买卖合同"。而二审法院认为，"两上诉人……约定了购房人姓名为乔继文，商品房基本状况载明了房屋位置和面积等情况，约定了商品房总价款为541万元，商品房销售方式是已付定金10万元和支付了200万元的首付款，之后再按揭，现上诉人乔继文已支付了房屋总价40%的房款。故……两份《商品房认购协议》应当认定为《商品房买卖合同》"。① 总的来看，在本案中，尽管认定上有反复，但当事人名称或者姓名和住所、商品房基本状况、商品房价款的确定方式及总价款、付款方式、付款时间被认为是必备条款。

而在梁为清等诉都匀市黔龙房地产开发有限公司商品房销售合同纠纷案中，一审法院认为，"原告梁为清与被告黔龙公司签订的《购房协议》、《房屋买卖合同》以及《购房补充协议》虽相对确定了房屋位置，也约定了单价和定金，但协议内容不具备……付款金额、付款时间、交付使用条件及日期、装饰、设备标准承诺、差异的处理方法、办理产权登记的相关事宜等"，故认定其为预约。而二审法院认为，补充协议又约定了"所调换房屋按施工图为准，最终面积以房产部门核算为准"。建筑施工图是用来指导施工的图纸，包括房屋的规划位置、外观造型、内外部的装饰构造、承重结构、房屋用材及质量、房间的布置、给排水、暖气通风、供电照明等要求，故双方约定所交付房屋的结构、装饰等内容是具体明确的。② 由此可以看出，在本案中，必要条款的认定也不一样。

在其他案件中也不尽相同。如在赵某鸿与甘肃中海房地产开发有限公司商品房买卖合同纠纷上诉案中，商品房屋交付使用条件及日期、违约责任为必备条款。③ 在王真与北京太和保兴房地产开发有限公司商品房预约合同纠纷上诉案中，法院认为，拟购房屋的基本状况、价款数额、价款支付方式为必备条款。④ 在陕西亨祥实业有限公司诉徐春林商品房预约合同纠纷案中，商品房基本状况及单价、总价、付款方式，案涉商品房的交付

① 江苏省淮安市中级人民法院民事判决书，（2017）苏08民终2778号。
② 贵州省黔南布依族苗族自治州中级人民法院民事判决书，（2017）黔27民终2270号。
③ 甘肃省兰州市中级人民法院民事判决书，（2017）甘01民终2543号。
④ 北京市第三中级人民法院民事判决书，（2017）京03民终10326号。

使用条件及日期为必备要件。①

按照实务界的主流观点，商品房买卖合同 12 项主要内容中，当事人名称或者姓名和住所，商品房基本状况，商品房价款的确定方式及总价款、付款方式、付款时间，交付使用条件及日期，应认定为合同必要条款，其他属相对重要的条款。② 这也符合商品房买卖合同作为一类特殊的买卖合同的设计。依《民法典》第 595 条，"买卖合同是出卖人转移标的物的所有权于买受人，买受人支付价款的合同"。结合该条，不难看出商品房买卖合同的主要内容为：双方当事人、商品房情况、如何交付房屋、价款如何确定。法律条文也与主流观点不谋而合。

（二）出卖人已经按照约定收受购房款

首先，购房款不等于定金。在商品房买卖中，比较典型的价款给付方式为：定金（认购金、认筹金）—首付款—按揭分期付款。定金是为担保债权的实现而交付的担保物，购房款是债权的标的物，二者不可等同。但是，定金可以转化为购房款。司法实践中常见的促销手段，比如"定金 1 万抵首付款 10 万"，就是其著例。

其次，这里所称的购房款既应包括全款，也应包括部分购房款。③ 至于为什么将该要件与上文的要件叠加，即可得出本约合同的结论，这主要出于两个考虑。一是，民法理论上承认意思表示可以采取默示形式，或者说承认意思实现或事实上合同关系。买受人给付购房款，出卖人收受购房款，这可以认为是买受人发出要约"我想以该价格购买预约合同指明的房屋"，出卖人表示接受该要约并发出承诺。因此，商品房买卖合同本约在出卖人与买受人之间成立。二是，既然双方已经开始履行合同，说明缔结预约合同时的事实已经被确认，法律障碍也已然消灭，双方之间的缔约成熟度已经非常高。在双方之间形成本约的权利义务关系，符合双方的交易目的。因此，有学者也说此情形为"预约转化为本约"，④ 并将之前的认购书或意向书径直认定为本约合同。

---

① 陕西省高级人民法院民事裁定书，(2017) 陕民申 1270 号。
② 邱文武、李正文：《商品房认购书的法律性质》，《人民司法（案例）》2007 年第 8 期，第 13 页。
③ 邱文武、李正文：《商品房认购书的法律性质》，《人民司法（案例）》2007 年第 8 期，第 15 页。
④ 参见最高人民法院民事审判第二庭编著《最高人民法院关于买卖合同司法解释理解与适用》，人民法院出版社，2012，第 55 页。

（三）小结

一份协议的名称、标的，已经能为法官判断预约合同是否存在提供可靠依据。但是，在司法实践中，存在一项例外。在商品房买卖合同纠纷中，当预约合同具备本约合同的主要条款，并且出卖人收受部分购房款时，立法者将之前的预约合同拟制成本约合同。当然，这样的推论不是没有漏洞的。若把在先的预约合同与在后的履约行为区别开，履约行为可以称为独立的事实上合同关系，或者是意思实现。这其实就是本约合同。[①] 将预约合同与履约行为合二为一，这实为一项立法技术——法律拟制。所以，法官要将这样的文本排除出预约合同的行列。

四 综合认定的其他方法

在预约合同的认定上，还存在其他的方法。它们虽然不成体系，甚至还算不上科学，但是法官若运用得恰到好处，也能精准识别预约存在与否。下文仅列举司法实践中常见的识别方法。

（一）立约定金

定金，作为债务履行的担保方式，在实践中应用广泛，如立约定金、成约定金、解约定金、违约定金、证约定金等。立约定金常常作为预约合同的条款，担保着本约合同的订立。如在陈宗灏与上海奥银房地产开发有限公司等商品房预约合同纠纷上诉案中，"庭审中，陈宗灏（上诉人）陈述……其中 2000 元是现金交付的定金"。[②] 在任丽华、东莞市东南实业投资有限公司房屋买卖合同纠纷案中，判决书写明"如东南公司拒绝履行签约义务，判令东南公司立即双倍返还定金 40000 元"。[③] 这些都是立约定金的示例。但不可否认的是，在预约合同的场合，约定交付定金是极其少见的现象。这主要集中于房屋买卖合同等标的额巨大的合同领域。当法官拿

[①] 有观点认为，具备《商品房销售管理办法》第 16 条规定的商品房买卖合同的主要内容的预约合同，性质上依然是预约而非买卖合同本约。只有在一方或双方实际履行给付，同时当初限制交易不成熟的条件已经被消除的情况下，事实上成立了本约吸收了该预约中的内容。参见陆青《〈买卖合同司法解释〉第 2 条评析》，《法学家》2013 年第 3 期，第 113 页。

[②] 江苏省苏州市中级人民法院民事判决书，(2017) 苏 05 民终 6947 号。

[③] 广东省东莞市中级人民法院民事判决书，(2017) 粤 19 民终 6370 号。

到一份协议文本，其中有"若出卖人不签订本约，则双倍返还定金"或"若买受人不签订本约，则无权要求返还定金"字样时，则可以确信该文本是预约合同，而不是不具有法律约束力的意向书。如在郭倩与宁夏盛源房地产开发有限公司房屋买卖合同纠纷上诉案中，一审法院认定事实，"……原告与被告签订《西湖名邸商品房认购书》，约定：甲方收取乙方的购房定金后，在未与乙方签订《灵武市商品房买卖合同》前，甲方将该商品房零售他人，甲方应双倍返还买受人已付定金"。①

（二）部分履行情况

部分履行情况是指当事人在订立初步性协议后，是否按照协议的约定作出了具有价值的行为，同时该价值又为对方所接受。② 如果在签订一项协议之后，双方当事人实施了基于协议内容的部分履行行为，则能证明当事人对此项协议的重视程度。这自然可以将该协议与不具有拘束力的框架协议区别开。如在重庆渝信路桥发展有限公司与重庆尚立房地产开发有限公司合资、合作开发房地产合同纠纷上诉案中，法院认为，"在涉案《合作协议书》订立后，尚立公司于2006年11月14日取得了重庆市建设委员会核发的《重庆市建设委员会关于同意重庆渝信路桥发展有限公司职工住宅开展经济适用住房项目前期工作的通知》，履行了《合作协议书》约定的尚立公司应在《合作协议书》签订生效后60日内取得合作开发经济适用房（联建）前期工作函之义务，使双方就联合开发建设涉案项目签订本约的基础得以成立"。③ 当然，部分履行行为也可能是本约合同的履行行为，这就要将两者之间的性质、目的区别开了。一般来讲，资质的获得、资金的筹措、场地的选择等非实质性的行为，可以认定为预约合同的履行行为，法官可以据此认定预约合同成立。

（三）要式合同

若本约合同为要式合同，预约合同是否为要式？这在比较法上是一个有争议的问题。依《瑞士债法典》第22条第2款规定，"为了当事人的利益，法律规定只有遵守特殊形式时合同才有效，该特殊形式同样适用于预

---

① 宁夏回族自治区银川市中级人民法院民事判决书，（2017）宁01民终1067号。
② 参见石美君《预约合同的认定研究》，硕士学位论文，厦门大学，2014，第18页。
③ 重庆市第五中级人民法院民事判决书，（2017）渝05民终3799号。

约合同的订立"。① 而依有关学者考究，"预约在要式合同之下，一项重要功能是迂回地实现当事人超越要式束缚的意思自由，自然不可能为此条文而轻易废弃"。② 由此看来，预约合同是否为要式，还无定论。但是，若一份协议为书面合同，或者当事人对预约合同的形式表现出极强的重视程度，则应当认定双方当事人意图受到该协议的束缚。由此，可将其与没有约束力的意向书区别开。

（四）小结

无疑，综合认定预约合同的方法具有开放性，此处的列举无法穷尽法官的司法智慧。但需注意的是，法官在丰富识别方法时，不能偏废其一。如某份协议文本采取要式形式，也约定了立约定金，但是却在协议末尾明文规定"双方之间不受该协议束缚"或"双方之间的权利义务关系以正式的合同文本为准"，法官就不可轻率决定该文本为预约合同。③ 故而，对于当事人之间存在预约还是本约关系，不能仅凭一份孤立的协议就简单加以认定，而是应当综合审查相关协议的内容以及当事人嗣后为达成交易进行的磋商甚至具体的履行行为等事实，从中探寻当事人的真实意思，并据此对当事人之间的法律关系的性质作出准确的界定。④

五　结语

在意思表示解释方法的论争中，表示主义逐渐占据上风。据此，协议文本的名称在预约合同的认定上十分重要。诸如认购书、订购书、意向书等，是法官认定预约存在的初始依据。理论上虽存在"名为预约，实为本约"的争论，但仍要以名称所反映的当事人意思为准。其次，预约的目的在于未来一定期限内签订本约。预约的内容应当明确，至少应当具备该类合同的必备条款。只有如此，本约才能顺畅缔结。

---

① 《瑞士债法典（2017 年 1 月 1 日瑞士联邦议会官方法文修订版）》，于海涌、〔瑞士〕唐伟玲译，法律出版社，2018，第 10 页。

② 汤文平：《民法典合同编立法问题刍议》，《法学杂志》2018 年第 4 期，第 11 页。

③ 有学者归纳了有效的排除约束力条款所应当具备的条件：第一，用词必须清楚明确。第二，文件起草人应承担表述不清楚的不利后果。第三，整个文件应作为整体考虑。第四，排除约束力条款应以醒目的方式作出。参见陈进《意向书的法律效力探析》，《法学论坛》2013 年第 1 期，第 151 页。

④ "成都迅捷通讯连锁有限公司与四川蜀都实业有限责任公司、四川友利投资控股股份有限公司房屋买卖合同纠纷案"，最高人民法院民事判决书，（2013）民提字第 90 号。

一份协议的名称、标的，已经能为法官判断预约合同是否存在提供可靠依据。但是，在司法实践中，存在一项例外。在商品房买卖合同纠纷中，当预约合同具备本约合同的主要条款，并且出卖人收受部分购房款时，立法者将之前的预约合同拟制成本约合同。所以，法官要将这样的文本排除出预约合同的行列。

当然，综合认定的其他方法也不能忽视。立约定金、部分履行情况、要式合同等足以说明，对于当事人之间存在预约还是本约关系，不能仅凭一份孤立的协议就简单地加以认定，而是应当综合全案进行裁量。

法伦理学专题

宪法的人性论基础[*]

〔英〕杰里米·边沁 著 张延祥[**] 译

摘 要：人类生活的主旋律是关爱自我利益居于主导地位，即使其他所有利益加在一起，也远远比不上自我利益。职是之故，宪法有三大原则：一是最大多数人的最大幸福原则，二是自我偏爱原则，三是利益融合确定原则。第一个原则宣布应当是什么；第二个原则宣布实际是什么；最后一个原则是将实际是什么与应当是什么协调一致起来的办法。

关键词：自我偏爱原则 最大幸福原则 利益融合原则

宪法的人性论基础

第一节 基本原则：用一般性术语描述

有一做法，就是无论讨论的问题属于思想和行为的哪一领域，撰述伊始就开门见山，尽力将总括的看法和盘托出。人们发现这一做法总是行之有效，因此也就频频运用。

故此，人们发现有几个相互关联的用语必不可少，或者说这几个用语

---

* 原文为 Jeremy Bentham，"Introduction," *The Works of Jeremy Bentham*, vol. IX, Constitutional Code, 1838, pp. 3 - 8。译者对原文进行了稍微调整，译文题目"宪法的人性论基础"为译者所加。边沁著作艰涩难懂，英语学界公认有史以来之最，故拒人千里之外，学林一片哀号。穆勒尝言："边沁文法烦琐之甚，即使读者使出洪荒之力，亦难以破解。"对每段译文，译者都反复吟诵，揣摩边沁本人的态度语气，想象边沁若为国人将如何表达，力求传达出边沁本人的真情实意与精神气质。

** 张延祥，英语学士（2002），吉林大学法理学博士（2012），美国罗格斯大学（2013）和伦敦大学学院边沁研究中心访问学者（2018），北方工业大学文法学院副教授，北方工业大学"北京城市治理研究基地"研究员，致力于边沁思想研究和边沁著作翻译。海南大学法学院姚建宗教授、中国社会科学院大学哲学院马寅卯教授、南京师范大学法学院姚远副教授和河北工业大学文法学院李燕涛博士，以及《法律与伦理》的编辑，对译文提出了许多宝贵的修改意见，特此致谢。

屡用屡成。于是，对那几个用语，人们实际上也是格外青睐。

暂举几例：基本原则，引领性原则，纲领，纲要，公理，格言。

撰写此书，若采用这一做法，那么，为了成功实现一个确定的目的，就应当或者说需要恰当地遵从一定的行为程式。由此，就需要有与以上那些词和词组在含义范围上相对应的另外一些词和词组。这类词和词组有：目的，追求的目标，办法，阻碍，帮助，抗阻之力。

目前，我们研究探讨的问题是，在相关领域里人们应当追求的正当行为程式是什么，而在研究探讨中，必然时刻要考虑的另一问题是，在作者所想的某一社群中，人们实际上追求的行为程式又是什么样的。

如果实际上的行为程式与应当追求的行为程式处处吻合，这当然很好；假定没有恰当的警告指导，实际上的行为程式若偏离应当追求的行为程式，且偏离很多，那么，对这个主题的任何研究探讨就不会是一无是处的；而作者若认为偏离是凑巧，那么，他研究探讨这个主题无论如何也不能一以贯之地持续下去。

有这样几个用语，即"应当做成""不应当做成""恰当地做成""不恰当地做成"。就其中几个用语而言，随时随地将一个事实问题记在心里对读者或许有用。问题就是，不管何种情况，那样一个用语若可以立即固定下来，那么，它就反映了采用之人一定的心智状态——不管他讨论的主题是什么，他采用什么用语，就表示他有什么样的心智状态。

这一心智状态就是他的一个或多个智识机能的状态——简言之，就是他的理解，或者说就是他感知机能的状态——简言之，就是他的感受，或者说就是他意愿机能的状态——简言之，就是他的意志、欲望和愿望。

那就让我们来考量剖析一下目前讨论的问题。倘若我说整个社群的最大幸福应当是每个法律部门追求的目标或目的，应当是所有政治行为规则追求的目标或目的，尤其是宪法部门追求的目标或目的，那我表达的是什么意思呢？别无其他，就是希望社群中那些实际掌握政府权力的人能认同我的说法。这就是我的愿望，这就是我的欲求；他们若认同我的说法，就会将整个社群的最大幸福确定为所追求的目的，于是他们行使权力，处理政务，也会因此而竭尽所能调整行为方式，推动实现这一目的。

这就是我体内机能的状态，被称为意志的状态；这就是追求整个社群最大幸福的那些行为的状态，或者说是意志机能的变化形式，也即称为意愿或欲求的状态。意愿或欲求产生最直接的原因是相应的感觉，来自某种情况下通过想象而看到的相应的快乐和痛苦。

我提出这一主张，同时也对一个事实问题做了明确说明。那么，这个事实问题是什么呢？就是当时是什么东西闪现在我的心智中。我的主张，我的说明，到底在多大程度上是正确的？倘若觉得斟酌考虑一下物有所值，那就由读者自己来斟酌判断吧。

我若说整个社群的最大幸福是我本人的欲求，如果他想要从我这里了解这一欲求是如何产生的，也就是了解使我的这一欲求产生的有效原因是什么，或者经过斟酌估量，他觉得去了解一番不会白费力气，那我随时可以将原委告诉他。

这就是我的欲求，不管我说的是真话还是假话，无论如何，这都是我的表达。在他心中也有与我相同的欲求吗？倘若有，那么对于我在此构画出的行为程式，他若想方设法去了解，对他而言就是值得的，因为这个行为程式与那一目的是一致的，是能推动实现那一目的的。但是倘若情况相反，即他心中没有与我相同的欲求，一般来说，他努力去了解行为程式所包含的内容，即使费尽周折，也是徒劳无益的。

以上看法，绝非没有例外。如果他期望看到的目的与此不同，那么，对于我为实现目的而提出的那些举措安排，他若留意观察，就定有所得，因为暂且不管更符合他愿望的目的是什么，只要留意观察，就可以据而采取反制措施去阻止我实现我提出的目的，从而确保或促进实现更符合他的期望的目的。那么，他期望实现的目的是什么呢？比如说，可能是我们所说的某一社群中某一个成员的最大幸福，或者不是大多数成员的最大幸福，而是少数成员的最大幸福。

所以我再次说，当每个统治者在管理国家事务而筹划各项事务之时，在其心里，每一项举措安排所追求的实际目的或目标，都是他自己的最大幸福，也就是说，他如此筹划而进行利益取舍之时，他的幸福与社群其他所有成员总括起来的幸福在其心里对比取舍之时，他总是让自己的幸福优先于社群其他所有成员的幸福，总是处心积虑时时增加他自己的幸福。即使他意识到社群总体幸福会因此而招致轻微损失，他也无动于衷；甚至意识到社群总体幸福会因此而遭受重创，他也绝不会心慈手软——我之所以这样讲，是因为自始至终，我的所作所为都展示了我自己的心智状态。我的这一心智状态是从另一个角度看的，这就好像是我看到我自己心智的另一个部分一样。这就是我的判断力、判断机能。那（社群最大多数成员的最大幸福——译者注）就是我的想法，这我已经说过了。而我那样想是有充分原因的，我也准备把这个原因一五一十地娓娓道出。

但是，我在这里说的话，不仅仅是针对**武断主义**的指责而做的自我辩护，我说这些话是有目的的，那就是要对那种说法发出警告，因为**武断主义**所表达的谴责之意的的确确蕴含在那种说法里。

就在我阐述自己观点的过程中，我注意到有另一位法律作家，他谴责我是利己主义，或换一个词，是**武断主义**。他的意思是说，倘若一个人为人处世是出于他自己的愿望和欲望，那么，他就不应如此。

对于这一指责，我要说的是，要么一个人必须按照他自己的愿望和欲望下笔撰述，要么他克制自己根本不述不写，因为一个人著书立说，却不顺着他自己的愿望和欲望，这断无可能。

"我自己"（personality）是英语的说法，贬义时叫"自我"。在自传中，这两个词是不可回避的，读者也欣然接受。而在一部讨论立法的著作中，除非无法避免，否则"我自己"这个词就是毫不相关的，就是不恰当的，也是无法让人接受的。有些情况是，倘若一位公职人员用"我自己"这个词，那么，这不仅是不恰当的，而且具有侮辱性；不管是谁，倘若别人侮辱他，而他又没有习以为常，那么，对此，他肯定会分外恼火。这种情况就是说话的人把自己看成是领地主人了，而社群其他所有人被他看成了领地属民。谁要是这么说话，就是往听众、往读者脸上啐唾沫。

而当下的情况是，"我自己"这个词无法回避。

前面我已提到，政府的正当目的是所有人的最大幸福，或在你争我抢的情况下，政府的正当目的是最大多数人的最大幸福。我这样说，感觉自己像是对所有人宣示友好和平。

但是，我若反着说，政府的正当目的是某一个人或几个人的最大幸福，并且我还指出了那一个人或那几个人是谁，我感觉，除去我说的那一个人或几个人以外，我像是对所有人进行了宣战。

不管主题是什么，除非允许我说出我的判断、我的感觉或我的欲望，否则，我无话可说。每次我做主张判断，暂且不说我的主张判断是否具有更大价值，对我而言，允许我做主张判断，且不受武断主义这个词传达或尽力传达之意的谴责，我感觉这并无过分之处。

这就是所有立法与所有道德都赖以为凭的基础，写出这几句话乃是希望清除所有晦涩模糊，清除所有怀疑困惑。我希望这些话不要被看成是驴唇不对马嘴，不要被看成是白费心思。

第二节　各项基本原则

1. 观点——公理。任何一个政治社群，其政府的正当目的都是这个社群所有人的最大幸福。换句话说，最大多数人的最大幸福。

若说到与此相对应的基本原则，我们则称为最大幸福原则。

若说到政府的这个目的，我们则称为政府的正当目的。

2. 观点——公理。任何一个政治社群，不管行使政府权力的人是一个人还是多人，政府实际的目的都是那些行使政府权力之人的最大幸福。

笼统地讲，证明这一观点的证据可能是特定经验。而所有民族的历史，就是这一观点的明证。

这一经验可称为是**特定的**，这是因为统治者这一特定阶级是这一经验中唯一身处其中的阶级，也正是这一阶级见证了一切。这可称作是实验证据、实践证据。

若要进一步证明，则可参考一般性原理即人性原理，而人性原理是无所不包的。以这个事实为主题的观点可称为公理，而下面就是这个观点的表述。

人类生活的主旋律，是在每个人心中关爱自我利益居于主导地位，即使其他所有利益加在一起，也远远比不上自我利益。讲得更直白一些，关爱自我居于主导地位或居于支配地位，即使其他所有利益加在一起，也远远比不上自我利益；换言之，就是自我偏爱无处不在。

这个观点在有些人看来是以公理面貌示人的，是自明的，也无须证明。而另外一些人就不同了，一个观点或一个命题是正确的，即使这看起来多么明显，他也非要你证明一番。

阐发观点，使其具有公理面貌，乃是期望它绝不会被反驳，即使有人真的反驳，也期望此人在反驳说理中一定会暴露一些错谬违理之处。这种类型的公理由欧几里得深谋而定，而人们相信欧几里得据此而锚定的诸多公理，绝无半点武断谬误。

通过自我偏爱原则，我们可以理解人性中这样一种倾向，即无论何人，也无论何时，如果他认为他贯彻的行动方针能够给他自己带来最大幸福，那么，此人就会依此方针而动。无论对同道同侪带来何种后果，也不管影响到的是一个人还是所有人，他都视而不见，置若罔闻。

对于偏向认同刚才说法之人，若要让其疑虑全消而心悦诚服，则可以向其指出，世上是**存活着**人类这个物种的，因为这就是一个证据，**而且是**一个确凿的、不容置疑的证据。先将年幼无力独自生活的孩子，或因久病生活不能自理的成年人作为例外不谈。以约翰和杰克两人为例，假设为求幸福而将约翰之事全部托付给杰克，约翰本人无权过问，又将杰克之事全部托付给约翰，杰克本人无权过问，如法炮制下去，如此这般，人们很快就会发现，人类这个物种是无法存活下去的。先不说数周或数天，数月时间肯定足够让这个物种灭绝。

一个人是由多种心智机能管理的，其中有两种机能可以想象成各居其位——一是内心某处的感觉与接续产生的欲望，二是内心某处的判断与接续发生的行为。这样讲，就简单明了多了。常言道，盲人带盲人，哥儿俩就会掉沟里。这样说或许失之偏颇。倘若分工更细，安排更复杂，那么，这哥儿俩掉沟里就会更加频繁，距离一命呜呼也不远了。设想为了幸福，约翰无权过问自己之事，而将之分配给杰克和彼得，而杰克和彼得之事又如法炮制，如此这般衍生下去。倘若认为事情就是如此这般，那么，分工越复杂，毁灭就越快，而此种荒谬想法也越骇人听闻。

让我们着重看看这种情况。若这一观点是真的，即使能够印证这一观点的统治者才过半数，其对于我们实现任何实际目的而言也足够了；将之当成所有政治安排的参考根据也绰绰有余。将全部政治权力分成几部分，并恰当地确定这几部分之间的关系，倘若根据这个观点来斟酌考量，其也足以胜任。因为按照归纳法，只有根据多数事例，才能合理地得出一般结论，而根据少数事例是行不通的。简言之，就数学而言，未来之事发生的可能性，是同样之事已发生的数量与未发生的数量比值；发生的可能性与这个比值是成正比的，而不是相反。

人人求幸福，如果不是你争我夺，也就是说，不管何人，其幸福可以无限增加，而同时又没有减损他人的幸福——如果人类生存状况果真如此，人类生存条件果真如此，那么，对于上面那个表述（也就是最大多数人的最大幸福）就无须再做限制或解释了。但是，人们求幸福总是随时可能与他人争抢不休。举例来说，一座房子里有两个人，而生活供给仅够一人维持一个月，如此这般，别说两人都幸福，就算为了活下去，两人也不会相安无事。其实，两人的关系就是有你没我，有我没你。

如此一来，为了万事皆宜，我们不说"所有人的最大幸福"，而是说"最大多数人的最大幸福"，就很有必要了。

然而，如果我们不用**幸福**这个词，而是用**利益**这个词，**普遍利益**这个词组，那么，它就与"最大多数人的最大利益"和"所有人的最大利益"这两个说法都对应了。幸福还是利益，两者没有区别。

以立法者身份编纂这部法典，并对社群成员的幸福都一视同仁，这就是中立的裁决者。在中立的裁决者眼里，社群最大多数成员的最大幸福不能认定成别的，只能认定成政府的正当目的，且是唯一的正当目的，或者说是政府正当的追求目标，且是唯一正当的追求目标。

若为正当的反面情形立个名号，那么，就两个术语的本意而言，同时考虑到两个术语之间的关系，可以采用"邪恶"这个词。

同样，就最大多数人的幸福与少数人的幸福之关系而言，倘若允许比例不当或争抢严重，那么，可以称为政府"邪恶的"目的，或者说"邪恶的"目标。

情况倘若如上所言，对统治者而言，不管他所处境况如何，他认为何事对其有利，他就受何事支配，而期望有的统治者反此道而行，这是绝无理由的。既然如此，若要此事朝着服务于普遍利益的方向发展，又鉴于此事自有本性，除了将统治者的利益与普遍利益协调一致之外，绝无其他办法。

到了这地步，除了前面那两个原则，在第一等级中，我们有了第三个原则，称为**办法确定**原则，或**利益融合确定**原则。

第一个原则宣布应当是什么；第二个原则宣布实际是什么；最后一个原则是将实际是什么与应当是什么协调一致起来的办法。

那么，利益达致融合，如何才能做到呢？此事自有本性，故只容许一个办法，那就是让统治者处于一种特定境况中，而处于这种境况中，对于任何邪恶利益对他施加的影响，他都会采取行动去摒除。此事告成，那些邪恶利益实际上就从他身上剥离走了，剩下的就是他的正当利益，也就是能决定他行为的唯一利益。这个利益就是他在普遍利益中拥有的份额，也就是说，他的这个利益与普遍利益是协调一致的。而这里所说的普遍利益，就是包括他在内的所有成员的利益。

统治者的一举一动，都有利益驱动。但是无论统治者在那种境况下有何作为，有两种方式可以将那些驱动利益剥离掉。一种方式是，倘若有一种利益可能对他发挥作用，而他会付诸行动，我们就通过另一更强大的利益来压倒这种利益，这是**直接**方式；另一种方式是，褫夺他实践此一行为的权力。这样一来，他就会认为，既然权力已无，再费心竭力忙活权力职责那些事也徒劳无益了。耗时，耗力，既无结果，又无好处，谁还会犯傻白干呢？从对个人利益产生的影响来看，这种方式可称为**间接**方式。

于是，我们马上就要面对这样一个问题。无论何人，设想由这部宪法授予其最高权力，此情此景，任何邪恶利益都会让他心生向往。那么，同样是这部宪法，它能否施加足够强大的诱导力来压倒那些邪恶利益的诱惑呢？所有通过利益而产生的诱导，都可分成两类，即惩罚与奖励。不管什么样的惩罚措施，只要他所处境况有回旋余地，那他就可以规避惩罚。奖励也一样。假设他拥有最高权力，那么，即使他目前还未得到奖励，不管宪法依据自身权力给予他什么，也不管如何给予，无论如何，奖励这种方式对他都是行不通的。因为倘若他已据天下为己有，那么，再给他这，再给他那，还有什么用处呢？

这个问题大致就是如此了。对此，我们能够给出的唯一答案是再明显不过了。掌握最高权力的人，是不可能为区区奖励而怦然心动的，因为在这个社群里，可以从某人那里获取他还未拥有的东西，这样的某人断不存在。

其结果是，君主制之下，是不可能产生那样的利益融合机制的。这样一来，无论怎么做，君主制都不可能带来最大多数人的最大幸福，所以，根据最大幸福原则，君主制也不能归为良善的政府形式。

那么，究竟什么是最好的政府**形式**呢？这个问题本身可能有好几种提法。最合适的政府**形式**是什么呢？最想得到的政府**形式**是什么呢？最得当的政府**形式**是什么呢？最正当的政府**形式**是什么呢？诸如此类。不管是什么样的提法，这个问题都可以化解成两个部分：在所构画出的政府形式中，你希望其中的那些举措安排用来实现什么样的目的呢？只要那个目的是有可能实现的，你就会想，有什么**办法**，有什么样的举措安排，最有可能实现那个目的呢？

写出这个问题的答案，也就是考察研究这个议题后写出研究结论。事实上，从头到尾，要么是写出这个问题的答案，要么是写出那个问题的答案，或者是这两个问题的答案同时写出来。

对于第一个问题，我的答案是：我所构画的那种政府，其建制举措都是用来实现我们所说的那个社群所有成员总括起来的最大幸福的。这就是我的期望。若先把这作为所有立法举措追求的目的，那么，在我看来，只要立法举措能够做到行之有效，接下来提出的举措，就应该比其他举措更有利于实现目标。而将提出的这些立法举措编纂成书，那么这些立法举措就不仅可以在一国适用，在异域他邦也都可以调整适用了。

是否该问，你心里想的社群是**什么样**的呢？我的答案是，任何社群，也就是说，什么社群都可以。

是否该问，一个社群受你所构画出的那种形式的政府管理，而其中那些举措安排追求的目的是所说的那个社群所有成员的最大幸福，你**为什么**有这样的愿望呢？我的回答是，在这种情况下，那种政府形式，那种建制，可以最大程度地增进我本人的最大幸福。

是否该问，任何人也都可以问，你拿**什么**来证明你所说的是真的？什么原因会让别人认为你所说的可能符合事实呢？答案只有一个，那就是：阐述出这几项举措安排是要耗心费力的，但它不会耗费别人的心力，只会耗费我的心力；让人们了解这几项举措安排背后的原因又会耗费更大的心力，但它不会耗费别人的心力，只会耗费我的心力。这个回答可不是答非所问，可不是驴唇不对马嘴，也不是自以为是。看到了吧，这就是证据啊。这几项举措安排背后的原因是什么呢？就是促使那几个社群中掌握权力的人决定哪些举措安排可以作为法律和哪些举措安排具有法律效力时考虑方方面面；也就是说，对于任何议题，只要将这几项举措安排展示于人，大家就会觉得，对于实现那个目的，其他可能的举措安排是难以望其项背的。

我已阐述很多了，也已经按照我自己的看法把两个观点锚定了下来，并将它们看作是基本原则。此书后面各部分内容，也仅仅是对这两个观点进行阐发和应用而已。

这些原则是：最大幸福原则和自我偏爱原则。

附

译者评注：论边沁宪法学的人性论基础

目前可以确定，边沁尚存手稿 10 万张，体量大约为 3000 万词。[①] 这真是前无古人，后无来者之举。20 世纪 50 年代，在著名哲学家艾耶尔（A. J. Ayer）的强烈建议和抗议下，伦敦大学学院于 1959 年成立英国国家级别的"边沁著作编辑委员会"，由大法官科恩男爵（Lord Cohen）任委

---

① 2022 年 1 月 27 日，伦敦大学学院边沁研究中心主任、《边沁全集》总主编斯科菲尔德教授在 *The Forum on BBC World Service* 节目中，向全世界公布了这一最新判断。

员会主席，监督边沁手稿的编辑出版工作。1961 年，J. H. 伯恩斯（J. H. Burns）① 被任命为《边沁全集》总主编，1968 年《边沁全集》出版第一部边沁著作。② 各个领域的许多杰出学者包括 20 世纪影响力最大的法理学家哈特都参与到对边沁手稿进行重新编辑整理的工作中去。《边沁全集》至今已经出版 35 部，预计总计出版至少 80 部，就数量来讲，为欧洲有史以来之最。③

《宪法的人性论基础》原文为 1838 ~ 1843 年出版的《边沁文集》（*The Works of Jeremy Bentham*）之第九卷《宪法典》（*Constitutional Code*）的"导论"部分。《宪法典》由曾任边沁抄写员的理查德·多恩（Richard Doane）④ 编辑。

《宪法典》由边沁自 72 岁时开始撰写，是其一生思想的精华，计划出版三大卷，于边沁生前 1830 年仅出版一卷，后边沁于 1832 年以 85 岁高龄与世长辞。《宪法典》"导论"阐述了其人性论在宪法上的应用，昔日西季威克据此将边沁的人性论解读为纯粹的利己主义，实乃误解。《宪法典》"导论"中阐发了宪法的三大原则：一是最大幸福原则，二是自我偏爱原则，三是利益融汇确定原则。第一个原则宣布，应当是什么；第二个原则宣布，是什么；最后一个是将"是什么"与"应当是什么"协调一致起来的方法。这篇"导论"构画出了边沁宪法思想的总体框架。

一 破除理性与欲望的斗争

性善与性恶，或理性与欲望，在欧洲思想史上一直纠缠不休，可以说构成了欧洲政治思想体系的基础，而边沁的人性论似乎最令人信服，因为边沁没有像柏拉图和亚里士多德那样，将性恶和性善简单对立起来，也没

---

① J. H. 伯恩斯（1921 ~ 2012），伦敦大学政治思想史教授，1992 年当选为英国人文与社会科学院院士。笔者曾于 2011 年写电子邮件给 Philip Schofield 教授，请其转达给 J. H. 伯恩斯教授，当时我正在翻译 J. H. 伯恩斯的一篇论文，即 Jeremy Bentham and William Blackstone：A Lifetime's Dialectic，有几个问题向 J. H. 伯恩斯教授请教，J. H. 伯恩斯教授不会使用电子邮件，特地邮寄了航空信给我，回答了我所有的问题。

② Philip Schofield, *Bentham：A Guide for the Perplexed*, Continuum, 2009, pp. 21 – 22.

③ Philip Schofield, *Jeremy Bentham*, *Nothing But Pleasure and Pain*, https：//www. the-tls. co. uk/articles/jeremy-bentham-nothing-pleasure-pain/.

④ 理查德·多恩（1805 ~ 1848），在其 14 岁时也就是 1819 年受雇于边沁，担任抄写员，这一工作一直持续到 1831 年。同时，他于 1824 年进入内殿律师学院学习法律，于 1830 年获得出庭辩护律师资格。之后他从事律师业务，在位于伦敦老贝利街的中央刑事法院出庭辩护。

有像洛克那样将性恶和性善简单平等地混合起来，更没有像霍布斯那样秉持极端纯粹性恶论，而是以自我快乐为基础，建构起了一个以自我偏爱为主导，又包含利他主义的人性论体系。

柏拉图认为理性高于欲望和情感，可以控制欲望和情感，而且理性天生强大的人可以获得更多的真理，所以为了邦国人民共同的福祉，那些理性能力强大的人就应该掌握公共权力。通过共产共妻，统治阶层的占有欲进一步减弱，甚至消除，哲学王成为无占有欲的纯粹为公的掌握真理的完美统治者。亚里士多德则认为，理性并不具有压倒欲望的力量，两者力量是相等的，不分伯仲。既然如此，柏拉图的哲学王未必可以控制自己的欲望，所以哲学王君主制不可行，应该实行从外部控制权力的混合政体与良法法治。

颠覆性的根本转变是由休谟做出的。他指出，理性是情感的奴隶，理性只具有工具性，其本身根本不具有主导地位;① 人只能确定其主观感知，无法确定外物的持续存在，这一怀疑论把柏拉图的理性主导地位论彻底否定了。柏拉图强调，有些人具有天生超强的理性能力，外在的绝对真理也是存在的。而休谟认为，知识来源于人的感知，人类群体关系其实是以人类的情感为基础的。

边沁从经验感知论出发，因循休谟的情感主宰论，对情感继续进行分析、简化与还原，提出苦乐主宰论，② 看到所谓理性知识其实都是苦乐即利益主导的，都是具有价值的，所谓人的价值中立之物是根本不存在的。至此，超验的、外在绝对的真理被彻底解构了，取而代之的是人的绝对主体性。边沁以此苦乐主宰论为基础，又对激发人之行为的苦乐之源进行了详尽考察，大体分成了 14 大类，而 14 大类中，就有两大类利他之乐，即第 7 大类友爱（amity）与第 10 大类同情（sympathy）。③ 也就是说，人性中，利他之乐大约占 15%。在边沁看来，人无论是做出利己还是利他行为，皆是由自身苦乐激发。

---

① 休谟直言："当我们谈到情感和理性的斗争时，我们的说法是不严格的、非哲学的。理性是、并且也应该是情感的奴隶，除了服务和服从情感之外，再不能有任何其他的职务。"〔英〕休谟：《人性论》，关文运译，郑之骧校，商务印书馆，1996，第 453 页。也就是说，在情感以及以情感为基础的道德领域，理性不具有独立地位。

② 张延祥：《主观主义抑或客观主义：边沁苦乐学说的存有论与认识论基础》，《哲学论集》第 50 期，2019 年 2 月。

③ Jeremy Bentham, *Deontology together with a Table of the Springs of Action*, Amnon Goldworth, ed., Oxford University Press, 1983, pp. 79 – 86.

霍布斯的人性绝对恶论无法囊括人类英雄，而且由于最终寄托在君主专制政体那里，在边沁看来，这意味着人类社会处于奴隶制之中，处于灾难地狱之中。① 在边沁那里，个人快乐与公共利益并非总是绝对冲突，比如 Jan Hus②、马丁·路德、布鲁诺、孙中山、曼德拉等人，他们的追求不但不损害公共利益，反而是大大增进公共利益。边沁的这个人性论，要比霍布斯的人性绝对恶论和洛克的平等混合论更符合实际情况，也能解释人类社会为何有可能变得美好，因为有人愿意自我牺牲。

对于慈善家，霍布斯的人性绝对恶论与理性人理论彻底失败了。而边沁的理论与此完全不同，边沁提出，制裁之痛苦有四个来源，1. 肉体的（physical）；2. 道德的（moral）；3. 政治的（political）；4. 宗教的（religious）。③ 边沁说："个人是自己利益的最佳判断者和照顾者。"作为经验主义者，边沁认为痛苦与快乐根本上是个体性的。宗教慈善家 Chuck Feeney④ 做出了伟大的利他捐赠，且隐姓埋名，因为 Chuck Feeney 得到了他自己的快乐，宗教性快乐。

边沁的人性论为人类社会与历史提供了更好的解释，也给了我们希望和出路。但是，对于公共事务，对于宪法，边沁强调说，必须以人性恶为基础。这是因为人性恶居于主导地位，而且历史与现实中的统治者也一再证明了这一点。然而，西季威克又据此认为，边沁一方面渴望提升社会总体幸福，另一方面他又确信"人类绝大多数都是纯粹自私的"，这构成了尖锐的冲突。⑤ 边沁的确是认可西季威克的顾虑的，因为边沁在最大幸福原则与自我偏爱原则基础上，设计出了第三个原则，即利益融汇确定原则，通过这个原则，消除天然的利益冲突。"宪法的目标就是提供这个人为设计的利益确定机制，统治者若想提升他们自己的利益，就必须先提升总体利益，这样一来，宪法的目标就实现了。每个人，包括统治者在内，除了居于主导地位的自我利益之外，在总体利益那里也有他的份额。于

① Jeremy Bentham, *First Principles Preparatory to Constitutional Code*, Philip Schofield, ed., Clarendon Press, 2016, pp. 271 - 2.
② Jan Hus (1372 ~ 1415)，捷克神学家，是最早主张进行宗教改革的神学家之一，因坚守自己的信仰，而被天主教皇下令活活烧死。
③ 边沁一般阐述是有这四个来源，不过边沁在一处还加了一个，即同情之制裁（the sympathetic sanction, or sanction of sympathy）。
④ Chuck Feeney 生于 1931 年，美国企业家与慈善家，他一直秘密进行慈善捐助，直到 1997 年由于法律诉讼，他的捐助行为才被人发现，目前他已经捐助超过 80 亿美元。
⑤ Henry Sidgwick, "Bentham and Benthamism in Politics and Ethics," *Miscellaneous Essays and Addresses*, London, 1904, pp. 135 - 69, at 150 - 1.

是，统治者通过违反总体利益的办法来提升他自己利益的情况，被移除或抵消了。他只能发挥才智，通过提升他在总体利益中份额的方式，来提升自己的利益。"①

二　政体、最大多数人的最大幸福与人性论

那么，对于被统治者而言，最大多数人的最大幸福为何就是他们的理想呢？这的确是一个石破天惊的问题，也是西季威克似乎永远都百思不得其解的问题。《边沁全集》总主编斯科菲尔德教授给出这样一个解释："边沁并没有将他的心理学理论，即每个人都因渴望快乐和厌恶痛苦而受到激发，看作是他功利主义的一部分。虽然功利原则以快乐和痛苦这两个'实存体'作为基础，但功利原则只是一个伦理标准，而且仅仅是一个伦理标准而已。"② 也就是说，斯科菲尔德教授认为，边沁的心理学与其最大多数人的最大幸福之间并没有因果关系。可是，边沁本人在《宪法典》"导论"中明确说："是否该问，一个社群受你所构画出的那种形式的政府管理，而其中那些举措安排追求的目的是所说的那个社群所有成员的最大幸福，你为什么有这样的愿望呢？我的回答是，在这种情况下，那种政府形式，那种建制，可以最大程度地增进我本人的最大幸福。"也就是说，边沁的心理学恰恰就是将最大多数人的最大幸福作为目标的原因。在边沁看来，能够实现最大多数人的最大幸福目标的政体，只有代议民主制，因为君主制其实就是奴隶制，③ 而民主与君主混合在一起的混合政制，则最有可能成为君主专制，因为君主占据优势，权力更容易扩张。边沁的宪法学具有深邃精密的心理学基础，是一个逻辑连贯的思想体系。

三　深邃超前的形而上学家

有一位卓越的思想家对边沁思想的评价，对于后世学界研究边沁思想产生了几乎是灾难性的后果，这位思想家就是穆勒。穆勒说："对于这些学说的形而上基础，边沁先生看起来还没有登堂入室，他似乎仅仅满足于展示前人的那些形而上基础。对于功利原则——后来他又称之为'最大幸

---

① 参见 F. Rosen, *Jeremy Bentham and Representative Democracy*: *A Study of the Constitutional Code*, Oxford, 1983; and Schofield, *Utility and Democracy*, pp. 250 – 303。

② 菲利普·斯科菲尔德:《西季威克论边沁: 功利主义的"双重面相"》，张延祥译，待刊于《清华西方哲学研究》，预计 2022 年冬季卷出版。

③ Jeremy Bentham, *First Principles Preparatory to Constitutional Code*, Philip Schofield, ed., Clarendon Press, 2016, pp. 271 – 2.

福原则'——他在著作中也未做论证说明;对于大家都用来指称生活规则的各种各样的词组,他也只是罗列一遍,然后以它们没有可辨识的意义为由,将它们全部否定抛弃。这样做,就过分了,殊不知,那些词组可能包含着人们的功利考量,人们只是心照不宣罢了。那些词组是'自然法''正确的理性''自然权利''道德感'。所有这些词组,边沁先生都将它们看作是教条主义的伪装,看作是将一个人自己的武断想法确立为规则去束缚他人的借口。他说:'那些词组全都是些阴谋诡计,也就是想方设法去躲避依靠外在标准进行证明的义务,也就是想方设法说服读者,即作者的情感或意见就是理由根据。'①穆勒又说:"对于其他所有学派的思想家,边沁都不屑一顾;他决心创造一种哲学,但是他一意孤行,他要纯粹依靠自己的思想,即使参考别人的思想,别人的思想也必须与他的想法一致他才会采纳。要成为哲学家,这一点首先就不够格。他自己的心智也欠缺完满的普适人性,这是他的第二个不够格之处。"②穆勒在边沁家中长大,两人关系极为亲密,他的这个论断成为权威之论,一直到现在仍是主流学界认识边沁的根据。

然而事实绝非如此。穆勒这种看法大行其道的原因,大概有以下三点:一是边沁的手稿实在太庞大驳杂了;③ 二是1838~1843年出版的《边沁论著集》(*The Works of Jeremy Bentham*) 编辑问题严重,对于很多深邃艰涩难以理解的内容,编辑们认为一无是处,都舍弃了,这就为误解边沁埋下了祸根;④ 三是边沁文法烦琐,英国学界一直公认边沁著作最难懂,

---

① J. S. Mill, "Remarks on Bentham's Philosophy," *The Collected Works of John Stuart Mill*, vol. X, J. Robson, ed., University of Toronto Press, pp. 5 – 18, at 5.

② J. S. Mill, "Bentham," *The Collected Works of John Stuart Mill*, vol. X, J. Robson, ed., University of Toronto Press, p. 91.

③ 边沁早慧,3岁学拉丁文,7岁作诗,12岁入牛津大学,至今为牛津大学有史以来入学年龄最小的学生;其刻苦勤奋,又胸怀伟大理想,健康、长寿,又有钱有闲,边沁留下了大约10万张手稿。所以,无论是了解边沁,还是深入研究边沁,都需要长时间的用功,比如,H. L. A 哈特研究边沁近20年,其曾自信地说,自己是阅读边沁文字最多的人,阅读了300多万字的边沁文稿。但是H. L. A 哈特无论是在编辑还是在解读边沁上,都被指出存在重大的错误。请参见 Nicola Lacey, *A Life of H. L. A. Hart*: *The Nightmare and the Noble Dream*, Oxford: Oxford University Press, 2004, pp. 297 – 327; Philip Schofield, "Jeremy Bentham and H. L. A. Hart's 'Utilitarian Tradition in Jurisprudence'," *Jurisprudence*, vol. 1, no. 2 (2010), pp. 147 – 167。

④ 边沁思想过于超前,深邃艰涩;边沁生前嘱托约翰·鲍林作为主编对其文稿进行整理与出版,当时的编辑大都是边沁的门徒,于1838~1843年出版了《边沁论著集》。但是对于很多深邃艰涩难以理解的内容,编辑们认为一无是处,都舍弃了。

当时读者一片哀号。① 英语历经由烦琐到通俗化过程，故今日英国学者阅读边沁也感畏惧。所以即使在严谨的西方学术界，专门的边沁研究者长期地勤奋用功，有时也很难窥探到边沁思想深层次的智识根据。毫不夸张，边沁成为思想史上被误解最严重的思想家。

随着《边沁全集》编辑出版的进展，学界对边沁思想的认识也开始发生天翻地覆的变化。于 1977~1983 年任《边沁全集》总主编的 J. R. 丁维迪（John Dinwiddy）曾写道："边沁的论著博大精深，影响广大深远。在英格兰法律史上，他是最伟大的改革家之一，或许也是最伟大的改革家。作为法律实证主义的奠基人之一，他是极其重要的一位法理学家。在伦理学上，他对功利主义理论进行了经典阐述，而这一理论也成了自 18 世纪以来道德哲学的一个主要流派。在政治思想上，作为对比如自然法这样既有理论信条的批判者和对民主进行理论证明的一个流派的创立者，他都不是无足轻重的。在公共管理和社会政策领域，在维多利亚时代的不列颠所进行的行政与社会改革的过程中，较之他人，边沁理应也是产生了更多的影响的。在经济思想上，他的关于功利衡量的诸多观念成为现代的成本 - 收益分析理论与福利经济学的根源。同样，在从国际法和生育控制运动到动机心理学与道义逻辑这些其他领域，他也被认为是一位先行者。他被 C. K. 奥格登（C. K. Ogden）描述为'历史上最伟大的社会工程师'，被 A. J. P. 泰勒（A. J. P. Taylor）描述为'运用其才智在解决行政与政治的诸多实际问题上是最令人惊叹的分析者'。"② 对于这些足令人类思想史上伟大思想家艳羡的赞誉，威廉·特维宁（William Twinning）在 2002 年写道："今天，有知识的人不会认为这是过誉之辞。"③ C. K. 奥格登于 1932 年也就是边沁逝世 100 周年之际，在伦敦大学学院做了题为"杰里米·边沁，1832~2032（Jeremy Bentham, 1832 -

---

① 边沁文法实在过于烦琐，按照 John Hill Burton 的看法，边沁的语言风格是从 1810 年即 62 岁开始转变的，而之所以文法烦琐，又创撰了很多新词，是因为边沁认为既有的语言表达已经无法满足其表达的需要。在边沁的语句里，修饰限制的成分实在太多了，但其语句又完全符合语法规范。John Hill Burton, "Introduction to the Study of the Works of Jeremy Bentham," *The Works of Jeremy Bentham* 11vols. , John Bowring, ed. , Edinburgh: Tait, 1838 - 1843, vol. I, pp. 6 - 83.

② Cf. William Twinning, "Introduction," J. R. Dinwiddy, *Bentham: Selected Writings of John Dinwiddy*, William Twinning, ed. , Stanford: Stanford University Press, 2004, p. 1.

③ William Twinning, "Introduction," J. R. Dinwiddy, *Bentham: Selected Writings of John Dinwiddy*, William Twinning, ed. , Stanford: Stanford University Press, 2004, p. 1.

2032）"的学术演讲，① 他认为边沁超前了其时代 200 年，同时指出，边沁深邃又广博，使得"法学家们将其精细的哲学看作是与法学毫不相关的东西；哲学家们无视一位法学家的精细之处，对此做法却不以为意"。② J. M. 凯利在其享有盛誉的教科书《西方法律思想简史》中，直接引述并肯定了自由主义政治家和改革派的法律人布鲁厄姆勋爵对边沁的长篇赞誉："在关系人类进步的各个最重要部门的所有改革方面，他都是最为重要的奠基人。在他之前，没有人严肃地思考过要去揭示英国法理学的缺陷。先前的学生们仅仅限于学习他的原则，以使自己掌握卓越技术性的而人为设计的规则；而先前的著作家们所做的不过是阐释代代相传的理论……他也在用便利标准检测英国法理学所有内容上迈出了伟大的第一步。无畏地检查每一部分与其他部分的距离有多远；他更大的无畏表现在，甚至去研究它的最为一致和对称的安排在多大程度上是根据法典应有的原则——即规则与社会环境、人的需要及促进人类幸福的适应程度设置的。于是，他不仅是自己国家中具有卓越原创性的法律人和哲学家；也可以说是有史以来第一位法哲学家。"③ 在世界范围内，边沁研究由于《边沁全集》的推动，不断获得重大突破。④

对于穆勒的评价，目前基本都可以一一反驳。首先是边沁对于自然权利的批判问题，边沁并没有如穆勒所说没有看到"那些词组可能包含着人们的功利考量"，而且边沁并不反对那些词组所表达出来的权利主张，他采用了另一个词组即"克服滥权的安全措施"（securities against misrule）

---

① Delivered in University College, London, on June 6th, 1932, London: Kegan Paul Trench & Trubner, 1932.

② C. K. Ogden, *Bentham's Theory of Fictions*, London: Routledge & Kegan Paul, 1932, p. xxxi.

③ 〔爱尔兰〕J. M. 凯利：《西方法律思想简史》，王笑红译，法律出版社，2002，第 232 页。

④ 比如现任《边沁全集》总主编菲利浦·斯科菲尔德教授的两篇论文，一篇是《杰里米·边沁与 H. L. A. 哈特的"法理学中的功利主义传统"》[Philip Schofield, "Jeremy Bentham and H. L. A. Hart's 'Utilitarian Tradition in Jurisprudence'," *Jurisprudence*, vol. 1, no. 2 (2010), pp. 147 - 167]，这篇论文推翻了在法理学领域一直占据着毫不受质疑的权威地位的哈特对边沁是法律实证主义者的界定，而认定边沁的法理学实际上是普通法理论与自然法理论的一个替代性理论；另一篇论文《西季威克论边沁：功利主义的"双重面相"》(Sidgwick on Bentham: The "Double Aspects" of Utilitarianism)，则推翻了一直占据着权威地位的西季威克对边沁功利主义的解读。又比如 Michael Quinn 最近出版的专著 *Bentham* (Michael Quinn, *Bentham*, Cambridge and Medford: Polity Press, 2022)，由于其对边沁的形而上学进行了极为深刻的研究，从而对边沁整体思想的逻辑体系有精确精辟的把握。

来避免语意模棱两可。① 其次，对于边沁缺乏形而上学的判断，可能是最严重的误解。边沁有大量的形而上学手稿。实际上，在 1776 年《政府片论》出版之时，边沁的形而上学可能就很成熟了，因为他在写《政府片论》的同时，阐述了大量的哲学原理，这些手稿刚刚整理出版出来，即《哲学与法哲学原理》，多达 500 页。② 1838～1843 年版《边沁文集》中也收录了不少哲学手稿，可惜，学界几乎没有注意到。边沁还有大量哲学手稿，有些虽然已经誊写出来，但还没有出版。

其中，边沁的拟制体理论（fictitious entity）可以说是思想史上最富创造力、最深邃、最艰涩的理论之一。边沁认为存有是通过感官感知来确定的，但是语言中许多词的所指却不能被感知，而这些所指是言谈与思想所必需的，于是边沁创制出拟制体理论。对于边沁的这一理论，C. K. 奥格登将其与德国人瓦希格（Vaihinger）于 1876 年创制出的 "As-If" 理论进行了比较，认为边沁不但大大超前其时代，而且比后来者的相似理论要深刻完备得多。③ W. V. 奎因（W. V. Quine）采用了与 C. K. 奥格登相同的论说方式来高度评价边沁的拟制理论："但是在概念方面却有进步，虽然亚历山大·拜伦·约翰逊（Alexander Bryan Johnson）并没有效仿，但这关键性的一步早在他之前就有人迈出了。这个人是边沁，他在其拟制体理论中迈出了这一关键性的一步。"④

对于边沁的这一理论，笔者将其置于英国思想传统中进行认识、分析与定位。在认识论上，洛克对边沁的影响也很大，洛克创制了第二性质（second quality）理论来解决不能被感知但却存在这个问题。⑤ 在经验主义思想发展史中，笔者发现，在边沁之前的奥卡姆的威廉（William of Ockham）也提出了相似的思想，而且他明确地使用了拟制体（fictitious entity）这一概念。奥卡姆的威廉的存有体经济原则认为，实存体的设定须以必要为条件，对于实存体的认定，应该是越少越好，其余的都是拟制的；

---

① 参见 Philip Schofield, "Jeremy Bentham's 'Nonsense upon Stilts'," *Utilitas*, vol. 15, Issue 01（March 2003）, pp. 1–26。

② Jeremy Bentham, *Preparatory Principles*, Douglas G. Long & Philip Schofield, eds., Oxford University Press, 2016.

③ C. K. Ogden, *Bentham's Theory of Fictions*, London: Routledge & Kegan Paul, 1932, pp. xxix–xxx.

④ W. V. O. Quine, *Ontological Relativity and Other Essays*, New York: Columbia University Press, 1969, p. 72.

⑤ 参见 John Locke, *Essay Concerning Human Understanding*, New York: Dover Publications, Inc., 1894。

语词既无所指涉，又无外延，仅仅有意图意义（intentional meaning）。① 由此来看，在必要性、意义与真实问题上，边沁与奥卡姆的威廉具有惊人的相似性。对于边沁与奥卡姆的威廉的这一相似之处，C. K. 奥格登与W. V. 奎因都没有注意到。但二者的区别也是明显的，这表现在边沁认为实存体不存在必要性的问题，只要具有生理感知就可证明它的存在；但是拟制体却是以必要性为条件的，这一必要性是由言谈（discourse）来决定的，也就是"在语言中，也仅仅是在语言中，拟制体得以存在。它们的存在虽然不可能，但却又不可避免"。②

边沁认为拟制是言谈所必需的，拟制体仅仅是在语言中才得以存在。"在语言中，也仅仅是在语言中，拟制体得以存在。它们的存在虽然不可能，但却又不可避免。"③ 对于语言来讲，其首要的用处在于通过表达来交流思想。就是这个进行思想交流的必要性才创造出了对语言的原初需求。④

C. K. 奥格登认为，恰恰是边沁对语言因素的强调与构建，使其比德国人瓦希格于1876年创制出的"As-If"理论更深刻、更完备。⑤ 边沁不但认为语言是进行思想交流之必要所创造出来的，而且认为各种各样的语言形式也是思想交流之必要所创造出来的。按照产生的时间顺序，边沁将语言分为听觉的（audible）语言与视觉的（visible）语言，听觉的语言是原初的、唯一首要的。⑥

"语言是思想的符号，是思想从一个心智传送到另一个心智的工具。语言是思想的符号，思想存在于某人的心智之中，而进行言谈的正是他这

① "fictitious entity"是对拉丁原文的翻译，参见 Stephen C. Tornay, *Ockham: Studies and Selections*, La Salle, IL: Open Court, 1938。

② Jeremy Bentham, *The Works of Jeremy Bentham*, vol. VIII, J. Bowring, ed., Edinburgh, 1838 – 43, p. 249.

③ Jeremy Bentham, *The Works of Jeremy Bentham*, vol. VIII, J. Bowring, ed., Edinburgh, 1838 – 43, p. 249.

④ Jeremy Bentham, *The Works of Jeremy Bentham*, vol. VIII, J. Bowring, ed., Edinburgh, 1838 – 43, p. 232.

⑤ C. K. Ogden, *Bentham's Theory of Fictions*, London: Routledge & Kegan Paul, 1932, pp. xxix – xxx. 边沁在其庞大驳杂的论著中，涉及语言的很多，其专门论述语言的主要是 *The Works of Jeremy Bentham* 第8卷中"Essay on Language," pp. 424 – 503；"Fragment on Universal Grammar," pp. 504 – 542；还有关系极为紧密的 Appendix. No. IV, "Essay on Nomenclature and Classification," pp. 50 – 133；"Essay on Logic," pp. 276 – 424。

⑥ Jeremy Bentham, *The Works of Jeremy Bentham*, vol. VIII, J. Bowring, ed., Edinburgh, 1838 – 43, p. 429.

个人。"①

那么，拟制的认识论原理是什么呢？人之感官所切实感知到的是实存体；那些人之感官无法切实感知，但是经过一系列思维逻辑过程而用语言表述出来的东西就是拟制体。由此，我们可以明白边沁的"拟制体仅仅是在语言中才得以存在"的论断，即事实上不存在，但人们在语言中建构了拟制体。"任何一个存有体名词，若不是实存体之名，就是拟制体之名。"②既然语言建构是思想符号，那么，拟制产生的机理便应是思想过程的机理。边沁在语言问题上，深受洛克、柏克莱、普莱斯特里、哈里斯、哈特莱的影响。而柏克莱认为，人们是由于语言误用（misuse）而违反了存在就是被感知的原理的。由此，我们可以发现，边沁在处理这个问题上的进步。之所以如此，笔者认为是因为边沁很好地处理了理解（understanding）与意志（will）的关系问题。边沁细致地描绘出了拟制的心理机能原理。

通过拟制体，人们理解了这样一个东西，它的存在是由想象所创造出来的，而创造它是为了言谈，这样将它形塑出来之后，人们说起它时就把它当作实存体。③

四　结语

穆勒曾将边沁与休谟做比较，将边沁说得似乎一文不值，认为边沁缺乏休谟形而上学的特质，边沁只能算是一位了不起的否定批判哲学家（negative philosopher）。④ 在探讨人性论的过程中，边沁对休谟《人性论》的第三卷《道德学》的探讨是最多的。在阅读《人性论》的第三卷《道德学》时，他称《人性论》为"享有盛誉的书"，称休谟为"深邃敏锐的形而上学家"，⑤ 但他同时认为，休谟的道德哲学乃是武断主义的，因为休谟的"道德感"乃是纯粹的虚构，毫无功利必要，且与休谟本人主张的功利原则不一致。在我们看过边沁本人对休谟的评价后，穆勒以上那些话

① Jeremy Bentham, *The Works of Jeremy Bentham*, vol. VIII, J. Bowring, ed., Edinburgh, 1838 – 43, p. 487.

② Jeremy Bentham, *Deontology together with A Table of the Springs of Action and Article on Utilitarianism*, Amnon Goldwort, ed., Oxford: Clarendon Press, 1983, p. 1.

③ Jeremy Bentham, *The Works of Jeremy Bentham*, vol. VIII, J. Bowring, ed., Edinburgh, 1838 – 43, p. 479.

④ J. S. Mill, "Bentham," *The Collected Works of John Stuart Mill*, vol. X, J. Robson, ed., University of Toronto Press, pp. 80 – 1.

⑤ Jeremy Bentham, *A Comment on the Commentaries and A Fragment on Government*, J. H. Burns and H. L. A. Hart, eds., The Athlone Press, 1977, p. 439.

似乎就不会再有绝对说服力了。倘若边沁不懂形而上学，如何认可追随休谟呢？又如何看到休谟为"深邃敏锐的形而上学家"，看到休谟的道德哲学乃是武断与矛盾的呢？

早在1825年，《愚民论》（*The Book of Fallacies*）的编者悉尼·史密斯就指出，"在边沁与大众之间需要一个中间人，对于这一必要性书商不会质疑，普通人不会，上帝也不会。边沁先生深不可测：边沁先生有时讳莫如深，让人不得其解；边沁先生创造新的语言表述，让人警醒；边沁先生喜爱区分和再区分，他对方法本身的青睐远胜过对推演结果的喜爱。若有谁想明了他的创造性，他的知识，他的活力，他的勇敢，则须去阅读他的著作。广大的读者理所当然不会耗费如此的心力，而宁愿通过阅读他人的评论认识边沁。如此一来，卓越的哲学家就被涮洗，裁边裁角，熨烫，而成了亚麻布"。①

此话，距今已近200年，的确为真。

---

① Sydney Smith, "Bentham's Book of Fallacies," *Edinburgh Review*, xlii (84) (1825), p. 367.

在功效和道德之间：重新主张富勒的自然法理论[*]

〔澳〕乔纳森·克洛维^{**} 著　王志勇　辛淑静^{***} 译

克丽丝滕·冉德尔（Kristen Rundle）发人深思的作品《形式解放：重新主张朗·富勒的法理学》①一出版，其副标题即引发了许多问题。富勒的法理学需要重新主张，这样的提议意味着富勒的法理学曾被滥用或者至少被误解。冉德尔在该书第一章就澄清道，她要将注意力重新放在富勒作品中的"富有创造力的可能性"上（12）。这包含了从富勒的视角来重访富勒和哈特（H. L. A. Hart）之间的著名论战。由此，其目标在于开启这样一个空间：在其中，富勒对法理学的独特贡献能够被更好地认识和理解。

冉德尔将副标题所提出的问题表述为"什么被重新主张？"（11）。另外一个问题可能是"从谁那儿主张？"。冉德尔从来没有直接处理该问题，但她的书表明至少存在三个可能的答案。第一个涉及从哈特 – 富勒论战尤其是由哈特所强加的方法论框架出发来重新主张富勒的法理学。冉德尔不断提出这样的观点，富勒"在本质上接受了以哈特的术语所提出的论战议程"，这对其作品以及之后的遭遇都产生了不利影响（52）。

冉德尔对哈特 – 富勒论战的分析表明了主张富勒思想的第二个相关提议：从分析法理学的关切入手。在此表达的意思是，由于分析法理学狭隘地关注法律概念的必然特征，其给富勒的如下观点提供了并不友好的环境：立法的任务和人类能动性（human agency）的本质之间的关系。经由

---

　* 原文载《法理》（*Jurisprudence*）2015 年第 5 期，第 109～118 页。感谢克洛维教授的慷慨授权！本译文系 2021 年度河南省哲学社会科学规划一般项目"人工智能与司法裁判深度融合的实现路径及风险防范研究"（2021BF006）的阶段性成果。

 ** 乔纳森·克洛维（Jonathan Crowe），澳大利亚昆士兰大学贝尔尼法学院（TC Beirne School of Law）副教授。乔纳森·克洛维现在为澳大利亚邦德大学（Bond University）法律教授。

*** 王志勇，河南财经政法大学法学院，副教授。辛淑静，河南金学苑律师事务所律师。

① Kristen Rundle, *Forms Liberate：Reclaiming the Jurisprudence of Lon L Fuller*, Hart Publishing, 2012. 本文对该书的引用，页码都标注在正文的圆括号内。

确立日后法理学探讨的许多议程，哈特有效地边缘化了诸如富勒这样的学者最感兴趣的问题。

对分析法理学的批判进而表明了冉德尔重新主张提议的第三个关注点。冉德尔在该书许多地方提出，哈特坚持以法律实证主义和自然法理论的传统争论来描述其与富勒的争论，这扭曲了富勒的议程。她将富勒描述为更古老的自然法理论的批判者而非拥护者，并且将读者的如下倾向视为"富勒一方的肉中刺"，即把富勒和自然法放在一块。上述内容似乎表明，富勒的作品需要从哈特和分析法理学所强加的自然法框架出发来重新被主张。

由此，富勒的法理学需要从哈特－富勒论战、分析法理学和自然法理论视角重新主张。我认为冉德尔在前两个方面给出了有说服力的理由。但我并不确信冉德尔在第三个方面给出了有说服力的理由。在我看来，冉德尔有时候低估了如下内容：富勒的作品和法理学中的自然法传统之间的联系将阐明而非模糊富勒对于如下内容的独特贡献，即理解法律的本质和地位。在某些情形下，冉德尔归于哈特和其他法律实证主义者的对富勒议程的误解，能够卓有成效地在更一般的层面上被视为对自然法理学的误解。我将在本文其他部分试图解释我所认为的情形。

一　作为理性标准的法律

冉德尔主张，哈特在论战中误解了富勒的目标，此种误解的一个重要方面在于哈特以道德和功效两分的术语来描述富勒的理论。通过对比于"投毒的道德"，哈特提出了对富勒的"法律的内在道德"观念的著名批判。[①] 哈特承认，与在追求某些目标中的功效相比，上述两个观念并不过多地涉及道德。冉德尔评论道，此种批判对于日后解读富勒的影响"不可小觑"（15）。之后的学者通常认为，富勒致力于证明法律和道德之间的必然联系，但其失败了。

似乎难以反驳如下观点：富勒选择"内在道德"来描述法律的形式特征，这样的选择对于某些读者而言产生了没有必要的困惑。冉德尔并不拒绝此种观点。事实上，对于富勒在作为哲学家和文体家方面的失败，她非

---

① H. L. A Hart, "Book Review: The Morality of Law by Lon L Fuller," *Harvard Law Review*, vol. 78（1965），pp. 1281, 1286. 也可参见 Rundle（n 1）14－15，102－8。

常清楚。然而，冉德尔主张，哈特关于道德和功效的两分歪曲了富勒的观点，因为此种两分忽视了"他（富勒）如何看待法律的道德和工具面向并非处在对立的两极而是处于无法化约的联系之中"（47）。冉德尔该书的核心主题在于，富勒认为法律具有"两个重力核心：道德和功效"（108）。就此，我稍后将会论及。

在我看来，冉德尔的如下观点是正确的：哈特的两分法歪曲了富勒的观点，并且模糊而非有助于理解富勒的观点。然而，我将提出一个关于哈特错在哪里的略微不同的分析。一种理解哈特关于道德和功效两分法的方式是，他将在此语境下对道德的援引视为与自然法思想一致，然而法律实证主义却认为功效在决定法律的存在和内容方面更为关键。哈特将富勒对内在道德的提及视为提出一种自然法论证的努力。哈特的反驳是这样的，即内在道德并不关涉道德而是关涉功效；哈特在此反驳中隐含的目标是证明富勒未能成功地驳斥法律实证主义。

冉德尔指责哈特犯下如下错误，即过于简单地将富勒识别为自然法的捍卫者。她试图通过强调富勒与自然法传统的模糊关系而反驳上述误解。然而，我主张，哈特之所以误解富勒，恰恰是因为他在更为一般的层面上误解了自然法传统。哈特简单地将自然法观点视为强加一个关于法律效力的更高道德标准，[1] 这忽视了自然法理学的核心关切并且轻易地忽视了自然法理学对法律实证主义的真正挑战。

在此，提及马克·墨菲（Mark Murphy）所谓的"自然法命题"（natural law thesis）是有益的：法律必然是行为的理性标准。[2] 墨菲主张，此命题捕捉到了自然法理学的核心主张。出于当前的目的，关于上述表述，需要指出的一点在于，其并没有直接诉诸法律的道德地位。事实上，墨菲尤其拒绝自然法理学的核心主张可以通过诉诸道德被妥当地表述。相反，他主张，自然法思想通常更为关切法律的理性（rationality）。由此，对于墨菲而言，自然法思想关于法律的核心主张并非这样一种观点，即如果一

---

[1] Cf H. L. A Hart, *The Concept of Law*, Oxford University Press, 2nd edn 1994, p. 186.

[2] Mark C. Murphy, "Natural Law Jurisprudence," (2003) 9 *Legal Theory* 241, 244; Mark C. Murphy, "Natural Law Theory," Martin P. Golding and William A. Edmundson, eds., *The Blackwell Guide to the Philosophy of Law and Legal Theory*, Blackwell, 2005, p. 15. 比较 Mark C. Murphy, *Natural Law in Jurisprudence and Politics*, Cambridge University Press, 2006, ch 1. 关于在哲学文献中出现的不同版本的自然法命题的详细谈论，参见 Jonathan Crowe, "Clarifying the Natural Law Thesis," (2012) 37 *Australian Journal of Legal Philosophy* 159。关于当代自然法学术在伦理学、政治学和法理学领域中的核心主题的要览，参见 Jonathan Crowe, "Natural Law Beyond Finnis," (2011) 2 *Jurisprudence* 293。

个标准未能符合道德标准，则其在法律上就是有缺陷的；自然法思想关于法律的核心主张是这样一种观点，即如果一个标准未得到决定性服从理由支持，则其在法律上就是有缺陷的。①

在此，道德和理性之间的区分是微妙但重要的。一个法律可能在道德上是合理的，但仍旧未给其对象提供充分的服从理由。例如，其可能在程序上有缺陷。或者，其之所以在社群中未被广泛地遵守，并非因为任何道德缺陷，而是因为在促进目标达成方面劣于现存的社会规范。② 就将自然法传统解读为更关切法律的理性而非与道德或者正义一致这样更为狭隘的问题而言，墨菲远非一个人在战斗。当约翰·菲尼斯（John Finnis）将不公正的法律刻画为"自然法理论的次要关切"时，他也提出了类似主张。③ 菲尼斯主张，没有任何主流的自然法学者将不公正的法律作为超越次要地位的探讨主题。相反，他承认：

> 自然法理论的主要关切在于，考察与人类的善相关的实践合理性的要求，因为人类生活在一个社群中，所以其面对正义、权利、权威、法律和义务的问题。由此，自然法理论的主要法理学关切在于，识别法治的原则和限度并且考察合理的法律在其实证性和流变性方面以何种方式从不变的原则……中推导而来……。④

换句话说，自然法理论的主要关切在于理性立法的艺术（the art of rational law-making）。其考察立法者如何从实践理性（practical rationality）原则中推导出法律，从而吸引法律对象的理性能动性（rational agency）。

正如菲尼斯在其作品中的一贯做法，他从托马斯·阿奎那（Thomas Aquinas）的《神学大全》中汲取理论资源。解读阿奎那在《神学大全》中关于法律的论述可以发现，其较少关注不公正法律的问题。相反，关注点在于法律如何能够立基于理性（reason）之上。菲尼斯鲜明地主张，人法可以两种方式立基于自然法之上：某些法律依照逻辑从自然法观念中推导而来，而其他的则是自然法观念的特定化。⑤ 那些没有以上述两种方式

---

① Murphy, *Natural Law in Jurisprudence and Politics* (n 4) 3.

② 更深入的探讨，参见 Jonathan Crowe, "Natural Law in Jurisprudence and Politics'," (2007) 27 *Oxford Journal of Legal Studies* 775，786 - 8。

③ John Finnis, *Natural Law and Natural Rights*, Oxford University Press, 1980, p. 351.

④ Ibid.

⑤ Thomas Aquinas, *Summa Theologiae*, I – II, q 95, art 2.

之一立基于自然法之上的人法是法律的腐化（perversions）并且在良心上不具有约束力。① 之所以说它们是法律的腐化，主要不是因为其丧失法律效力，而是因为其没有妥当地实现立法的目标。

由此，自然法理学的永恒主题是，法律的本质在于给社群成员提供共享的理性行动标准。由此，像哈特那样将自然法理论刻画为给法律效力强加一个道德标准的做法，过于低估了自然法传统的关切。自然法理论者关注以何种方式制定法律从而能够调动（engage）人类理性。较之于如何避免不公正的立法的狭隘关切，这是一个更为广泛的主题。不公正的法律可能未提供行动的理性标准；然而，说法律不应该不公正，这仅仅在解释法律如何能够在成功地充分调动人类能动性方面迈出一小步。

冉德尔自己似乎接受法律实证主义关于自然法理论的观念，即自然法理论全神贯注于给法律效力强加更高的道德标准。冉德尔讨论了富勒在《法律的道德性》中的如下评论，即内在道德可以被理解为对"立法"的自然法的探究，而且由此其提供了关于人类管理的"更低"而非"更高"的法则（92～93）。② 冉德尔得出这样的结论，即富勒参与到"一个与传统自然法理论不同的事业中，传统自然法理论的关注点在于应该以某些类型的更高道德法为依据来评价实在法"（92～93）。然而，正如我前面所努力证明的那样，富勒在上述篇章中所认可的事业一直处于自然法思想的核心，而且于今而言仍是这样。

二 形式和功能

冉德尔在其书的前面部分主张，关于法律和实质性道德，"富勒在其作品中的任何地方都没有主张两者之间必然的概念联系"（4）。然而，通过强调富勒至少暗示上述联系的一些篇章，她之后对此解读做了一些细微的调整。例如，富勒评论道，鉴于内在道德和法律的"达致正义和正派的努力"之间的紧密联系，一个人可能感受到的如下诱惑是"超越偶然的事情"：拒绝给邪恶的立法冠以法律的名义。法律的内在和外在道德处在一种"互动影响"的关系中，一方的恶化会损害另一方（71）。

在本节中，我想表明，富勒关于法律的功能以及其与法律效力的联系

---

① Ibid, I₋II, q 95, art 2 and q 96, art 4.

② 这里的引用来自朗·富勒《法律的道德》，耶鲁大学出版社，1969，第96页。

的观点，正好落入主流自然法思想中。在此，如下做法是有益的：展开阐述我所理解的富勒关于该问题的论证。此种论证以作为如下内容的法律目的性概念开始："使人类行为服从规则之治的事业。"① 由此，法律是一个功能性概念，法律和法律体系具有特征性目的。某些法律在实现目的方面比其他法律好，在此意义上存在好法和坏法。② 然而，富勒的主张就如下内容存在限度：在何种程度上法律未能履行其特征性功能却仍旧被法律的概念所覆盖。一个法律在尊重法律内在道德的一个或多个要素方面完全失败，其就不能实现如下功能即使人类行为服从规则。由此，其就落入法律的概念之外，并且不能被视为具有法律上的效力。③

上述论证隶属于一组功能论证，此功能论证在自然法理学中占据了显著的地位。这些论证承认，法律是一个功能性概念或者功能类型：其独特功能在于经由特定的方式指引人类行为或者达致特定目的。④ 墨菲和迈克尔·穆尔（Michael Moore）近来发展了此种论证的精致版本。⑤ 富勒、墨菲和穆尔所发展的功能论证在细节上各不相同，例如他们依赖于关于法律的独特功能的不同阐述。⑥ 然而，其基本结构相似。

如果我理解不错的话，富勒的论证大体上是正确的。然而，富勒的论证在许多点上也遭受了挑战。在此语境下，富勒容易遭受如下批判，即其未能充分解释或者捍卫其前提。例如，许多观点依赖于其如下主张，即法律具有使人类行为服从规则的特征性功能，但此种观点仅仅被主张而已，并没有很多论证。如下主张同样也从来没有被支持：未履行其特征性功能的法律根本不应该被视为法律。相反，墨菲主张，对于那些未履行特征性功能的法律的正确描述是，其在法律上有缺陷，而非完全无效。⑦

富勒的功能论证的独特特征在于，其将强调重心放在程序的（与实体的相反）缺陷如何能够妨碍法律扮演其特征性角色上。换句话说，他强调形式和功能之间的关系。富勒对法律的形式特征及其与法律制度目的之间

---

① Ibid.

② Ibid, pp. 41 – 44.

③ Ibid, pp. 38 – 39.

④ 具体谈论，参见 Crowe, "Clarifying the Natural Law Thesis," （n 4）170 – 6。

⑤ Murphy, *Natural Law in Jurisprudence and Politics* （n 4）29 – 36；Michael S. Moore, "Law as a Functional Kind," Robert P. George, ed. , *Natural Law Theory：Contemporary Essays*, Oxford University Press, 1992, pp. 198 – 200.

⑥ Crowe, "Clarifying the Natural Law Thesis," （n 4）170 – 1.

⑦ Murphy, "Natural Law in Jurisprudence and Politics," （n 4）ch. 2。关于墨菲论证的详细谈论，参见 Crowe, "Clarifying the Natural Law Thesis," （n 4）173 – 5。

的关系的阐述，无疑构成了对自然法思想的重大贡献。然而，程序定位的理论既是其优点也是其缺点。在我看来，富勒的论证所面临的主要问题在于，他为何仅关注程序缺陷。[1] 如果有规范出于其他原因未履行其独特的功能，例如未遵守富勒所谓的"法律的外在道德"，那么如何评价这些规范呢？[2]

我在前面主张自然法理论在传统上关注如下问题，即法律如何能够变成行为的理性标准。富勒指出，法律不能够以尊重人类能动性的方式指引行为，除非其展现最低限度的程序合理性。然而，法律也可能在其他方面未能使人类行为服从规则。即使一个法律在程序上无可挑剔，但其未提供令人信服的服从理由，则也可能在指引人类行为方面失败。例如一个法律在实体上如此邪恶，以至于其未能激发对象的行动。考虑一下《长子法案》（The Eldest Child Act），其要求所有的父母立即杀死其最年长的孩子，否则要面临象征性罚金。诸如这样的法律可能是完全清晰和融贯的，但很少人会遵守。在何种意义上能够说此种法律使行为服从规则呢？富勒给出何种理由来支持如下做法，即视此类标准在法律上具有效力呢？

三 法律和人类能动性

以关于法律功能的主张为特征的自然法理论通常承认，推定的法律或法律体系在功能方面失败，则其在对法律地位的主张方面要妥协。评论那些在尊重内在道德的一个或更多要素方面完全失败的立法时，他似乎赞成此种类型的论证。[3] 他在一个著名的段落中陈述道，在尊重内在道德的任何面向方面的完全失败导致形成某些"根本不能被妥当地称为法律的"东西。[4] 就此而言，正如我在其他地方主张的那样，[5] 富勒可被理解为赞成墨菲所谓的强自然法命题（strong natural law thesis）：一个理性上有缺陷的规范或者体系在法律上是无效的。[6] 这与墨菲和菲尼斯所主张的如下弱自然法命题形成对比：一个理性上有缺陷的规范或者体系仅仅在法律上是有

---

① Cf Hart （n 3） 207；Hart （n 2） 1288.

② Fuller （n 11） 44 – 5.

③ Ibid, pp. 38 – 39. 也可参见 Rundle （n 1） 70 – 71，89。

④ Fuller （n 11） 39.

⑤ Crowe, "Clarifying the Natural Law Thesis," （n 4） 175.

⑥ Murphy, *Natural Law in Jurisprudence and Politics*， （n 4） 10 – 11. 更深入的分析，参见 Crowe, "Clarifying the Natural Law Thesis," （n 4） 164 – 6。

缺陷的。①

冉德尔对富勒理论的此一面向的评论有些含糊不清。她主张，就法律效力在传统上或有或无的含义而言，法律效力这样的语言"不适合"富勒的法理学，尤其是富勒这样的观点即法律地位可能是个程度问题（78）。这似乎难以反驳。然而，冉德尔走得更远，在日常案件中，她贬低法律的内在道德对于法律效力的相关性。在一个值得全文引注的显著段落里，她主张：

> 富勒的主张可能被解读为提供了一个立基于［法律］实证主义的、基于－来源的标准之上的法律效力标准，而且富勒所提供的法律效力标准在多数情形下接受［法律］实证主义的、基于－来源的标准。然而，富勒所提供的法律效力标准坚持，被推定的法律的形式健康而非其实体正义应该是上述接受向外扩展范围的裁决者。总之，我们可以接受如下事物为有效的法律，即符合关于法律效力的基于－来源的事实标准而被宣称为法律的事物；直到和除非达到此种程度，即法律得以产生的法律秩序受到形式病态的侵扰，以至于由此种法律秩序所产生的事物……应该被拒绝给予法律地位（81）。

对富勒的此种解读产生了冉德尔所谓的关于法律效力的"两步骤分析"：首要的标准是法律实证主义的、基于－来源的标准，而法律的内在道德仅仅在极端案件中才发挥作用（81）。这实际上意味着，"在大多数情形下"，法律效力可以由基于－来源的标准所决定（83）。然而，我怀疑此种公式是否能够与富勒对法律的内在道德的评论相一致。冉德尔承认此处的困难，这体现在她指出如下内容：对于富勒而言，"法律的形式健康是应该时常挂在心中的事情，而非仅仅在极端情形下才予以关切的事情"。然而，她视此与法律实证主义在评价法律效力时的"起点"一致（83）。

让我们提炼出此处的更深层次问题。法律实证主义和自然法传统都承认基于－来源的考量在决定法律效力时发挥重要作用。然而，法律实证主义采取这样的观点，即一个标准的法律效力与该标准的理性之间井水不犯

---

① 富勒其实赞成强、弱两种自然法命题，因为他主张，在程序方面出现完全失败的规范或者体系在法律上是无效的，但在程序上有缺陷却并非完全失败的规范或者体系仅仅是在法律上有缺陷。Crowe, "Clarifying the Natural Law Thesis," (n 4) 175。

河水。相反，自然法理论呈现了一个更为复杂的图景。其承认法律效力的问题和理性之间水乳交融。据此观点，不可能首先决定一个标准的法律效力，唯此之后再转向该标准的理性之地位。对法律效力的全面考量已然将理性问题纳入其中。

在前引段落里，冉德尔似乎主张，多数法律效力的日常问题可以仅通过适用基于－来源的标准而被确定。然而，我怀疑富勒将会赞成她。我猜想富勒想要这样的主张，即法律效力的问题与对法律的目的和其形式特征的考量联系紧密。由此可以推导出，即使关于法律效力的没有问题的情形也并没有仅仅被基于－来源的标准所决定，相反，其通过如下内容被决定：评价法律履行其功能的能力和其服从法律的内在道德的程度。

为什么法律行动者在评价法律效力的问题时一定要考虑内在道德呢？最为根本的理由在于，评价法律效力的问题通常——至少潜在地——是评价一个标准指引行为的能力。[1] 换句话说，法律效力必然提出关于人类能动性的问题。冉德尔引用了富勒的如下评价，即"如下主张是没有理由的：一个［人］能够根据道德义务去遵守一个法律规则"，其中的规则未尊重内在道德。[2] 她在一定程度上公正地指出，"富勒此处的推理无疑有点模糊"（89）。然而，在此关注如下内容是有益的：富勒和冉德尔都没有如其本应该清晰地提出那样提出如下观点，即道德义务和理性能动性之间的关系。在上述所引段落中，富勒似乎将这些观念搅和到一起了。然而，对富勒论证的一个合理解读是，那些未能尊重内在道德的推定的法律未提供行动理由，由此也就不具有道德上的拘束力。

据此解读，违反内在道德的推定的法律的首要失败在于，其未履行理由－给予的功能。这随之摧毁其道德权威。由此，法律的理性地位与其道德地位并不一样。然而，法律标准提供行动理由的能力是其具有道德权威的前提。这是一个必要条件，尽管并非充分条件。这可能就是富勒在讲下面的话时所意指的东西：缺乏法律的内在道德这样的基础，意味着没有留下任何给"公民的如下义务提供根基的东西"，即遵守法律规则的义务。[3]

冉德尔主张，"形式和人类能动性之间的联系是富勒作品中的永恒主题"（8、75）。她重视富勒对与立法者角色相关的信托观念的强调（105～

095

---

① 就此问题的经典阐述，参见 Michael Detmold, "Law as Practical Reason," (1989) 48 *Cambridge Law Journal* 436。

② 引文来自 Fuller（n 11）39。

③ Ibid, 40. Cf Rundle（n 1）90.

108）。富勒的内在道德被描述为援引了"信托和技艺"这两个观念，由此具有"两个重力核心：道德和功效"（108）。我在本文始终主张，通过如下方式可以在道德和功效的观念之间达到平衡：援引作为理性标准的法律这样一个额外的观念。然而，信托的观念把如下两者之间的重要联系带到前台来：法律的理由 - 给予特征和立法者要展示对法律对象能动性的尊重的义务。

富勒的法理学承认，唯有通过将法律描述为提供行动理由的方式，立法者才能视公民为自治的能动者。当然，立法者通过制裁或者强力的手段也能够激发公民的行动。这是道德和理性的观念可能分离的另外一种方式：如果不公正的法律所强加的制裁足够严重，则不公正的法律可能仍旧由服从的理由支持。① 然而，正如自然法理论者在传统上所认为的那样，立法的艺术包含通过如下正确类型的理由激发公民行动，即与其所属社群的共同善（the common good）相联系的理由。以此种方式建构的法律展现了对公民目标和期望的尊重，视公民为就其自身而言的能动者而非仅仅是奴隶或财产（113）。

四 结论

冉德尔以如下这样一种有趣的努力结束了其书，即将富勒带到与当代法哲学的前辈约瑟夫·拉兹（Josephy Raz）和罗纳德·德沃金（Ronald Dwokin）的直接对话中来。她主张，拉兹对法律正当权威的主张显示了其对如下事物的兴趣：法律对象的能动性和"对作为独特形式的法律整全性的推定性关切"。其中，此种形式要能够获取其所主张的权威（159）。另一方面，德沃金被带到与富勒关于如下内容的对话中：合法性价值（the value of legality）以及其对解释在使得法律规则融贯于隐含的原则方面的角色的强调。这些章节，加上该书末尾部分与斯科特·夏皮罗（Scott Shapiro）的简单交锋，都强调了如下观念，即法律指引理性能动者的事业。

拉兹的权威服务观念（service conception of authority）、德沃金的整全性理论（theory of integrity）和夏皮罗的规划理论（planning theory）都可以被理解为对如下内容的阐述：什么是法律要达到其所宣称的指引人类行为的目的所需要的东西。如果冉德尔在此与第三个人物罗伯特·阿列克西

---

① Cf Crowe，"Clarifying the Natural Law Thesis，"（n 4）163.

（Robert Alexy）有交锋，那么这将是有趣的。在当代法理论者那里，正是阿列克西最为清晰地采纳道德和功效作为法律的孪生重力中心。阿列克西强调其所谓的"法的双重本质"（dual nature of law）：其一，法律具有事实面向，这代表对法律的安定性的需求；其二，法律也具有批判面向，这代表法律对道德正确性的主张。① 法律的批判面向给其如下观点提供了根据：道德上有缺陷的法律要么是法律上有缺陷的要么是完全无效的，这取决于其不正义的程度。②

较之冉德尔努力搭建的富勒与拉兹、德沃金和夏皮罗的交锋，富勒和阿列克西之间的比较会更明显和更少兴趣。冉德尔的书的一个清晰的优点是，其试图通过新的对话线索来动摇人们对富勒法理学的固有观点。然而，如下做法是错误的：忽略老的交锋而注重新的交锋。富勒的理论长期以来透过自然法理论这个棱镜被观察，此种结合有时候对于两者都无益。然而，从新的视角来看此种关系可能有助于重新主张富勒的思想，也有助于重新主张自然法理学的核心主题。

富勒似乎并不视自己为传统意义上的自然法理论者。例如，他认为自己提出了一个"程序的"而非"实体的"自然法阐述，主张传统自然法理论者主要关注后者。③ 然而，此种差异是强调中心的差异而非类型的差异。自然法理论一直都对法律的独特形式感兴趣。菲尼斯将自然法理学的核心关切识别为"法治的原则和限度"，这并非偶然。④ 冉德尔似乎怀疑，富勒的事业是否"为真正的自然法事业"（37）。然而，我一直主张，当富勒和自然法都被恰当地理解时，上述怀疑能够被消除。

① 如见 Robert Alexy, "The Dual Nature of Law," (2010) 23 *Ratio Juris* 167, 176 - 7；Robert Alexy, "An Answer to Joseph Raz," George Pavlakos, ed., *Law, Rights and Discourse: The Legal Philosophy of Robert Alexy*, Hart Publishing, 2007, pp. 52 - 53。
② Alexy, "The Dual Nature of Law," (n 30) 177；Robert Alexy, "On the Concept and the Nature of Law," (2008) 21 *Ratio Juris* 281, 287 - 8.
③ Fuller (n 11) 96 - 98. 参见 Rundle (n 1) 93。
④ Finnis (n 7) 351.

做错事的权利何以既反对又支持
道德的法律强制

宋京逵[*]

摘　要：我们有很多好的理由反对这一做法：用法律手段来强制落实某些特定的道德。其中一种原则上反对道德的法律强制的理由，就是认为"人们有权利做道德上错误的事"。虽然这种观点初看起来并不正确，但是如果我们承认存在某些人们必须予以回应的紧要、复杂的道德议题，那么就可以得出结论：至少在这种特殊的道德情境中，人们拥有做错事的权利。而如果承认了个体在这种情况下拥有犯错的权利，那么可能就要求我们继续承认，在满足更严格的条件下，集体也有犯错的权利。这样一来，吊诡的结论就会出现，即集体做错事的权利也可以用来证成道德的法律强制。

关键词：做错事的权利　道德的法律强制　实证性道德

　　人们是否有做道德上错事的权利和国家能否采用法律强制的方式落实特定道德，是两个相互关联但是又有区别的问题。一般来说，如果我们承认人们有做道德上错事的权利，那么这就是限制用法律强制的方式来落实特定道德最直接、最强的理由。而容易被人们所忽视的是，一旦我们成功论证了个体有权做错事，那么也就可以进一步论证集体也有做错事的权利，而集体做错事的权利可以用来支持道德的法律强制。因而可以说，人们做错事的权利既可以限制道德的法律强制，又可以证成道德的法律强制。

　　本文就以上述的论证逻辑来展开。第一部分对"道德的法律强制"进行了更明确的界定。第二部分开始论证人们有做道德上错事的权利这个主张，引出了紧要、复杂的道德议题这一类型，并进一步阐明了这种特殊道德议题之所以存在的认识论和社会基础。只要把为什么人们有权利做道德

---

　　* 宋京逵，中国人民大学法学博士，北京市阳光律师事务所律师。

上错事的问题解释清楚，就能明白做错事的权利何以反对道德的法律强制。文章接下来进一步从个体做错事的权利中推出民主决策中集体做错事的权利，从而为一种德夫林意义上的实证性道德辩护，由此也就表明了做错事的权利何以能够支持道德的法律强制。最后，本文对这一看似有些吊诡的结论做出简单的分析和点评，并探讨其中所蕴含的实践意义。

一 对"道德的法律强制"议题的界定

公民权利的范围限定了法律强制的正当边界。不过，由于对权利的性质和目的的理解存在分歧，不同的法学或政治学理论对于法律强制的正当界限的观点也并不相同。

至善主义理论认为，政治共同体的首要任务是实现某种客观的人类目的。因此这一理论认为政府最根本的职能就在于帮助人们追求、实现人类善好，从而实现人类繁盛。也就是说，除了保证公民的基本自由和权利外，政府还应该过问"什么是善好的生活"这一个古典问题，并采用一些适当的手段来帮助公民自我完善和自我提升。从至善主义的这一根本立场中就能引申出以下这一推论：既然政治的首要任务是帮助人们实现某种客观的人类根本目的，那么就不存在原则上的理由去否定政府可以用法律来强迫人们去履行那种仅仅是有助于公民自我完善、自我提升的道德义务。这一推论当然会与当代的政治自由主义的思想产生冲突，当代政治自由主义者都会认为这些特定的道德义务是不能用法律来强制执行的，因为他们相信善好的生活方式是多元的，完全应当由个体自己来选择，国家不能将其所认同的特定善好观念强加于人民，因而对当代政治自由主义者来说，反对用国家权力来强制人民自我完善、自我提升，是关系到有效确保个体自由和权利的原则性问题，所以即便人们所选择的某种生活方式是错误的，但是只要不侵害到他人，国家就无权干涉。

上述至善主义和政治自由主义的争论，可以概括为道德的法律强制议题。在法哲学界，这个议题最早是由于哈特和德夫林的经典争论而为人们所熟知。不过目前学界对这一问题的讨论已经远远超出了当年哈特与德夫林讨论的范围。所以有必要对这个问题进行更详细的界定。传统上，"道德的法律强制"中的"道德"专指那种被违反后不会伤害到除行动者之外其他人的道德，即没有真正受害者的不道德行为（victimless immoral act）。根据自由主义的传统精神，自由只能为了自由自身而被限制，没有人享有侵犯他人自由的自由，我所享有的自由范围要受到其他人享有的自由范围的限制，一旦我侵犯了他人的自由，那么我就应当受到相应的惩罚。这一自由主义的精神被密尔的侵害原则（harm principle）明确地表达了出来："人类之所以有理有权可以个别地或者集体地对其中任何分子的行动自由进行干涉，唯一的目的只是自我防卫。这就是说，对于文明群体中的任一成员，所以能够施用一种权力以反其意志而不失为正当，唯一的目的只是要防止对他人的危害。"① 侵害原则明确禁止为了维护行动者自身的利益或促进其道德品格等理由而对行动者本人施加法律惩罚。不过，在当今的争论中，"道德的法律强制"中的"道德"一词有了更广泛的含义。即便有一些不道德的行为确实涉及受害者甚至可能会产生严重负面影响，但是一些自由主义理论家仍然认为这些不道德的行为在原则上不应受到法律的处罚。如堕胎、发表仇恨言论、加入种族主义政党、见死不救，这些行为虽然是会损害到其他人的，但是很多学者认为，出于某些重要的理由，应免于对实施这些不道德行为的人施以法律处罚。

对实施这些不道德行为的人免于法律处罚，可以基于很多不同的理由，而只有特定的豁免理由才是学术争论的焦点，这一特定的理由就是行为者是否有权利实施这些不道德行为。如果以权利为根据来论证人们可以做一些免于被处罚的不道德行为，那么这就是一个较强的理由。除此之外，即便行为者不享有做出特定不道德行为的权利，但政府依然有很多其他较弱的理由不去处罚这种行为，这些较弱的理由包括但不限于：法律处罚会起到相反的负面效果，会危害到无辜的第三方，会增加政府滥用权力的可能性，等等。② 对于这些弱理由，争论的双方都并不否认。比如说，在私下里观看淫秽色情作品可能是道德堕落的行为，但是人们普遍反对用法律的方法来处罚这些观看淫秽色情作品的人，反对的理由是这种法律干预的执法成本太高，而且对公民私下行为进行有效监控的法律体系，难免会造成公权力的滥用。但是，这些限制的理由并不是觉得人们观看淫秽色情作品就是对的，或者说人们有权利这么做，所以说这些属于弱理由。

作为当代至善主义政治哲学和法哲学代表人物的罗伯特·乔治，是在道德的法律强制议题上最积极的阐述者和辩论者。乔治完全认同政府可以或应当出于上述这些弱理由而避免干预、处罚做出这些不道德行为的人，

---

① 〔英〕约翰·密尔：《论自由》，许宝骙译，商务印书馆，2005，第10页。

② 参见 Robert George, *Making Man Moral Civil Liberties and Public Morality*, New York：Clarendon Press. Oxford, 1993, p. 117。

不过他坚决反对人们有权利去做特定不道德行为这一强理由。乔治采用了霍尔菲德的权利分析框架来阐述他的观点。根据霍尔菲德的定义，人们相对于政府的请求权和政府相对于人们的义务在逻辑上是相互蕴含的；但是在证成顺序上，二者却是可以有先后、主次的。如果说人们有相对于政府的请求权（claim right）从而要求其不干预自己做出的特定不道德行为，那么与之在逻辑上相对应的就是，政府有相对于人们的义务（duty）从而不去干预他们做出的特定不道德行为。而乔治的观点就可以被简单地概括为：在证成关系上，是政府的义务证成了人们的请求权，而不是人们的请求权证成了政府的义务。用本文的术语来说，乔治的立场就是证成了政府不应去干预的正是上文所述的那些弱理由，而不是人们有权利做错事这个强理由。①

与乔治相对立的是瓦尔德龙的观点，他也同意那些限制政府干预的弱理由是成立的，但是他同时也认为"人们有权利去做他所做的事情这一个事实，提供了一种反对干预的特别的理由"。② 可见，瓦尔德龙认为，根据权利自身的功能，人们的行为提供了额外的理由来反对政府的干预，这个额外的理由就是人们有权利做错事。

通过上述分析，乔治和瓦尔德龙的分歧也就显而易见了。二位学者各自都对自身的观点予以了充分的论证，为了深究道德的法律强制这个议题，必须对这两位学者的论证进行详细的分析和研究。

二　紧要、复杂的道德议题何以证成　做错事的权利

在介绍本文论证做错事的权利的思路之前，先来探讨一下瓦尔德龙的论证方法以及这种论证方法存在的问题。

在瓦尔德龙看来，就权利的本质而言，权利发挥其功能的方式是用一种抽象的原则来证成、支持一系列例证了该原则的具体实例。比如说，确保言论自由是一个抽象的权利保障原则，而不同的人在不同的时间、场合发表的不同内容的言论都是属于对该原则的例证，这些具体的言论可以是

---

① 参见 Robert George, *Making Man Moral Civil Liberties and Public Morality*, New York: Clarendon Press. Oxford, 1993, pp. 119 – 121。

② Jeremy Waldron, "A Right to Do Wrong," *Liberal Rights: Collected Papers 1981 – 1991*, Cambridge University Press, 1993, p. 76.

有建设性的，是无意义的，甚至是带有煽动或仇恨性质的，但既然这些具体言论都是在确保言论自由这一抽象原则的调整范围内，那么人们就有权利做出这些不同的具体言论表达。在这里，证成顺序是由抽象到具体，而不是相反。因此可以说，每一项权利保障的永远是某类行动的范围，而不仅仅是具体的行动。①

在此基础上，瓦尔德龙继续论证说，在权利保障的行动范围中，道德上必须做的行动、道德上错误的行动以及道德上允许做的行动都是必不可少的，只有这些类型的行动齐备，人们才有可能拥有选择的余地，并且人们做出的选择才能有重要的意义。这是因为，如果排除了道德上错误的行动，而留下道德上必须做的行动和道德上允许做的行动，那么实际上就是只保留了道德上必须做的行动，这是由于道德义务的"必须"排除了人们选择的余地，排除了人们仅仅是做道德上允许的事的可能，这样一来就与权利保障了人们行动选择范围的功能或价值不符合。

另外，如果把道德上错误的行动与道德上必需的行动都排除，只留下道德上允许的行动，那么实际上给人们留下的选项就不再是有重要意义的，不再是对人的自我建构和自主发展有重要价值的行动。因为道德上允许的行动都是那些没有道德意义的、依道德的标准来看可做可不做的行动，比如说吃草莓还是吃香蕉、去听音乐会还是去看足球比赛等。如果权利只是保障这些行动的选择，那么权利自身的重要意义也就没有了。② 所以，瓦尔德龙主张，为了确保权利所保障的是对于人来说有重要意义的行动选择，去选择做错事的行动也必须得到权利的保护。

而乔治反对瓦尔德龙的论证的主要依据就是新自然法理论中最核心的不可公度性的概念。新自然法理论认为存在很多不可公度的重要人类价值，正是由于它们的不可公度性，所以没有任何一种包括道德规则在内的客观规则能够告知人们应当选择其中哪个价值或哪种实现价值的方式，这就保证了人们可以在面对这些价值的时候做出自由的选择；并且，对不可公度价值的选择就是人类运用实践理性能力自我塑造、自主发展的过程，因而这种选择绝对不是瓦尔德龙所说的不重要的、无实质意义的。③

---

① 参见 Jeremy Waldron, "A Right to Do Wrong," *Liberal Rights*: *Collected Papers 1981 – 1991*, Cambridge University Press, 1993, pp. 77 – 82。

② 参见 Jeremy Waldron, "A Right to Do Wrong," *Liberal Rights*: *Collected Papers 1981 – 1991*, Cambridge University Press, 1993, pp. 82 – 85。

③ 参见 Robert George, *Making Man Moral Civil Liberties and Public Morality*, New York: Clarendon Press. Oxford, 1993, pp. 126 – 127。

可以说，乔治对瓦尔德龙的反驳是正确的，即便是只在道德允许的行动范围内进行选择，人们仍然可以做出对自我塑造、自我建构有重要意义的决定。但是，乔治的理论只能证明在有些情况下，在道德允许的行动中进行选择是有重要意义的；其并不能否定在某些情况下，只有包含了道德错误的选项，人的选择才能有意义。而正是这种道德情境的存在，使得人们应该享有就特定道德议题而言的做错事的权利。

就一些紧要的道德议题，作为一个正常的拥有良知和理性的人都必须做出适当的反应，也就是要通过自身的实践理性对这些道德议题做出基于良好信念（good faith）的道德判断，然后再根据这种道德判断履行相应的道德义务。对于紧要的道德议题持无动于衷、无所谓或随波逐流的态度可以被称为道德上的麻木、冷漠。也就是说，就那些紧要且无法回避的道德议题而言，经过了审慎权衡而做出了自主道德判断的人总要好于那些完全没有意识到或完全没有认真思考过的人。不过，有一些紧要的道德议题是十分复杂、艰难的，并不是人们通过道德思考就能轻而易举地求得答案的。即便人们能够最终做出他们所能做出的最理性的判断，但是由于能力所限，他们做出的判断可能并不是客观正确的答案。这就是我所谓的紧要的复杂道德议题。人类会发现自己时常身处于这样的道德情境中：即便是面对复杂的、难以解决的道德议题，由于该议题的紧要性以及这种议题对于人类生存的重要意义，人类也必须通过自主的思考做出艰难的道德判断或抉择。然而正是因为该道德议题的复杂性，我们甚至不能期待拥有充分理性能力的人通过真诚的道德思考所做出的道德判断是最终客观上道德正确的结论。此时对于做出这些不正确道德判断，并且依据这种不正确的判断而行事的人们，最好的处理方法就是宽容乃至尊重他们的判断和行动。

而且要注意，宽容对待的理由是对人们勇于在这种道德情境中做出选择本身所持的一种正面肯定立场；在直觉上，我们会倾向于认为即使人们在此种情况下最终的选择是错误的，但是依然体现出了一种悲剧英雄的色彩，一个积极的、勇敢的失误可能也要好过一个对紧要的道德议题采取冷漠、麻木、无所谓的态度。因而，我们可以貌似带有悖论的方式说：在回应紧要、复杂的道德议题上，人们即便做出道德上不正确的判断并因此做出道德上错误的行为，但只要他是基于良好信念而做出的，那么这种行为在一定程度上依然是值得道德称赞的。由上述论证可见，要求法律不处罚做出这一类型错事的人可以是基于一种直接的强理由，即肯定做这种类型的错事是有正面价值的，而不仅仅是依据若干间接的弱理由。因为既然在这种道德情境下做出选择或采取行动本身是值得称赞的，那么人们自然就应当有权利去做这些选择或行为。而这就等于是承认，至少在面对这些紧要、复杂的道德议题时，人们有做错事的权利。

以上就是一种抽象的论证方式，为了增强说服力，有必要考虑一些具体的所谓紧要、复杂的道德议题。结合这些具体的例子，能够在直觉上帮助我们确证这种道德情境是真实存在的。

如下一些道德议题都可以算是紧要、复杂的：安乐死、堕胎、是否支持死刑、动物权利、言论自由的限度等。这些议题都是人们作为一个有道德良知和理性思考能力的动物不得不面对的，并且人们对这些议题的认知、立场也很大程度地决定了人们自身的基本价值观或世界观，对这些议题的回应是人们自我塑造、自我身份建构中重要的一部分。以安乐死为例，这是一个生死攸关的大问题，反映了人们对于生命的意义和本质的认识，并且这个议题把生命的价值和另外一种重要的价值——自由选择放置在天平两侧，要求人们予以权衡。所以说对于安乐死这样的问题，人生而为人就应当予以思考。但是安乐死涉及的问题太过复杂：没有任何欢愉和体面的生命还值不值得过？生命权和自由选择权哪个重要？实施安乐死在实践中会否导致负面结果？对于这些问题，不能期待拥有理性能力的人通过仔细、真诚的思考就能给出唯一客观的正确答案。不过在这里，求知的过程可能比得到正确的知识这个结果更重要。

试想张三对安乐死的问题十分重视，阅读了大量正反方面的材料，经过长期的思考最终做出了支持安乐死的决定，他真诚地相信自己的判断是正确的，相信安乐死能帮助很多人，随后就参与了很多要求支持安乐死的政治集会和活动；同时另外一个人李四从来就没有认真思考过安乐死的问题，并且也从来不关心，对之采取漠然、无所谓的态度。假设说客观上正确的答案是安乐死是道德上错误的，那么严格来说张三由于参加了支持安乐死的政治活动，他就做出了一个道德上错误的行为，而李四则因为他的不关心态度，并没有在这个议题上犯错误。但是，相信一般人在直觉上都会认为相比于李四，张三的态度、行为才是更值得尊重的。

需要澄清的一点是，对做道德上错事的行为的宽容也是有限度的，如果采取了过分的行动方式，造成了严重的损害后果，法律应当介入处罚。比如说，一个人可以持反堕胎的立场，并参加相关的政治活动，但是如果这个人为了反对堕胎而攻击实施堕胎手术的医生，那么他自然应该受到法律的处罚。

　　另外还要注意的是，以紧要、复杂的道德议题来论证人们有做错事的权利的方法能否成功，是与具体的道德议题的内容直接相关的。也就是这种论证方式是否能够成立，有赖于对特定道德议题持相反立场的人们，能否对他们各自的立场都提出正面的支持理由。而就本文列举的相关有争议的道德议题来说，有一些是能够满足这个条件的，比如说，就安乐死、堕胎问题而言，不管是支持者还是反对者，都能设想出很好的正面理由来支持或反对安乐死或堕胎；而某些道德议题的立场是相对来说更难给予正面理由的，如发表仇恨言论、浏览色情作品等，对于这些议题，我们仅可以设想出很好的反对的正面理由，而难以设想出支持发表仇恨言论、浏览色情作品的正面、积极的理由。当然，人们可以穷尽其所思，勉强提出一些支持的理由，如主张某些仇恨言论可能只是一种修辞方式，旨在以一种挑战人们心理防线的方式引起人们对特定问题的注意，以及主张浏览色情作品可以帮助人们缓解生活压力、降低性暴力犯罪等，只不过这些支持的理由可能相对较弱，无法与反对的理由相抗衡，因而该道德议题无法被有道理地称为一种复杂的道德议题。所以说，本文论证人们有做道德错事的权利的方法，是存在适用上的限制的，并不是所有长期以来关于道德的法律强制是否合理这一争论所涉及的那些道德议题，都能以本文的论证方式来处理。

　　不过，虽然本文论证人们有做道德上错事的权利的方式存在一定限制，但依然不能忽略其所显现出来的理论意义，尤其是它对自主选择价值的内在性的揭示。拉兹曾经指出，人们通过自主选择去做那些道德上错误的行动是完全没有价值的，用他的话说就是，"既然只有指向善的自主才是有价值的，它就没有理由去提供或保护那些没有价值的，更不用说错误的选项"，①"确实，自主地去作恶使得这个人的生活比类似的没有自主的生活更坏了"。②乔治认为拉兹的这一观点与拉兹的自主是一种内在固有价值的说法相冲突，因而乔治相信解决这一冲突的最佳方式就是承认自主选择本身并不是一种内在固有的价值，只有自主选择去做道德上允许的事情时——因而也就体现了人类的实践理性——自主选择的行动才是有价值的；而自主地选择去作恶，还不如那些被迫去作恶的人，还不如没有自主。③不过，根据本文的论述，不是所有的通过自主选择所做的道德上错

---

①　Joseph Raz, *The Morality of Freedom*, New York：Clarendon Press. Oxford, 1986, p. 411.

②　Joseph Raz, *The Morality of Freedom*, New York：Clarendon Press. Oxford, 1986, p. 412.

③　参见 Robert George, *Making Man Moral Civil Liberties and Public Morality*, New York：Clarendon Press. Oxford, 1993, pp. 174–178.

误的行为都是无价值的，至少就紧要、复杂的道德议题而言，人们如果基于自主的思考还是做出了道德上错误的行为，其依然可能具有积极、正面的意义。所以，对于紧要、复杂道德议题的分析，能够加深我们对于自主选择、自主价值的认识。

三　做错事权利的认识论和社会基础：不确定性与多元性

　　紧要、复杂道德议题的存在既有其社会基础，也有其哲学认识论基础。

　　所谓的社会基础就是罗尔斯等当代自由主义者强调的关于理性多元化的事实的思想。罗尔斯指出，"民主社会的基本特征之一就是理性的多元主义事实，即相冲突的理性的宗教、哲学以及道德观点上的完备性学说的多元主义事实，这是自由民主制度中文化的正常结果。公民认识到他们不可能根据各自的那些不可调和的完备性学说而达成共识甚至形成相互理解。在这个认识之上，他们就需要考虑当涉及根本的政治问题时，用什么类型的理由来说服对方才是合理的。我提出根据公共理由，关于真理或正确的完备性学说将被一种政治理性的观念替代，这种观念仅仅把公民当作公民来对待"①。因而，公民在讨论根本的政治和公共政策问题时，就需要从关注什么是真理、什么是正确的这种问题，转移到关心什么是能够得到证成的、什么是能够被理性的公民所接受的这类问题上。只有这么做，才能真正地表达出对与自己持不同观点的公民自由和平等地位的尊重。就像斯蒂夫·马赛多所说，"罗尔斯的政治自由主义源于这个信念，即理性的人们在宗教信念以及人生的哲学理念上存在深刻且持久的不同意见……政治自由主义要求我们把注意力集中在人们所共享的政治价值之上，而不必要求或期待人们在最终的目的和完备的哲学价值上达成完全的一致。政治自由主义背后的基本动机就是希望能够尊重理性的人们"②。

　　而我们对于紧要、复杂的道德议题的回答，必然会涉及运用罗尔斯所

---

① John Rawls, "The Idea of Public Reason Revisited," 64 *The University of Chicago Law Review* (1997), pp. 765 – 766.

② Stephen Macedo, "In Defense of Liberal Public Reason：Are Slavery and Abortion Hard Case," *Natural Law and Public Reason*, Robert George & Christopher Wolfe, eds., Washington. D. C：Georgetown University Press, 2000, p. 22.

谓的形而上的完备性学说，在理性多元化事实的条件下人们不可能就这种问题达成一致。此时，做错事的权利在这里就有终止辩论、终止被他人干预的作用，从而确保了宽容和良心自由。比如说，张三通过仔细思考和权衡后已经做出支持安乐死的决定，接着他就开始积极地参加相关的政治、社会活动，如果有人不断地试图干预张三，用尽各种办法说服他安乐死是错的，不要参加相关政治、社会活动，那么张三此时就可以明确地答复说："你不要干预我，我有权利这么做。"言下之意就是：即便我做的是错的，但这依然是我的选择，我有权利这么做。

紧要、复杂的道德议题之存在也有其哲学认识论的基础。至少就某些道德议题而言，人们很难认识到唯一正确的客观答案，这是因为这些道德议题具有不确定性，而引起不确定性的具体原因又可能是无法断定性（indeterminacy）、不可证明性（indemonstrability）、模糊性（vagueness）这些性质。无法断定性是"由各种相冲突的考虑碰撞导致的，且这些相冲突的考虑是同样的有力或者不可公度的有力的。也就是说，无法断定性只有在这种情况下才会出现：就一个问题相竞争的各个主张的效力是大致均衡的，或者无法由某种比较方法来对它们的效力进行衡量排序。没有哪个主张比另外的主张更好"[1]。最典型的就是堕胎问题，这个问题之所以棘手，就是因为女性对身体的控制权和胎儿的生命权的冲突，两个价值在不同层面上都是非常重要的，很难说哪一个显然高于另外一个。

不可证明性是指虽然某个问题具有客观正确的答案，但是证明、演示这个客观答案的过程却不能说服所有哪怕是认真求证的理性人。[2] 关于动物是否享有权利的问题可能就是一个典型例子。这个问题看上去应该是有明确答案的，动物或者有某种权利或者根本没有。但是我们会发现自己很难说服那些持相反立场的人。

模糊性这里专指的是连锁推理悖论所引起的不确定性。某些性质是可以在程度上或多或少的，而一定程度的量变可能会引起质变，使得一种性质经过某个临界点而转换成另外一个新的性质，但是人们又很难确定这个临界点在哪里，所以就会引起相关性质的模糊。比如说，在一粒沙的基础上再添多少粒沙才会使之成为沙堆？这个是很难确定的。道德领域中也会遇到类似的问题，典型的就是言论自由的限度，对于一些比较过激的言

---

[1] Matthew Kramer, *Objectivity and the Rule of Law*, Cambridge University Press, 2007, p. 19.

[2] 参见 Matthew Kramer, *Objectivity and the Rule of Law*, Cambridge University Press, 2007, p. 17。

论，到什么程度才是法律应该禁止的仇恨言论？而什么程度是依然可以容忍的？由于这之间界限的模糊性，人们是不可能完全确定的。于是这也就会成为一个复杂的道德议题。

最后要澄清的一点是，上述的观点并不否认某些道德议题确实是有客观答案的，如不能随意杀人、不能强奸等，这些基本的道德法则可以说是绝对客观、正确的，法律也应该对违反这些道德法则的人予以处罚。所以本文并不需要在元伦理学上采取一种非道德实在主义的立场。

四 集体做错事的权利如何支持
道德的法律强制

关于紧要、复杂道德议题的分析能够支持人们有做错事的权利这一命题，同时，这种论证也能帮助我们重新审视著名的德夫林与哈特之争，并从中得出一个看似有些吊诡的结论。之所以说吊诡，是因为如果我们同意人们有做错事的权利，那么似乎就给了我们很好的理由来反对道德的法律强制，即社会共同体通过法律的方式来强制实施特定的道德；但是，既然我们能够承认个体有犯错的权利，那么似乎也应该承认集体有犯错的权利，尤其是在民主决策中，众多个体通过表达自己的意愿而形成了多数意见，按照民主的原则，这种多数意见就应当得到尊重并且落实到法律、政策之中。然而，并没有办法能够保证大多数人的意见就一定是正确的，在关于特定的道德是否可以由法律来强制落实的问题上，大多数人的意见也不一定正确。也就是说，反映了大多数人观点的法律，有可能会强制落实那些本来不应当由法律强制落实的特定的道德。但是，如果承认了集体有做错事的权利，那么似乎也应当承认经过民主决策程序制定的、反映了大多数人意见的、错误的法律，是应当得到人们遵守的。

可见，本文的论证可能有利于德夫林与哈特之争中德夫林一方，这确实是非常吊诡的。不过经过简单的分析可知，本文的结论虽然可能与德夫林的观点重合，但是本文所论证的支持道德的法律强制的理由，完全不同于德夫林所提出的理由。

德夫林指出："社会意味着一种观念的共同体；没有在政治、道德和伦理上的共享的观念，就不会有社会存在……如果男人女人们试图创造一个没有在善与恶的问题上达成根本一致的社会，他们将会失败；如果把社会建立在共同的一致之上，而这种一致不复存在，那么社会就会解体。因为社会不是一种物理上联系起来的东西；它是被无形的共同思想这种纽带联系在一起的。如果纽带过于松散，那么社会的成员就会分离。共同的道德就是这一纽带中的一部分。纽带则是一个社会存在的代价的一部分；而需要社会的人类，则必须支付这种代价。"① 德夫林论证道德的法律强制的理由可以简单概括如下：社会共同体是为人类所必需的，而为了维护社会共同体的存在就必须先维护一套由成员们共享的道德观念，有时候这种共享的道德观念需要通过法律强制的方法来保护和维持。所以，为了能够最终保证社会共同体的凝聚力、社会团结，用法律强制的方法来维护作为纽带而联结起整个社会的共享道德观念就是必要的。

德夫林的这一论证已经遭到了哈特犀利的批判，哈特区分了实证性的道德与批判性的道德，前者指的是人们实际上接受、拥护的道德观，而后者指的是客观上真实、正确的道德观。哈特指出，其实只有后一种批判性的道德才是值得人们去维护的，实证性的道德很有可能是错误的、扭曲的道德观念。一个由错误的实证道德观念而团结、凝聚起来的社会共同体，本身就是一个不道德的社会，这种社会的解体不仅没有任何不好的地方，而且很可能是值得鼓励和提倡的。正如哈特所说，"如果一个社会致力于迫害族群或者宗教上的少数者，或者它所采取的步骤包含骇人听闻的酷刑，那么几乎可以说，此社会如德夫林勋爵所指称的'崩溃'也许比采取步骤维持其存在更为道德，同时也不应该采取步骤维持它的存在"。②

哈特紧接着指出，诸如 20 世纪的英国这样的社会，其中的绝大多数人并没有把实证的道德观奉为神圣，很多英国人都拥有道德进步、道德变革的意识，如果他们认识到原来社会上占主导地位的那种道德观念是错误的，那么就会乐于看到新的道德观念的出现并替代旧道德。这就说明，社会上占主流的道德观念的变化并不会真正使得这个社会出现任何实质意义上的"解体"或"崩溃"，比如 20 世纪的英国社会从反对同性婚姻立场转变为支持同性婚姻立场，人们可能只会认为这是英国社会的进步，而不会说这是英国社会的解体和崩溃。社会上共享的道德观念的变化，并不一定会导致那种伴随着灾难性的动荡和不稳定的社会解体或崩溃。总而言之，仅从经验角度来看，说社会成员不再共享某种共同的道德观念会导致该社会解体、崩溃是站不住脚的，有无数的事实上的反例可以举出来反对

① Patrick Devlin, *The Enforcement of Morals*, Oxford：Oxford University Press, 1965, p. 10.
② 〔英〕哈特：《法律、自由与道德》，支振锋译，法律出版社，2006，第 21 页。

这一说法。当然为了避免与经验事实的矛盾，人们可以把德夫林的这种说法解读为一种概念上的分析命题，即从定义上来说，共享道德观念的丧失就意味着社会的解体和崩溃，而不论这种解体和崩溃是否伴随着社会秩序的动荡和不稳定，这样一来，只要是英国社会转变了关于同性婚姻的道德态度，那么按照定义，原来的英国社会就已经解体、崩溃了，而是否出现了社会秩序的动荡和不稳定则是不相干的问题。不过这里的问题是，这种按照分析命题的解读虽然可以避免与经验事实相冲突，但是对于"社会"的这种定义，并没有多少理论上的重要意义，这种定义下的社会解体、崩溃，既然不会伴随着社会秩序的动荡和不稳定，而仅仅是改变了主流的道德观念，那么就不是一种实质意义上的不好的、负面的现象。所以，德夫林对于他所谓的"社会解体或崩溃"的说法就面临一个两难，如果想要让社会解体或崩溃是一种有实质的负面性的现象，那么就必须主张由社会主流道德观念的转变造成的社会解体和崩溃会导致社会秩序的动荡和不稳定，但这样一来就会遭到来自经验事实的反驳，即在很多情况下社会主流道德观念的变革、转换并不会造成社会秩序的动荡和不稳定；然而，如果想要避免这种基于经验事实的反对，就只能把社会解体和崩溃定义为社会主流道德观念的转变，而无论是否有社会动荡和不稳定的情况出现。不过此时面临的问题就会是这种意义上的社会解体和崩溃，没有任何实质上的负面意义和效果，不会造成社会秩序动荡与不稳定，因而这样一种解体、崩溃也就不必担心。

虽然德夫林以维护社会共同体持续为理由捍卫实证性道德的做法是不成功的，但是这并不意味着没有其他理由能说服我们尊重某些实证性道德。本文通过对紧要、复杂道德议题的分析来支持个体有做错事的权利的逻辑，就可以用来支持特定的实证性道德。这种特定的实证性道德虽然是人们所恰好持有的道德信念，但其并不一定就是盲目的、充满偏见的，也可能是人们经过认真仔细思考后基于良好信念反思才形成的。只不过道德议题的复杂性使得这种经过了理性权衡后的集体道德信念不能保证是客观上正确的。这样一种未必是正确的但反映了人们真诚态度和理性能力的道德信念，依然是值得在法律层面上予以尊重的。

另外，那些紧要的道德议题也通常意味着需要社会共同体采取统一的立场，以法律的形式来回应这种议题带来的挑战。而在这种情况下，尊重大多数人的道德信念也是当代民主国家的必然要求。在观念、价值多元化的条件下，针对复杂道德议题，人们再怎么仔细地民主协商、慎议也不太可能达成共识，人们必须在把问题彻底讨论明白、发现客观正确答案之前就做出最终的决定并进行投票，于是民主决策结果反映了大部分人的道德信念，从而必然具有实证性色彩。如果人们认为对于民主决策的结果要予以尊重，那么也应当承认需要对社会上大多数人所持有的道德信念予以尊重。

在这里，有人可能会担忧大多数民主的决定可能会侵犯到少数人的权利。不过，正像瓦尔德龙所指出的，在一个健全的政治共同体中，民主决策不是与个体权利相冲突的，民主决策实际上是为了解决人们关于个体权利的不一致意见而采取的一种最为合理的措施。也就是说，人们很有可能对"个体拥有什么权利"这一问题本身产生不同认识，在这种情况下，把解决这一问题的最终选择权交给人民（即通过民主程序来决定），要比把它交给一个人或少数人来决定更为合理。① 在道德、文化多元的现代社会，我们不能指望在民主程序之外在先地规定出禁止国家法律干涉的权利保留范围，权利的内容和界限本身不得不由民主的方式来决定。可见，用来支持民主决策、公民的政治参与权的理由，同样也可以用来支持大多数人的道德信念、实证性道德。

因而本文的立场是，至少要尊重那些反映了民主精神的大多数人事实上拥有的道德信念，即便这些实证性的道德信念并不见得客观上正确；所以就没有必要非得坚持只有客观上正确的道德才能成为法律强制的基础这一过强的立场。还以安乐死的议题为例，这次假设安乐死是道德上允许的甚至是人道的，但是如果一个国家通过民主、合法的程序，决定颁布禁止实施安乐死的法律，那么这个即便是道德上错误的关于安乐死的法律，依然应当得到全体人民的尊重和遵守，即便是反对这一民主决策结果的人，也有相应的守法义务。此时，如果这个国家里的一个医生，依然坚信安乐死是正确的做法，并且违背法律要求给患绝症的病人实施安乐死，那么该国司法机关依法对这位医生实施惩罚就是正当、合理的。在这个特定的道德议题上，国家有权把自己的道德立场和道德观，强加于持不同观点的民众，并要求民众服从。

当然，尊重实证性道德的这一理由并不是压倒一切的，是否要采取法律强制的手段确保对该道德义务的履行还需要在具体情况中针对不同的价

---

① 参见 Jeremy Waldron, *Law and Disagreement*, New York：Clarendon Press. Oxford, 1999, pp. 232 – 254。

值予以仔细的权衡。而且只有在严格满足相关限制条件下，尊重实证性道德才可以成立。这种限制条件就是所讨论的道德议题必须是紧要、复杂的，并且在做出最终决策之前，必须经过基于良好信念的充分、高质量的民主协商。

此外，在理想情况下，承认个体有做错事的权利也当然能够限制、规范经民主决策所形成的集体意见，公民在行使其投票权时应该想到尊重个体在面对紧要、复杂议题时基于良好信念做出的选择，即便这种选择可能在他看来是错的，这样一来，就能确保民主决策的结果充分体现宽容精神，使得民主决策反映出来的实证性道德与尊重人们做错事的权利相兼容。具体来说，最好在量刑上对那些违反相关法律的人予以适当宽大的处理。比如，即便一个国家经过民主决策，规定堕胎是非法的，但是对于那些实施了堕胎的医生，也不应以普通的杀人罪定罪量刑。毕竟立法者也要考虑到关于堕胎是否合乎道德的问题是复杂有争议的，对于良心违法者要予以一定程度的宽容。

可以说，本文所得出的这个貌似吊诡的结论，做错事的权利既能反对又能证成道德的法律强制，并不是一种逻辑上的矛盾，其只不过是反映了道德理论在具体现实社会生活中落实的复杂，并且反映了不同价值之间的冲突；而承认这种冲突的存在，是人们通过权衡和慎思最大程度地解决价值冲突的前提。

乔治对德夫林和哈特之争也进行过深入的讨论。乔治对德夫林的社会解体、崩溃的说法做出了一种新的社群主义解读，指出共同道德信念的丧失会使得社会团结而非社会秩序解体，而社会团结本身是有正面价值的，这种处理就使德夫林避免了两难的问题。但是，乔治最后又指出，即便按照这种新的解读，德夫林论证道德的法律强制的论据依然是错的。"对于社会团结本身的关心并不足以成为支持强制履行道德义务的充分依据……对依靠共享道德的社会团结的关心能够证成某些强制道德的情形，但是仅当这种道德是真实的。"① 乔治虽然对德夫林的论证做出了重构，但是他依然没有认识到本文的这种论证方式，所以可以说乔治在这个问题上的认识并不全面。不过，本文的观念其实可以与乔治的老师菲尼斯有关法律的权威、服从法律的义务的思想相衔接，菲尼斯认为唯有作为一种无缝之网

① Robert George, *Making Man Moral Civil Liberties and Public Morality*, New York: Clarendon Press. Oxford, 1993, p. 71.

的法律，才能真正地以一种公平的方式解决人类社会所面临的集体行动的
协调性问题，从而促进共同善；所以即便个体对于具体的法律安排不满，
也依然应当尊重该法律，服从法律的权威。① 而根据本文的观点，紧要的
道德议题确实需要人们采取统一的立场，而复杂的道德议题又不能保证意
图解决该议题的法律安排能让所有人满意、符合所有人的道德信念，不过
这种紧要性和复杂性的结合，却给我们理由去接受、尊重社会集体可能在
该类议题上犯下的错误。

结　论

　　本文探讨了以下几个问题：人们是否有做错事的权利，以及人们这种做
错事的权利对于道德的法律强制这一问题的理论影响。除了经典的哈特和德
夫林之争外，本文主要围绕着新近的罗伯特·乔治与瓦尔德龙在这个问题上
的一系列争论而展开分析。在明确界定了道德的法律强制的意义后，本文先
是通过提出紧要、复杂的道德议题这一概念，来为"人们有做错事的权
利"这一主张辩护，从而回应了乔治对瓦尔德龙的批判；其次，本文又指
出了紧要、复杂的道德议题存在的社会基础和哲学认识论基础，即当代社
会的理性多元化事实以及某些道德议题的不确定性；最后，根据已有的结
论，本文又重新分析了哈特与德夫林之争中最重要的一个概念——实证性
道德，并提出可以根据集体有做错事的权利这一思路来支持某种特定的实
证性道德，这样一来我们就得出了一个吊诡的结论，人们拥有做错事的权
利这一主张，既可以用来反对，也可以用来证成道德的法律强制。

　　然而，本文所阐明的关于做错事的权利和道德的法律强制这种看似吊
诡的关系，并不表明一种逻辑上的矛盾，只不过是展示出相关问题的复杂
性。这提醒我们不能想当然地认为做错事的权利就一定可以禁止一切道德
的法律强制，并且也让我们注意在真实的政治、社会环境中，理想的道德
论证必须做出相应的适应和调整，使得道德理念不与基本的现实政治社会
基础相矛盾。当然，在良好的民主社会中，客观上正确的道德观念经过公
开、充分的讨论，更有可能被绝大多数人所接受，并落实在国家法律之
中，这种理想的图景应当是现代法治国家所追求的目标。

---

　　① 参见 John Finnis，*Philosophy of Law：Collected Essays：Volume. IV*，Oxford University Press，
2011，pp. 46 – 73。

法律与道德之间的平衡

——从排队现象说起

陈诗钰[*]

摘　要： 本文以排队现象为例，探讨日常生活中关于道德与法律的话题。从表面上看，法律和道德分别从外在和内在两方面规范着人们的行为；从本质上看，二者在社会的不断发展中逐渐有了自己的位置，但二者之间的边界是模糊的，并没有一个明显的分界。在现实生活中，法律和道德在不断的拉锯战之中，刷新人们对其认识。法律对于道德的价值在于，道德的局限性需要法律来加以制约；道德对于法律的价值在于，法律的局限性需要道德来帮助化解。二者在实践过程中相互完善与融合，最终达到一个理想的效果，最理想的状态是形成道德与法律的多元与统一，达到法律与道德之间的平衡。

关键词： 法律　道德　价值　自由

孟子曰："徒善不足以为政，徒法不能以自行。"[①] 单有一颗好心是不足以把政治整理好的，独有一手好方法也不足以把事情办好，需要二者完美结合才能达到期望的效果。法律和道德基于不同的出发点来规范人们的行为。法律相对于道德来说具有强制性，道德更多是遵从自己的善良意志。在文明社会里，道德和法律一直如影随形，成为维持人们良好生活秩序不可或缺的重要因素。二者在日常生活中所扮演的角色一直是人们关心的话题。

一　法律之维对于道德的价值

谢晖教授在其《法哲学讲演录》中提到："这正如既然我们在一次活

---

[*] 陈诗钰，湖北大学哲学学院 2018 级博士研究生，湖北医药学院人文社会科学学院教师，研究方向：中国哲学与伦理学研究

[①] 杨伯峻编著《孟子译注》，中华书局，1960，第 162 页。

动中选择了排队，我们就必须忍受排队可能给我们带来的时间流逝、烈日酷晒、腰腿疼痛等不便一样。没有这种忍耐，就没有真正的法律和法治。"① 排队是遵守规则的一种表现，意味着会失去时间，对于富人来说时间就是金钱，他需不需要排队呢？或者他找别人帮他去排队，然后付费给帮他排队的那个人。排队时间长会导致身体的不适，此时还有必要继续排队吗？导致身体的轻微不适需要购买止痛膏药等，重则由于烈日炎炎而中暑进医院，在这种情况下，既有身体上的损伤，又有精神上的损伤。不排队是不遵守规则的表现，会受到道德的谴责，但不会受到法律的制裁。规则是在长久的处事模式下形成的一种引导行为的模式，人类早期是处于野蛮生长的状态，不会遵守规则，强者征服弱者，用武力解决问题。

在火车站我们在排队安检进站时，经常会碰到由于赶火车而抢着插队的人，他们对插队这种行为表示抱歉，一边对被插队的人说对不起，一边希望得到别人的谅解而插队安检进站。面对这种情形会有以下几种应对方式：第一种方式是每个人自觉遵守排队的规则，不管赶不赶时间，都遵守规则排队。第二种方式是赶时间的人被允许插队，不赶时间的人自觉排队。赶时间的人说明赶时间的理由，而被插队的人又允许赶时间的人插队。曾经看过一篇报道，讲述西方人遵守规则，其中有个人赶时间插队了，而被插队的那个人自觉站到了队伍的最末尾，这样做没有损害排在他之后的人的利益，而他做出了自我牺牲，牺牲了自己的排队时间。第三种方式是赶时间的人不被允许插队，不赶时间的人自觉排队。这种方式与第一种方式一样，赶时间的人遵守规则最终赶不上火车。但不同的是，第一种方式赶时间的人是自觉选择接受自己赶不上火车的事实，第三种方式里赶时间的人希望通过插队来争取赶上火车，但因为没有得到别人的允许而没能赶上火车。赶时间的人赶不上那趟火车，他就需要重新排队购票或者换乘其他交通工具。这种情况从他个人层面看，是他一个人的损失，从大的层面看，就是他没赶上火车导致后续一切事情的改变，这个成本无法计算。由此，从成本的角度来说，我们应该允许插队行为。但是从道德层面来说，若因此插队的人变多了，就会变成无序的状态，效率会大大降低。第四种方式是不管赶不赶时间，都说自己赶时间需要插队，这样也会陷入混乱状态。这就陷入了"囚徒困境"的模式，最终大家选择了让所有人都遵守规则，达到所谓的和谐状态。在这种状态下，依靠的就是个人的良

---

① 谢晖：《法哲学讲演录》，广西师范大学出版社，2007，第123页。

知。而不赶时间假装自己赶时间的人，此时的良知是被蒙蔽的状态。

此前的四种状态都是在不损害他人人身安全的情况下，不涉及法律。而如果插队导致插队的人与被插队的人之间发生冲突，甚至发生拳脚相向的状况，这个时候就涉及法律了。从一个大家都遵守规则的状况到需要法律来协调的状况，这中间的变化是怎样的呢？大众遵守规则在一定程度上表明，他们是在社会契约的大前提下生活，他们默认了生活中的一些行为规则。如果大家不遵守规则，那就需要外力的强制干预来阻止不遵守规则所带来的骚乱。所以最佳的状态是，法律只在关键时刻派上用场，人们在社会中生存，依靠自己的良知行事足矣。但是从人是自私的这一点出发，只要不被法律或者其他一些规则束缚，人就会寻求最利于自己的方式行事，至于这种方式是否侵害了他人的利益，他不予考虑。在这一限度内，不侵害他人利益的行为是只能通过法律来衡量的，法律在这个层面上，保证了一个人生活于人世间人身安全不受侵害。不侵害他人利益的行为也可以通过道德来衡量，但是在没有良知的人那里，无法用道德去衡量对错，因为没有良知的人，本身就不道德，他做的事情也是不道德的。所以在这种情况下是无法计算侵害他人权益的具体成本的。道德只能用来衡量有良知的人的利益，他们行事的出发点就是不侵害别人的利益。但是有没有一种情况是，有良知的人侵害了他人的利益而不自知呢？这时候是否也需要法律呢？法律应该是在这样的背景下提出来的，在市场经济时代，只有基于经济或者数字的计算，有些东西才能量化，才能较为具体地展现出来，如果不是通过这样的手段，仅仅通过道德的手段是无法考量的。

而法律又是一种"具有局限性的规范符合体系"，法律的主要缺陷有法律的僵硬性和法律的保守性等。其一，法律的僵硬性主要表现在法律有其不可脱离的规则体系，这使得法律不能适用于所有情况。这种不能适用所有情况的法律与现实的情况是相冲突的。正如《法哲学讲演录》中提到的："只要法律奉行的是规范性调整，它就绝对不可能给人们细致入微的温情。"① 而且对于个人而言，只能将它作为一种个案来具体对待。因此，从法律层面而言，几乎看不到针对个人道德要求的具体措施。其二，法律的保守性主要表现在，法律会根据既有的事实来设定其内容，它专注于已经发生的事，对于未来的事的关注也是基于既有的事实来设定其准则和内

---

① 谢晖：《法哲学讲演录》，广西师范大学出版社，2007，第121页。

容。谢晖教授说："法律调整就是在个别事物中寻求到统一的规定性。"① 法律调整是为了克服个别事物在调整中的一些缺陷。而法律最终是面向大众的，在制定、运行和维护法律的过程中必须依靠法学家们，从这个层面来说，法律是一种精英的普遍理性。但法学家不能只有科学思维和理性思维，也要有诗性思维，完美的法律理性是科学思维、理性思维、诗性思维三者的结合。但我国目前的法学教育体系环境，是极不利于精英法律人才培养的。

二　道德之维对于法律的价值

一个东西能满足人的需要才是有价值的，这一东西的价值大小与它满足人的需要多少是成正比的。在价值的关系中主要矛盾和次要矛盾之间的冲突是在不断变化的，并不是一成不变的。在实现价值的过程中，除了人的主观能动性外，还有这个东西对生成的价值的决定作用。在此过程中，价值的需要是前提，价值的生成是目的。我们只有对价值问题上的任何学理主张持理解与宽容的态度，才会认为这些学理各自有其道理，同时也能表达各自的使命。一个东西的内在本质满足了人的需要而产生了价值。价值的产生是这个东西的属性与人的需要相互作用的结果，二者缺少其一都不能产生实际的价值。

实践视角中的道德和价值，就是人们的行为选择表明了他们的某种道德倾向或价值取向，这种选择能够给他们带来其内在需要的满足；现实视角中的道德和价值，统一在人们交往行为的规范体系——法律、习俗、纪律等之中。② 从本质层面而言，愿望的道德只是一种价值追求或价值需要，它并不一定能成为实践的价值；从理想层面而言，价值和道德的一致性体现在价值追求和价值需要上，但这并不能说价值就是道德。价值和道德之间既有区别也有联系。我们一般会认为人的价值追求就是道德追求。因为某一具体的道德追求对应具体的价值追求。在这个意义上，道德和价值是统一的。道德如同价值一样也是多元的，但这并不能说明人们没有统一的道德追求或价值追求。人们总是能达到价值追求的一致，就如人们对真、善、美、爱的追求一样。

① 谢晖：《法哲学讲演录》，广西师范大学出版社，2007，第131页。
② 参见谢晖《法哲学讲演录》，广西师范大学出版社，2007，第451页。

　　人文社会交往领域里的价值就是一种道德追求，且涉及了对人的存在及其本质和人与对象间关系的关注，这都体现了人的道德价值追求。人类存在的本质取决于人的道德感。如果人的价值追求离开了道德判断和道德目标，那么，这种价值追求就违反了社会需要或者说是虚幻的。所以，关注价值问题的同时也要关注道德问题，把价值理念置于道德实践中。

　　不是建立在人的普遍道德自觉基础上的就是有限的道德，建立在他人道德基础上的道德，若不是按照自己的自由意志选择的，则势必会与自身的需求相矛盾，自身很难获得满足感。对于法哲学研究而言，压制性的道德不容忽视，自治性的道德更应关注。因为只有在自治性的道德情境中，法律统治才可能真正全面发挥作用。在压制性的道德情境中，不会贯彻法律的统治，法律只是专制的工具，说到底它还是人的统治。《法哲学讲演录》里提到："道德的内在根据是人们的良心、良知和良能。"① 道德教化和知识传递的最终目的是实现知行合一，摆脱空谈说教。道德与知识教育和良心问题分别从外在和内在两方面使人们能达到"致良知""致良能"的状态，从而进一步把真知灼见和善良意志的具体行动统一起来。良心是人类道德行为发生的内在根据，涉及责任问题和权利问题。良心是一个人通过自身情感和经验来与他人产生共情的一种能力和体现。

　　道德的内在根据是人的良心、良知和良能，如果表明为一种意志约束机制就是觉悟。人的道德觉悟即是道德的意志因素，因此主要通过人的自律、自治来实现道德。道德的自觉贯彻和自律化的实现必然有前提，即道德只有和人的基本利益一致时，才能契合人的心灵，才能通过人的自律实现，这种道德才是道德的。道德在本质上是一种自由、自治，所以需要通过自律来实现，他律在道德实现的过程中起到了次要的作用。在法治框架下，道德是人被法律所允许的"权利选择"。谢晖教授说："法律是外在的道德，道德是内在的法律。"② 道德主要靠人内心的觉悟和自律；法律的实现除了需要自律，还需要他律。法律可以理解为人的思想，即思想自由和法律自由的一种平衡。但道德不能成为法律强制性调整的对象，否则就会导致恶法，甚至导致人性的扭曲。

　　当一个人在与他人交往中尽到更多义务时，他便被称为有德之人；当一个人在与他人交往中享受更多权利时，他的这种行为不会被认为是道德

① 谢晖：《法哲学讲演录》，广西师范大学出版社，2007，第458页。
② 谢晖：《法哲学讲演录》，广西师范大学出版社，2007，第459页。

的自律的表现。由此看来，一个人选择了自利就不是道德的。道德和义务因此联系了起来，自律最终变成了人在被动情况下的选择，这样的自律就成了他律。为了避免这种情形的不断出现，谢晖教授认为，"必须在道德自律的概念中，把选择不利和选择自利都作为自律的必然内容"。① 这样，自律除了是对自身的约束之外，还是一种权利性的选择，道德也就不至于成为人们交往中的枷锁，而是成为一种动力。

以历史发展的眼光来看道德的外延或分类，道德大致可分为五个阶段。第一阶段的道德是神化的道德。此阶段尊重神灵被称为有德，不尊重神灵则被称为无德，甚至缺德。所谓的道德行为就是来自神灵的启示，也是他们对神灵的无限尊重和崇敬。第二阶段的道德是亲化的道德。此阶段以人们亲属关系的远近作为道德行为的判断标准。与关系越亲的人越亲近即为德，如此依次排开即为亲化的道德秩序。第三阶段的道德是权化的道德。它以人们是否尊重合法权利来判断人们是否有德。第四阶段的道德是人化的道德。在人们的交往中，双方相互尊重就是道德，反之则不能称为是道德的，即"人同此心，心同此理"。第五阶段的道德是生命道德。生命道德需要依据科学，而神化的道德依据的是巫术。以上五个阶段的道德，依照历史的先后顺序依次出现，在先的道德对在后的道德产生影响。具体到某一个时代，它们又都具有共时性的特征。

道德可以分为如下三类：第一类是利他主义的道德。这一类道德把人们的选择是否利他作为衡量一个人有德与否、德大德小的基本标准。利他主义道德是从性善论的角度出发的，每个人都有"不忍"之心。人不会把利他作为首要的自律来要求自己，一个人在与他人的交往中以利他为其道德基点，这种道德与人的本性相违背。若只注重利他道德，甚至以强制手段来实现利他道德，势必会使道德在实践中变得面目全非。我们从小被教育要学习雷锋，雷锋为他人做好事就是利他的，雷锋精神是能让人产生敬意的一种道德观念，但它与人性的需求结构和人们交往中以利益为导向的选择是冲突的。正因为如此，才显出了雷锋的可贵，而其他人只能平平凡凡地做个普通人。第二类是自利主义的道德，从人性自利的角度出发，这不意味着人的所有欲望都得通过自身来满足。但过度的自利会使人们只为自己，缺乏基本的合作精神，导致人们的利益无法得到满足，最终导致人们和整个社会得不到进步，甚至出现退步。由此可见，这种纯粹的自利主

---

① 谢晖：《法哲学讲演录》，广西师范大学出版社，2007，第460页。

义道德，并不能使人类得到长足进步。真正的自利，只能在人们的相互交往中、在人类的整个行进过程中来实现。第三类是互利主义道德。互利主义道德是指人们在交往中，通过交换各自的需要来满足自身的利益。一个人不可能完全靠自己而不需要他人的任何帮助，来满足自身物质和精神的欲望和要求，人们只能通过互利互惠的交往来满足自己的需求，这种互利互惠不一定是带有目的性的，只是在交换的过程中达到满足彼此的双赢局面。

120

在这三类道德中，前两类不一定需要法律来调控。在利他主义道德下施行法律，法律的强制功能使道德成为一种理想状态，会形成一种专制体制。真正与法律调整关系密切的是互利主义道德。互利主义道德以人们的交往为基础，没有人与人之间的交往就不能实现互利主义道德；没有法律的规范调整就不可能使互利主义道德在实践过程中很好地呈现出来。理性既可说是自利的概念，也可说是利他的概念。在理性的概念与范畴中，人们为了自身利益，在和他人交往中遵守既定的规则和秩序来维持一切正常。当人们开始思考在交往过程中是否有利于自己时，只要他们在交往中做出彼此理解的选择，就说明这种选择是理性的，同时也是利他的。因此，理性在此过程中完成了利己又利他的道德结构审视，这也表明自利和利他的道德结构符合人类社会交往准则且有其基本的道德使命。因此，谢晖教授认为现代法律需要贯彻"人人为我、我为人人"的互利主义道德规范体系。

三　道德与法律的多元与统一

从根本上说，性善论和性恶论所要达到的道德使命是完全不同的。从性善的角度出发，每个人的基本道德使命就是对自身进行反思和追问，所以，它所寻求的是对心灵的统治。从人性善出发要实现道德使命很困难，往往只会是一种道德的乌托邦，甚至会造成一种恶。但也不能因此否定性善论，在自治的私德领域，性善论能更好地使私德朝着利他方面发挥作用。而性恶论则会更好地促使人来实现其道德使命，人性恶能使我们更好地处理自利与利他的关系。社会契约是为了限制人性的恶，控制和约束没有制约的人性的恶，使人们的交往有序地和文明地进行。这也正是人们需要国家和法律的原因。

我们以康德提倡的绝对的道德律令为道德准绳时，它在实践过程中会遭到实践本身的质疑。由此，这种道德的绝对主义不但不能给人类带来福音，反而让人们遭受种种祸端。道德的绝对主义并不是说人们交往中的所有道德都是绝对的，事实上，人们交往中的绝大多数道德都具有相对性。性善论的道德绝对主义强调绝对的人性善，但在现实的道德关系中，总是需要教化来确保实现人的道德善。在人们的交往中，不管是哪个时代都必须遵循基本的道德。在道德的绝对主义中，对人类而言的绝对道德也必须适用于每个民族，且能在每个民族共有的道德选择基础上抽象出来，而不是只适用于极少数人。若只适用于极少数人，那它就不是普遍的道德，更不可能是绝对的道德。我们必须尊重每个人的自我选择，不能以某人的价值目标作为其他人的价值目标，要不然会导致对他人价值取向的专横和暴虐。在当今的世界，福利主义特别强调公共利益优先，而自由主义特别强调私人利益优先，这势必导致人类价值之间的冲突。前者认为公共利益得不到保障，个人利益更加得不到保障；而后者认为个人利益得到保障之后才能使公共利益得到保障。

从性恶论出发，只有满足人的利益需要才是善；而从性善论出发，一个人只有履行更多的义务才是善。由此，不论是性恶论还是性善论，人们对善的期望都是一样的，只是他们理解的善的内涵与实现善的路径不同而已。一种制度要成为人们交往中普遍遵循的行为规范，就不应该把强制作为制度贯彻落实的主要手段，而是应该让制度真正发挥作用，真正调动起人们对制度的道德自觉和价值服从。一种好的制度既是人们自愿遵守的利益保障机制，又是能借助国家公权力予以强制保障的规范机制，也是能使人们的权利得到充分实现的机制，完全以人性观为基础的制度理性设计不足以完全实现人的权利。因此，制度理性是建立在中人基础上不带好恶判断的人性观，能普遍施行的制度既能保障人们追求自身合法权益，又能避免受到利益侵害。

在法律和法治的领域，从立法和司法两个角度出发会得出很不一样的结论。但在有些法律体制下，对立法和司法的划分意义不大，因此也就没有必要在学理上进行区分。法律和法学应如何看待法律之外的价值问题呢？如何解决"是"与"应当"的关系问题呢？与"是"对应的是法律的规则问题，与"应当"对应的是外在的价值问题，也就是道德价值追求的问题。如果不能表达甚至违背人们的价值追求，法律将不能成为法律，法律将成为非法。此时，我们可以按照外在的价值去衡量法律价值的优劣，或者以价值来替代法律审判。这将是一种更高层次的价值选择。

自然法研究的领域，既包括道德领域，也包括法律领域。自然法关注的焦点问题是能普遍适用于人类的正义性的道德体系和法律体系。"它们追求的是一种超越性的存在和实在性的存在的和谐相处，同时强调人类的实在性的存在对超越性的存在的必要的依赖关系。它要求人类的自由不能过于放纵，而要以终极意义的存在为皈依。"① 在西方，自然法追求的是人们交往行为的一种价值，在法律方面就是人们对法律的价值追求。法自然谈的则是中国的或东方文明的思想和智慧。中国文人结合外来的佛教文明对法自然的追求和发展，使之成为影响中国人人生态度的一种十分重要的精神和价值境界。虽然法自然思想和自然法思想在内容和价值上明显不同，但它们在实践的某些方面发挥了类似的作用，即借助外在压力对每个人的行为在一定程度上进行约束。

如果只是把法律当作一种禁令，那么只有服从法律才有自由，这样的自由并不涉及心灵或意志的自由，它只是在一定程度上保障了在交往行为中人的自由。如果把法律当作人们对自由的向往，那么遵从法律就是以意志自由为导向的交往行为中人的自由。个体性与自由有着紧密的联系，没有自由也就不会有以选择为特征的权利，没有权利人的自由也不能得到充分的实现，尤其是普通自由的实现。自由是人类个体生存最基础的一种道德价值，因为自由强调和尊重每一个个体的道德选择，强调每个个体的自治选择，这就是人类对交往中的人的道德的基本尊重。由此可见，人们个体性生存的必然价值取向就是自由。但由于个体生存的不同领域，自由的表达也有所不同。思想层面的自由是绝对的，行动层面的自由是有限的。

人可以在没有自由的情况下生存，但人不能在没有秩序的情况下生存，因为此时人最基本的生存条件是得不到保障的。如果必须要在专制秩序和放任自由二者之间选其一的话，选择专制秩序还能保全人的生存。此时，不自由要优于无秩序，我们宁愿要不自由的秩序，也不要无秩序的自由。为了平衡自由与秩序之间的张力，正义作为法律的最高价值登场了。正义在权衡它们之间的矛盾时，在实践过程中不是绝对的，而是相对的，甚至带有随机性。

自由是一个相对的概念。人作为群居性动物，永远无法拥有绝对的自由。当世上只有一个人存在时，才有绝对的自由。只要涉及这个人和他所依赖的对象，他的自由就是相对的。人作为一个个体存在时，各自展现其

---

① 谢晖：《法哲学讲演录》，广西师范大学出版社，2007，第505页。

自身的存在形态，若个体失去了其自身的本性，则该个体是不自由的。同时，人也作为一个社会性的个体存在，在个体之间的互相交往中来展现其存在的价值。人的个体性和社会性同时蕴含于人之中，使人成为一个完整的人。人权是人作为一个人存在的尊严、人格和自由，而自由归根到底是一个人在不违背公认的原则的背景下自身存在价值的实现。如果没有多元的价值体系，自由还能存在吗？人权还能存在吗？法治还能存在吗？这个答案是显而易见的，皮之不存，毛将焉附。

四 结语

价值需要和道德追求与法律相结合，人们才能通过规范化的文字来把握和约束一些客观的存在。从这个意义来讲，法律的价值是客观存在的，也是国家立法原则应包含的。若制定的法律不能得到大多数人的道德支持，这样的法律就不能称为善法或良法，而是一种恶法，就如黄宗羲所批判的中国古代法律是"一家之法"而非"天下之法"。这样的法律违背了大多数人的道德意愿，否定了他们追求的道德价值和利益，给他们的交往带来不利影响，而只满足了少数人的道德价值和利益，这显然与最初的立法原则相违背，站在了法律的对立面，使现实的道德与理想的道德发生分歧，这时候就该反思立法的初衷和动机是否合理。而在现实生活中，道德和法律之间的冲突总是难以调和的，因为道德面向大众趋于多元化，而法律面向大众趋于统一化，寻求多元与统一之间的平衡是极为困难的。有一种观点认为，法律是人们行为的底线，只要不触犯法律，就相安无事。如果我们只考虑是否触犯法律，而不考虑是否违背道德，这样对问题的预先设定难道没有问题吗？如果道德能够作为一个社会良好有序发展的准则，那么这个社会一定是一个具有极高道德素养的，而这个社会中的人也都具有极高的道德素养。要让所有人都达到这样高的道德素质，几乎是难以做到的。道德在完全失陷的情况下不能称为道德，而是被称为不道德或者恶的行为。所以为了保证社会良好稳定地发展，为了人们安定地生活，最终退而求其次，用法律来规范人们的行为，以保障每个人基本的权益。如果法律和道德可以平等地进行对话，它们的对话最终也将是无用的。在现实生活中，法律和道德就在不断的拉锯战中，刷新人们对其认识，以此来不断填补法律的漏洞，期待法律能够更好地保障人们的利益。

法治前沿

中国传统司法中的人证保障及其价值权衡[*]

蒋铁初　王　永^{**}

摘　要： 人证是传统司法审判活动中基本证据类型，是认定事实的重要依据。保障人证的可得与可信对于司法审判而言具有重要意义。在中国古代，针对实践中的避证、伪证等人证缺失、失实问题，传统司法在历史演进中逐渐形成了相应的人证保障制度体系，历代司法官吏也总结了许多经验。这些人证保障的规范、经验在历史生成中纠缠着人证基本功能的实现与国家或社会其他方面利益伸张的矛盾，其中的权变与协调所呈现出的人证保障制度、实践的价值选择结构，表达着传统法律、政治的价值逻辑。

关键词： 传统司法　人证保障　价值权衡

在司法审判活动当中，证人是当事人之外与案件事实直接相联系的人，往往能直接证明部分或全部案件事实；同时，人证还可以与其他证据相印证，或者揭示其他证据存在，从而有助于案件事实的查明。但是在中国传统司法中，对人证作用的理解不可拘囿于这一基本功能。《周礼》载，"凡民讼，以地比正之"。① 地比即邻人，说明以邻人为证是认定民讼中相关事实的必要条件。尤其是涉及人身关系的诉讼，审其亲族四邻是必经的程序。"盖民之讼，争是非者也；地之讼，争疆界者也。是非必有证佐之人，疆界必有图本之旧；以此证之。则讼平而民心服矣。"② 以人证作为认定民讼中是非曲直的证据，容易取得讼平且民心服的效果。因为所谓民

* 本文系 2018 年国家社科基金"中国仁政司法的传统及其权益转化研究"（18BFX025）、浙江省哲学与社会科学规划课题"中国古代的仁政司法研究"（16NDJC143YB）的阶段性成果。

** 蒋铁初，杭州师范大学沈钧儒法学院教授。王永，杭州师范大学沈钧儒法学院硕士研究生。

① 《周礼・地官・小司徒》。

② （明）邱浚：《大学衍义补》第 106 卷，明成化刻本。

讼纠纷多发生在特定的社会关系结构之中，人证的取得较为便利；传统的社会关系结构及其衍生的文化传统也在制度之外保证了人证功能的实现。①与此相对应的结果是特定民讼的待证事实只能由证人证明，使得人证的有无成为特定案件受理与否的前提条件。至于命盗刑案，人证也是不可或缺的。"狱有必须证佐而定者，审看中切须叙明。如式内威逼自尽、诈赃毙命各案……又如式内戏杀一案……凡案涉疑似如此类者，亟宜叙明证佐确凿，始成信谳。"②在侦查取证技术水平较低的时代条件下，证据获取、认识的限界狭促，相关命盗刑案的关键事实只能由旁人佐证，人证的紧要性不言而明。对此，法律规范多有明确要求。如《大清律例·检验尸伤不以实》明确规定："检验官务须未检验之先，即详鞫尸亲、证佐、凶犯人等，令其实招以何物伤何致命之处，立为一案。"人证还可以成为特定犯罪的构成要件，如清律规定："凡问强奸，须有强暴之状，妇人不能挣脱之情，亦须有人知闻，及损伤肤体、毁裂衣服之属，方坐绞罪。"③或作为特定案件事实认定的证据规则，如唐律规定："诸应议、请、减，若年七十以上十五以下及废疾者，并不合拷讯，皆据众证定罪。违者以故失论，若证不足，告者不反坐。"④据此，人证的重要性已为古人共识，然而传统司法实践中存在严重的避证、匿证、伪证等现象，这导致人证的缺失与失实成为人证作用发挥的突出障碍。为应对这一问题，传统司法发展出一套人证的保障制度。本文的研究正循此展开。

一　人证的缺失与失实

（一）人证的缺失

证人缺失首先源于官府对证人的可能性伤害。传统司法体制下证人地位不独立，通常仅是诉讼手段。且不论胥吏差役假名横索，单是刑讯禁系这些合法的伤害，都已足使民人觳觫，生息颠沛。西汉杜周为廷尉时，"动辄逮证数十至数百；近者百里，远者千里；如章告劾。不服者，则掠

---

① 如中人在民间契约中的作用，相关研究可参见蒋铁初《明清民事证据制度研究》，中国人民公安大学出版社，2008，第56～60页；王帅一《明月清风：明清时代的人、契约与国家》，社会科学文献出版社，2018。

② （清）刚毅：《审看拟式·附审看论略》，光绪十五年江苏书局刊本。

③ 《大清律例·刑律·犯奸》。

④ 《唐律疏议·断狱·老幼不拷讯》。

答定之，结果是闻有逮者皆亡匿"。① 南宋时有地方邻保为避证佐之劳、检验之费，人命关涉，也劝使案犯私和，甚而自尽偿命了事。"近日大辟行凶之人，邻保逼令自尽；或使之说诱被死家，赂之财物，不令到官。"② 这种对作证的排斥心态很大程度上是出于对官府恣睢的悸惧，因而古代社会传承司法经验的官箴、判牍不得不反复强调避免胥吏滋扰干证的制度及具体办法。其次，当事人的影响也是证人不愿作证的重要因素。"又有行凶人，恐要切干证人真供，有所妨碍，故令藏匿。"③ 不仅刑案如此，民讼中证人也会因为当事人影响而不愿作证，"证佐不言者，非不言也，不敢言也；言则情见者必出而与之为难，是则代人受祸，故不敢言"。④ 最后，"亲亲相隐"等制度规定也会导致人证的缺失。唐律规定："诸同居，若大功以上亲及外祖父母、外孙、若孙之妇，夫之兄弟及兄弟妻，有罪相为隐；部曲、奴婢为主隐，皆勿论；其小功以下相隐，减凡人三等。若犯谋叛以上者，不用此律。"⑤ "年八十以上、十岁以下及笃疾，皆不得令其为证，违者减罪人罪三等。"⑥ 此两项不许为证的规范沿袭至明清。清代的地方诉讼规则还有限制乃至禁止妇女、生监为证的做法。以上都是证人难以作证的主观原因，另外，还有客观障碍导致的证人缺失。如年久的田土债负类案件多无人证；而当事人的人身关系如脱离特定的社会网络，也会导致人证难寻。《阅微草堂笔记》载有一对流亡的年轻男女争讼婚姻，男方主张双方是童养夫妻关系，女方则声称是同胞兄妹。承审官难辨真伪。⑦ 案中男女双方实际关系只有其亲属邻里才可以证明，而当事人恰巧又系流民，脱离了原来的社会关系结构，身份关系便无从查证。承审官最后只能以"断其离有误不过破坏婚姻，断其合有误则悖人伦"而断离。

（二）人证的失实

同物证相比，人证的真实性相对较低。对此现象，古人有很清醒的认

---

① 参见《汉书》卷 60《杜周传》。

② 《文献通考》卷 167《刑考六》。

③ （宋）宋慈：《洗冤集录·检复总说下》。

④ （清）徐栋：《牧令书·刑名上·听讼》，《官箴书集成》第 7 册，黄山书社，1997，第382 页。

⑤ 《唐律疏议·名例·亲属相容隐》。

⑥ 《唐律疏议·断狱·老幼不拷讯》。

⑦ 参见（清）纪昀《阅微草堂笔记》，中国华侨出版社，1994，第 510 页。

识。郑克认为："证以人，或容伪焉；证以物，必得实焉。"① 何耿绳亦言："当场检验，全凭干证与尸伤，然干证犹有扶同，而尸伤实不容伪。"② "凡邻佑居闲人等，活干证也。惟亲手笔迹、用印契票、在案卷宗、被刺字迹等项乃死干证也。活干证有畏威而不敢直言者，有徇情而不欲直言者，有贪贿而不为直言者，不如死干证多矣。"③ 人证失实的原因主要有两种，一是作为证人主观化表述的证词可能因证人记忆、表述有误而失实，且此种失实与证人避证心理及畏证心态紧密相关。有经验的司法者对此有清醒的认识，他们主张："凡讯证词，只讯其中之有知者。有知者之言既合，其无知者虽有异词，不必泥也。大抵乡井愚民，见理不真，是非之辨本不足据。加以推鞫之间，游词无定，往往口之所言，非心之所命。若以其言为信，鲜不误也。"④《元史·苏天爵传》中就记载了一则瞽目证人证明的事实与其行为能力完全不符，却不幸通过取证胥吏为承审官所采信而酿成冤狱的案例。⑤ 二是证人作伪，这是人证失实的主要方面，而且官府吏役对此往往起到助纣为虐的作用。"随行人吏及合干人，多卖弄四邻，先期纵其走避，只捉远邻及老人、妇人及未成丁人塞责……自以亲密人或地客、佃客出官，合套诬证，不可不知。"⑥ 证人与当事人关系亲近，有串通之弊；负责查拿的胥吏也可能与当事人或证人通合一气。清人袁守定就感叹："词讼情变百出，苦难凭信。如证佐可凭也，而多贿托；契约可凭也，而多伪赝；官册可凭也，而多偷丈；族谱可凭也，而多裁粘；然则决讼者将何所据乎？"⑦ 人证是案件事实审理依据的基本证据类型，伪证的泛滥将使司法审断者无所措手足。于是就出现了这样的矛盾：在传统司法审判活动中，人证对事实查明具有重要意义，可实践中又存在避证、伪证等不利于人证作用发挥的现象。因此，保障证人到案并如实作证就成为传统证据制度中的重要内容。

---

① （宋）郑克撰，刘俊文点校《折狱龟鉴译注·证慝·顾先之放牛》，上海古籍出版社，1988，第266页。郑克不止一次表达这一观点，他在"程颢辨钱"案的按语中也称："旁求证佐，或有伪也；直取证验，斯为实焉。"见同书第378页。
② （清）徐栋：《牧令书辑要·刑名下·人命条议五款》，清同治七年江苏书局刊本。
③ （清）王有光：《吴下谚联》卷1《死干证》。
④ （清）徐栋：《牧令书·刑名上·听讼》，《官箴书集成》第7册，黄山书社，1997，第381页。
⑤ 参见《元史》卷183《苏天爵传》。
⑥ （宋）宋慈：《洗冤集录·检复总说下》。
⑦ （清）徐栋：《牧令书·刑名上·听讼》，《官箴书集成》第7册，黄山书社，1997，第382页。

二　人证保障的制度与实践

在司法审判视野内，人证的缺失与失实是影响人证功能实现的主要障碍，保障人证的可得与可信是人证进入司法裁断的前提。传统司法在历史的发展中逐渐形成了相应的人证保障制度体系，历代官吏在司法实践中也总结了不少经验。

（一）人证的可得性保障

在传统司法体制中，人证的可得是指证人能够在司法官吏面前接受讯查。当然，讯查的地点并不限于专门审判场所。

1. 以人证为案件受理条件

鉴于特定讼争的相关事实只能由人证认定，所以传统司法有时会对此类案件的受理附加相应人证作为条件，缺乏人证则不予受理。实际上是让诉讼提请者自己来保障人证到案，从而减少司法成本，也可借此息讼。当然，这一做法主要集中在民讼领域。《周礼》载："凡属责者，以其地傅，而听其辞。"郑玄注称："以其地之人相比近能为证者来，乃受其辞，为治之。"① 即是说田土纠纷当事人必须提供地邻为证，否则案件不得受理。《宋刑统》所载的两则唐代敕文表明当时亦有类似制度：

> 一应田土、屋舍有连接交加者，当时不曾论理，伺候家长及见证亡殁、子孙幼弱之际，便将难明契书扰乱别县，空烦刑狱，证验终难者，请准唐长庆二年八月十五日敕："经二十年以上不论。"即不在论理之限。②
>
> 唐长庆四年三月三日制节文：契不分明，争端斯起。况年岁浸远，案验无由，莫能辩明，只取烦弊。百姓所经台府州县论理远年债负，事在三十年以前而主保经逃亡无证据，空有契书者，一切不须为理。③

针对田土、屋舍邻界和债负纠纷，诏令强调了人证的验明作用；而年

---

① 《周礼·秋官·朝士》郑玄注。
② 《宋刑统·户婚律》。
③ 《宋刑统·杂律》。

久不受理之说，正因其多无证词反徒增讼累。宋代将之明确为："诸理诉田宅而契要不明，过二十年钱主或业主死者的官司不得受理。"《名公书判清明集·户婚门》就记载了多起依此断案的田土类案件。①宋代诏令还进一步规定："自今后所诉事，必须干己，证佐明白，官司乃得受理。违者坐之。"②这是扩大了人证作为案件受理条件的适用范围。明清时期，国家律典虽然没有具体可操作的规定，如《大清律例·诬告》条例仅有告实犯实证的要求，但地方官府在司法实践过程中发展出了详细的诉讼规则，在现存的清代资料中如下制度要求相当常见：

> 告婚姻必以媒妁聘定为据，告田土必以契券地邻为据，告债负以中保及契据为据。③
> 告婚姻无媒妁、聘书；田土无粮号、印串、契券；钱债无票证、中证者，不准。④

不同地方诉讼格式中的相关规则大同小异，所谓的媒妁、地邻、中保、中证等于此均属证人。他们在婚姻、田土、债负等民事活动中的存在和作用，已经成为一种民间习惯。地方司法官吏视其为相关民事纠纷受理的条件实际上是对民间习惯的一种正式确认，反过来又强化了此类习惯的普遍适用。此种做法有利于司法者获得人证，是国家司法与民间社会的一次深度互动。

2. 强制证人到堂作证

由于一般民讼的提请者会自行提供证人，所以强制证人到堂主要是在命盗刑案中适用。传统司法实践中很早就有强制证人到堂的记载。唐律中虽无明确规范，但有直牒追摄制度，"诸鞫狱官停囚待对问者，虽职不相管，皆听直牒追摄，虽下司亦听。牒至不即遣者，笞五十；三日以上，杖

---

① 如南宋时汤执中与学官争田一案中，双方各执契为凭，但承审官员发现契约字迹、四至、诸人押字均不同，而当初立契约之李孟传死亡已久，真伪难辨，遂依不应受理之条，给当时实际占有系争田之学官管业。参见（明）张四维《名公书判清明集》卷4《户婚门》，明隆庆三年盛时选刻本。

② （宋）李焘：《续资治通鉴长编》卷90。

③ （清）黄六鸿：《福惠全书》卷11《刑名》，《官箴书集成》第3册，黄山书社，1997，第327页。

④ 田涛、许传玺、王宏治主编《黄岩石诉讼档案及调查报告》，法律出版社，2004，第234页。

一百"。① 这一做法意在强调在保障人证到堂的过程中各鞫狱官相互配合，从而保障人证到堂制度能够取得实效。这一制度后世沿袭而略有损益。宋代有较系统的强制证人到堂制度。天禧二年（1018）诏："如勘罪人供出重要证人时，军巡院应该据公文呈报，并具姓名人数及所证事状，申府勾追。候诏（照）证毕，无非罪者，即时疏放。"② 宋徽宗诏令还称："品官犯罪，三问不承，即奏请追摄。"③ 说明在涉及特殊身份的案件中，若欲追摄证人，还须皇帝批准。清律中的证人到案程序中有犯证并论的做法，法律规定："应讯犯证人等，如实系患病，该管官亲验属实，出具印结，先期报部展限……案内要犯要证，如果患病沉重，势难鞫讯起解者，该管上司委正印官确验，将所患何病，具结申报，方准展限。每案统计病限，总不得逾三个月。"④ 虽然犯证患病可以展限，但展限有期限。其目的在于保证审讯时证人能够到堂作证。

关于强制证人到堂的实际情况，前引杜周为廷尉时逮证多人，以致闻有逮者皆亡匿。此举虽系酷吏所为，亦可见逮证是实践中保证证人到庭的重要方式。当然，杜周身为廷尉，所审都是重大案件。如果案件普通，司法者也会用其他方式使证人作证。如宋真宗时，有玉清昭应宫判官夏辣乞代母赴台证事，上从之，并规定如事须问母者，听就其家。⑤ 此类方式虽强制性较弱，但在大多数情况下亦能保证证人按时作证。

3. 证人利益的保护

在传统司法体制中存在不少保护证人利益的制度，其主要目的在于爱民止辟，以免枝蔓淹累民；具有缓解证人避证、畏证心态的效果，客观上有利于鼓励证人到堂作证。

在强制证人到堂的问题上，宋代勾追制度本身即有审慎的寓意。案件如涉及女性证人，则多无须到堂作证。宋真宗大中祥符七年（1014）诏称："干连女口当为证佐者，千里外勿追摄，牒所在区断。"⑥ 为防止地方官吏滥行追呼，另许证人越诉以查问任意勾追，"自今除紧切干证外，不

① 《唐律疏议·断狱》。
② 参见刘琳、刁忠民、舒大刚等校点《宋会要辑稿14》，上海古籍出版社，2014，第8424页。
③ 《宋史》卷199《刑法志》。
④ 《大清律续纂条例》卷2《刑律》，张友渔、高潮主编《中华律令集成·清卷》，吉林人民出版社，1991，第965页。
⑤ 参见刘琳、刁忠民、舒大刚等校点《宋会要辑稿14》，上海古籍出版社，2014，第8424页。
⑥ （宋）李焘：《续资治通鉴长编》卷82。

得泛滥追呼。如违，许越诉，别移所司推勘"。① 《元典章》规定："被告承服，不须别勾证佐；若是被告人不服，必须证佐指说，然后将紧关干连人，指名勾摄。"② 明清之际的官箴书对此也是反复申明，强调司法者应当堂审问，"不得一概发票，累苦小民"。

在关押证人的问题上，官府认识到了疑狱大案牵扯的证人多被禁系，致其生息有碍，甚至瘐毙缧绁。所以朝廷诏令规范证人的收禁地点、时间，强调证人应当旋即断放。宋仁宗康定二年（1041）规定："今后所勘命官、使臣内有干连人……若须要照证，暂勾分析，事了先放，只于案后声说。"③ 司法经验也强调早放证人，称："不应禁人勿禁，若未欲讯决而权寄于狱，或系干证人，日当引对者，晚须出之。"④ 明代根据不同案件类型，确定了干连人的被禁时日，并强调官府的监察责任。⑤ 清律规定内外大小问刑衙门的监狱除监禁重犯外，其余干连并轻罪者，得令地保保候审理，⑥ 即普通证人可以不予关押。

上述对证人具有保护效果的规定，在一定程度上可避免对证人生息的不当干扰，从而在客观上有助于激励证人到堂作证。

4. 司法者主动查取人证

司法者主动查取人证并非法定要求，而是在实践中积累的经验做法。其原因在于部分证人不宜到堂作证，部分案件需要司法官吏亲赴一线以寻得关键证人；这一做法在命盗刑案的审理中运用较多。查取人证或由承审官亲为，或由胥吏差役代为，只是后者有可能为奸胥愚弄乡曲开方便之门而遭讥颇多。

此类事例主要见于司法者的审判经验记载，如《鹿洲公案》载在处理县民杜宗成之妾郭氏投水身亡一案中，司法者蓝鼎元亲诣现场，从尸体勘验发现郭氏身体有伤，遂疑是杜宗成之妻林氏殴打所致。蓝鼎元讯问邻证，皆言无任何殴逼情形。随后找来杜宗成之妻林氏所生年仅四五岁的幼女阿端，仔细讯问，得知郭氏被林氏所殴事实，并通过阿端这一人证寻得殴打的物证尺五棍。原来林氏怀疑郭氏偷糖，遂以木棍殴打，致其当夜投

---

① 《建炎以来系年要录》卷 200，文渊阁四库全书本。

② 《元典章》卷 53《刑部卷之十五》。

③ 参见刘琳、刁忠民、舒大刚等校点《宋会要辑稿 14》，上海古籍出版社，2014，第8426 页。

④ 《州县提纲·勿轻禁人》。

⑤ 参见《皇明条法事类纂·久禁罪人例》。

⑥ 参见《大清律例·刑律·断狱》。

水自尽。依清律，林氏虽然无任何罪责，可蓝鼎元还是依据年仅四五岁证人认定了相关事实，最终通过刑讯使得林氏如实承供并以呈首不实督过具结。① 依国家律典十岁以下及子当为父母隐两项不许为证的规定，本案中阿端证人资格为法律所否定，且承审官令其为证当受处罚。然而在蓝鼎元的记载论述中，彰明着查案有方、处理允协的自我肯定。可见，承审官正是通过主动调查，寻得难以显明的人证，而且还可借此规避法律对特定对象证人资格否定的规则。在那些需要向上级呈报的重大案件中，地方承审官员也丝毫不避讳对上述证人规则的突破。在四川巴县档案中记载了乾隆三十三年（1768）发生的捉奸殴毙一案，知县也让年仅八岁的幼童作证。呈案中知县事先声明自己是单骑减从，领刑仵前诣尸所。② 如此，即可避免来自上级官员的斥责，因为在传承的查取人证的经验中多强调亲为和勿滋民累而非对相关证人规则违反的鄙夷。③ 也就是说，司法官吏在实践中还通过主动查取人证来规避不利人证取得的规范以保障关键人证的可得。

（二）人证的可信性保障

为确保人证属实，传统司法的证据制度需要关注人证失实的预防，主要是避免证人作伪；在制度适用之外，更需要司法审断者善于识别失实人证，特别是积累与伪证斗争的经验。

1. 人证失实的预防

刑讯证人、对伪证者进行惩处、排除相关人员的证人资格及依众证定罪是传统司法对人证失实的制度预防。

刑讯证人始于何时，因资料阙如而难以定论。《云梦秦简·封诊式》记载："治狱，能以书从迹其言，毋治（笞）谅（掠）而得人请（情）为上；（笞）谅（掠）为下，有恐为败。"④ 其意在强调刑讯是察情的辅助手段，但却未明确刑讯的对象。《史记·樊郦滕灌列传》载："高祖戏而伤婴，人有告高祖。高祖时为亭长，重坐伤人，告故不伤婴，婴证之。后狱

---

① 参见（清）蓝鼎元《鹿洲公案·尺五棍》，清雍正十年刻鹿洲全集本。
② 参见四川省档案馆编《清代巴县档案汇编·乾隆卷》，档案出版社，1991，第77~82页。
③ 如清人袁守定就认为："凡词讼，只当堂审，其情自得，切不可差人探访。盖所差之人未必可信，即可信，未必有刺事之才也。大抵道路悠悠之口，言人人殊，最不可据。有先人之言以为主，而所主又不真，转兹误矣。此风一播，奸胥市棍皆得采事为名以愚弄乡曲，实足开作弊之门，谁适其咎。"参见（清）徐栋《牧令书》，《官箴书集成》第7册，黄山书社，1997，第382页。
④ 睡虎地秦墓竹简整理小组编《睡虎地秦墓竹简》，文物出版社，1978，第246页。

覆，婴坐高祖系岁余，掠笞数百，终以是脱高祖。"① 可见，秦时司法实践中存在拷讯证人的情形。汉代也有刑讯证人的记载，东汉戴就作为证人被"幽囚考掠，烧铁斧，使就挟于肘腋；以大针刺指爪中，使以把土，爪悉堕落"。② 迨及唐代，法律明确规定了证人可以拷讯："诸诬告人流罪以下，前人未加拷掠，而告人引虚者，减一等；若前人已经拷掠，不减，即拷证人亦是。"③ 至于唐律中老幼笃疾不得令其为证的规定，疏议的解释也在于此类人等不堪加刑。《宋刑统》承袭唐律，也允许对证人拷讯。明清律例中都有依法刑讯案犯、匿非证佐致死勿论的规定。传统司法中存在刑讯有助于被刑讯人如实供述的认识，刑讯的积极运用可促使证人吐实。"再三鞫之，摔而下之，将杖而不的决焉，或者犹敢言乎。"④ "至于证佐之类，多系受贿买嘱，不则至亲好友，亦缘情谊难却，若语以辱身殉命，则未必敢也。"⑤ 在刑讯制度的认知逻辑中，证词凡经刑讯获得，其可信性也会增强。清代《徐公谳词》所载刘隐贤自缢身亡一案，承审官推鞫一番后怀疑证人作伪，开始刑讯时，证人茹刑狡展，及加严讯，则以昏夜错看为词，游移混供。⑥ 很显然，对于证人先前的主动供证及受刑后所做的相反陈述，承审官认为后者更可信。

在域外法传统中，证人宣誓制度之所以能够促使证人如实作证，乃是根植于其社会深厚的宗教信仰文化。传统司法审判实践中虽然也存在司法者利用宗教鬼神的神秘文化来帮助查明事实，但更多时候只是一种察情的技巧。⑦ 在传统司法审判中发挥类似功能的程序是司法审断者事前警告和证人具结保证。汉律中即有强调司法官吏应当事先警告证人证不言情的法律后果；清雍正六年（1728）定例："词内干证，令与两造同具甘结，审系虚诬，即将不言实情之证佐，按律治罪。"⑧ 事前告知与具结是向证人强调如实作证的义务；而一旦证不言情，具结就成为对证人惩治的依据。对证人作伪的法律惩处，汉律规定："证不言请（情），以出入人罪者，

① 《史记·樊郦滕灌列传》。
② 参见《后汉书·戴就传》。
③ 《唐律疏议·斗讼·诬告人流罪引虚》。
④ 参见（清）徐栋《牧令书·刑名上·听讼》，《官箴书集成》第 7 册，黄山书社，1997，第 382 页。
⑤ （清）黄六鸿：《福惠全书》卷之十一《刑名部》。
⑥ 参见陈全伦、毕可明、吕晓东主编《徐公谳词——清代名吏徐士林判案手记》，齐鲁书社，2001，第 95 页。
⑦ 如《折狱龟鉴补》中就收录了不少利用神秘文化查明案件事实的案例。
⑧ 《大清律例·诬告》。

死罪，黥为城旦舂；它各以其所出入罪反罪之。狱未鞫而更言请（情）者，除。吏谨先以辩告证。"① 可见，对证不言情的惩罚要求出现出入人罪的后果，尚未定案而如实陈情的不论。唐律中的伪证罪限于适用众证定罪的案件，即凡法定的应议、请、减及老幼废疾案件，"诸证不言情……证人减二等"，于刑名未定时即知人证失实，则以"不应为"论。②《宋刑统》沿用唐律规定。明清律则是将之回到一般化罪名，并强调证佐之人有所偏徇而不言实情，是故行诬证；例文中还将无作证义务挺身硬证者以诬告论处。③ 清代诏令还对地方生员扛帮作证作出加重规定："生员代人扛帮作证，审系虚诬，地方官详请褫革衣顶，照教唆词讼本罪者，以枉法从重论。"④

　　排除相关人员的证人资格指的是亲亲相隐与老幼笃疾免于作证的制度。亲亲得相首匿的原则源于儒家父子相隐的主张，在汉代开始成为法律原则和要求。唐律中明确规定于律得相容隐者不得令其为证，相比汉代的亲亲得相首匿，扩大了相为隐的范围。"诸同居，若大功以上亲及外祖父母、外孙、若孙之妇，夫之兄弟及兄弟妻，有罪相为隐；部曲、奴婢为主隐，皆勿论；其小功以下相隐，减凡人三等。若犯谋叛以上者，不用此律。"⑤ 若司法官吏违律遣证，还会受到减罪人罪三等的惩处。后世基本沿用，差异在于明清律中适用范围增加"妻之父母"和"女婿"两项，而司法审断者违法的后果由唐宋时的"减罪人罪三等"改为"笞五十"。一般认为，中国传统法律确立相隐之道的目的在于尊重人伦；可在事实查明的视野内，于律得相容隐者有可能为亲者讳而证不言情，褫夺其证人资格反而避免了可能失实的人证进入司法审判，从而不失为一种人证失实的预防制度。同理，唐律中有老幼笃疾不得令其为证的规定，疏议的解释是："以其不堪加刑，故并不许为证。"⑥ 这是因为若许老幼疾为证，则在

---

① 张家山二四七号汉墓竹简整理小组编著《张家山汉墓竹简〔二四七号墓〕：释文修订本》，文物出版社，2006，第24页。

② 《唐律疏议·诈伪·证不言情》。

③ 参见《大清律例·刑律·诉讼》，沈家本认为，"陷害者以无为有，以轻为重，实情之中必有所增加，谓之诬证是也；偏徇者以有为无，以重为轻，实情之中必有所讳饰，谓之诬证于古义已未尽合；若顾虑者，不过不肯直言耳，以诬目之，更非古义"。这是明律不如唐律之处，实际上是立法技术的退步。参见（清）沈家本《寄簃文存》卷2《论诬证》，民国刻沈寄簃先生遗书本。

④ 参见《钦定大清会典事例》，上海古籍出版社，2003，第53页。

⑤ 《唐律疏议·名例·亲属相容隐》。

⑥ 《唐律疏议·断狱·老幼不拷讯》。

客观上与上述人等不得刑讯的规定相冲突；法律还对老小及疾有犯的刑事责任作了减轻处理，"犯反、逆、杀人应死者，上请；盗及伤人者，亦收赎；余皆勿论"。① 伪证显然属于"余皆勿论"的范围。这一规定最终导致老幼笃疾纵使证不言情也无须承担任何法律责任，免证的规定正是恐其恃此而作伪，且老幼笃疾者行为能力也有限。所谓不利于人证取得的规定原来也有为了避免可能恣意失实的人证进入司法审判的考虑，从而具有预防失实人证的作用。

至于众证定罪制度，既是特定案件的审断规则，也是预防人证失实的实践做法。因为担心单项人证可能作伪，众证之下人证的可信性会更高。如唐人贾公彦对《周礼·秋官·司刺》载"司刺掌三刺、三宥、三赦之法，以赞司寇听狱讼"中的"三刺"疏称："专欲难成，恐不获实，众人共证，乃可得真。"② 众证定罪具体规定明见于唐律："诸应议、请、减，若年七十以上、十五以下及废疾者，并不合拷讯，皆据众证定罪。违者以故失论，若证不足，告者不反坐。"③ 疏议明确其适用的定罪标准：有三人以上明证其事。在众证定罪无法实现的情况下，或以疑罪处理，或被告及告者皆不得论罪；若全无证人，自须审察虚实，以状断之。④《宋刑统》中的众证定罪规定与唐律相同。明清时期"据众证定罪"立法与唐律基本一致，只是适用对象少了应请、减人员；另外又增加了一条规定："若犯罪事发而在逃者，众证明白，即同狱成，不须对问。"⑤ 即以众证定罪确定首从。司法实践中也有非法定众证定罪案件由承审官以众证定谳的案例。《东坡书简》载："西京奏秦课儿大醉不省记中，打杀南贵。就缚，至醒，取众证为定。"⑥ 在《盟水斋存牍》中记载的一相殴致死案也是如此，承审官以被害人死于被告门首，有地方刘明举、何有功、朱守仁、邓积可证，认定被告是在狡抵。⑦ 虽不合法定众证定罪规则，但两案均具众证论定。就案件本身而言，认定事实可信，使案件获得明确的处理结果。换言之，众证定罪作为一种保障人证可信的规则，在一般案件审理中亦有

---

① 《唐律疏议·名例·老小及疾有犯》。
② 参见（明）王志长《周礼注疏》卷36，明崇祯十二年叶培恕刻本。
③ 《唐律疏议·断狱·老幼不拷讯》。
④ 实际上正是察验难明，无法以状断之才据众证定罪，规范最后声明若严格作审断规则解则存在逻辑问题，是立法技术不成熟的体现。
⑤ 《大明律·名例律·犯罪事发在逃》。
⑥ 曾枣庄、舒大刚主编《三苏全书》第12册，语文出版社，2001，第384页。
⑦ 参见（明）颜俊彦《盟水斋存牍》，中国政法大学出版社，2002，第357页。

其积极意义。

2. 人证失实的识别

五声听狱、强调对质与印证、重视及时取证、强调隔别讯问、谳审及以情理审断的做法是传统司法官吏判断人证失实与否的经验举措。

五声听狱是历史悠久的审理调查方法，也是法定的审判制度，既可对两造适用，也可以用于人证的识别判断。其依据在于人的内在心理意志同外部容止间的联系，是一种经验认识。① 《周礼·秋官·小司寇》载："以五声狱讼，求民情。一曰辞听，二曰色听，三曰气听，四曰耳听，五曰目听。"唐代《狱官令》规定，察狱之官当先备五听，又验诸证信，事状疑似犹不首实者，然后拷掠。② 宋承唐制，亦很重视五听对事实发现的重要作用。郑克指出："察奸人之匿情而作伪者，或听其声而知之，或视其色而知之，或诘其辞而知之，或讯其事而知之。盖以此四者得其情矣，故奸伪之人莫能欺也。"③ 元代强调在五听之前先穷究证验："拯治刑名鞫囚之官，先须穷究证验，后参以五听，察辞观色，喻之以礼，俾自吐实情。"④ 明代重视对质与五听结合适用。《明会典》载："如问讯不一，人各执词，则使之一同对问，再行'五听'之法，其有词语抗厉，颜色不动者，事理必真；若转换支吾，则理必亏，略见真伪。"⑤ 五听制度之所以受重视，就其性质而言乃是因为其符合直接审理的要求，能够体现审判的亲历性。若违背这一要求，则五声听狱事实上难以展开，人证失实与否也就无从判断。前引《元史·苏天爵传》中记载的案例，正是司法审断者未亲讯证人，间接采信了瞽目证人的证言，导致了冤狱的发生。

对质指的是在诉讼中由司法审断者主持两造证人围绕证据、事实辩对以发现真实的活动。《周礼·秋官·小司寇》疏曰："古者取囚要辞，皆对坐。"即指被讯问两方要彼此对质，接受讯问者驳诘。在传统司法审理

---

① 如王安石认为辞是五听关键，所谓"言而色动、气丧、视听失，则其伪可知也。然皆以辞为主，辞穷而尽得矣。故五听以辞为先，色、气、耳、目次之"。参见（宋）王安石《周官新义》卷14《秋官一》。而汪辉祖则重视色听，"两造当前，恐记认不真，必先定气凝神，注目以熟察之，情虚者良久即眉动而目瞬，两颊肉颤不已。出其不意，发一语诘之，其真立露"。参见（清）汪辉祖《学治臆说》卷上《治狱以色听为先》。也有人认为，问词讼不可因其应对不来，言词圆转而随之怒喜。参见（清）杨景仁《式敬编》卷2《断讼》。
② （清）薛允升：《唐明律合编》卷30，民国退耕堂徐氏刊本。
③ （宋）郑克：《折狱龟鉴·钩慝篇》。
④ 黄时鉴辑点《元代法律资料辑存》，浙江古籍出版社，1988，第186页。
⑤ 参见《明会典》卷132《刑部七·问拟刑名一》。

活动中，对质并非严格意义上的法律程序，往往在各自单独讯问发现罅隙后进行。如前引《明会典》强调刑部问拟刑名，在原被告与一干证人各执一词的情况下，即唤出一同对问来观看颜色、察听情词。这也是司法者断讼中讯问察听的常态。就印证而言，实际上是司法审查活动中发现和认定事实的规律性活动。无论是田土细故还是命盗刑案，对当事人及牵连各方的讯查一定会有对照印证环节，否则难以论明判断。因为事实的查明总是存在多方面证据，各证据间需要相互参验。印证在传统司法审判制度中常以"反复参验""验诸证信"等用语表达。众证定罪的理论基础就在于众多人证在相互印证后的一致指向更加可信。

隔别讯问也非源自法律规定，是司法审断者积累的经验方法。尤其在牵涉证人较多、人证作用突出的案件中，及时地隔别讯问证人有利于防止串通和辨别伪证。正所谓"事之实者不谋而同，凡有差者皆非真情也"，①"如其伪者，必有参错"。②宋代司法者"宋若谷以治狱有声……尝曰狱贵初情。每有系狱者，一行若干人，即时分牢异处，亲往遍问。私置一簿子，随所通语，毕记之……列各人姓名其后，行间相去可三寸许。以初问讯所得语，列疏姓名左方。其后结正，无能出初语者"。③司法者重视人证特别是重视众证一致，证人与当事人相当清楚。因而作伪者通常会在审理前通谋。不过，即有事先周谋，也很难预料到司法审断者可能讯问的所有问题。因此，对其隔别讯问，受讯者彼此不通，就会出现对同一问题陈述迥异的情况，从而暴露人证作伪。《山右谳狱记》中就载有这样一则案例：原告张以仁控官，声称被告许浘仁欠银一千五百两，券据分明，并有中人贡生许佩兰、提供天平兑银的李姓为证；待承审官将原告证人等隔别研讯，问银之成色，安置天平之处所，其掌兑者为谁，其包封者为谁，一一令其招供，却发现所供不一，借银一事果然另有隐情。④

谲审常被视为司法官吏智慧的象征，屡为史册津津乐道。谲审实施的前提往往是司法者内心已有基本判断，再通过这一方式使证人不经意间暴露实情。《蜀僚问答》载"要案伏人潜听私语之法"称："如署内有密室，

① （宋）陈古灵：《州县提纲》卷3，杨一凡主编《历代珍稀司法文献》第1册，社会科学文献出版社，2012，第126页。

② （清）王植：《听断》，（清）徐栋：《牧令书》卷18《刑名中》，道光二十八年刊本。

③ （宋）马永卿辑，（明）王崇庆解，（明）崔铣编《行录》，（清）钱培名补脱文《元城语录解·附行录解》，商务印书馆，1939，第49~50页。

④ 参见（清）顾麟趾《山右谳狱记》，沈云龙主编《近代中国史料丛刊》第94辑，台北：文海出版社，1966，第13~18页。

于密室后层先潜伏亲信戚友一二人在内。然后将干证与所指之犯带到密室外间，官亦诘问数语。忽令人持帖称有客拜会官，则谕令将门锁闭，待会客毕再来审讯。犯等见室内无人，必彼此言语，是真是假不难立得。或带同见证至城隍庙内审讯，仿前法变通行之，亦可必得真情。"① 除潜听私语之法外，还有许多随案件具体条件而变的谲审技巧。此类方法无一定式，司法者如能运用巧妙，亦会取得出人意料的效果。

"情理"一词，在传统法律文化中有着丰富的内涵和意义，情理审断也被认为是中国古代法律文化的核心特征。不过在作伪人证识别与判断上，情理主要指经验法则，对于司法审断者来说是作为认识、推断的依据，支撑鞫问逻辑的展开，与其职业素养紧密相关。郑克认为："盖赃或非真，证或非实，唯以情理察之，然后不致枉滥。可不鉴哉！可不谨哉！"② 明代《祥刑要览》就记载一则案例：正德间，淮南有一士年少笃学，为其邻女所慕，邻女托一妪往说之被拒。妪归而语其子，其子以屠杀犬豕为业，听后反持刀入女子家欲行非。女子不从，遂杀之，遗其刀而去。女之父母告于官，缚老妪讯之，供前番邻士之事，乃执士讯之。不胜苦楚，遂诬服。后经一恤刑者覆按，取刀视之，乃屠刀也。司法者认为岂有秀才而持屠刀者邪？于是再审，案件遂明。③ 本案中老妪的证词误导了案犯的确定，而善理狱者正是通过秀才不大可能持有屠刀这一社会常识察觉出可疑之处，再讯老妪果然发现先前的人证有误，其案遂得查明。

须注意的是，在司法审判实践中，鞫问察情多强调审查方式综合运用与综合判断。无论是制度规范还是实践经验，在传统司法审断者那里都并非孤立的存在，正所谓"听讼原无定法，贵在随时应变"。只是在程序不彰的传统司法制度背景下，上述方法的适用多取决于司法审断者的意志和职业水准，从而具有一定程度的任意性；在一些判牍史料中常见积案为覆按或继任者运用特定的审查方法发现伪证，揭橥真实。

三　人证保障中的价值权衡

"价值问题虽然是一个困难的问题，它是法律科学所不能回避的。即使是最粗糙、最草率的或最反复无常的关系调整或行为安排，在其背后总

---

① （清）刘衡：《蜀僚问答》，清同治七年牧令书五种本。

② （宋）郑克：《折狱龟鉴》卷 2，清嘉庆墨海金壶本。

③ 参见（明）吴讷《祥刑要览》，明嘉靖间刻本。

有对各种互相冲突和互相重叠的利益进行评价的某种准则。"① 中国传统司法中的人证保障制度、办法在其设计、运行、实践的过程中自然也不免面临各种目标、利益扞格的再评价与再考量，而引导这些目标选择、利益重序的观念因素正是支撑人证保障制度、实践的最重要、最基础的价值规范。这种底层的价值理念是来自传统法制的价值主张，也是传统政治的价值根基。

（一）保障人证可得方面的价值选择

人证的基本功能首先在于查清事实，无人证则案件不予受理的规定、强制证人到堂的制度、司法官吏主动查取人证的做法无不倾意在此。

比较特殊的是，在可见的清代地方诉讼格式中还有户婚田土细事干证不得过三名及生监妇女为证不准的规定。无人证不予受理确立由讼争提请者保障证人到案，以免关键证据缺失导致事实无法查清，且田土债负婚姻类纠纷一般多有旁人可为证佐。可又有规定干证过三名不准，人证的充分反使案件不为受理，事实查明非此时追求的目标，弭讼反为主要目的。尤其是清代部分地区存在健讼的社会风气，在宣化承流的地方官员看来此是民风浇薄的表现，发布类似诉讼规则在很大程度上是为了息讼。不过，在证人数量关系案件受理问题上，证人人数过多致使案件不为受理的主要是民间细故案件——当然民事类讼争还有可能在国家正式司法制度外得到调解和解决。命盗刑案对此多只有保底性规定，而无封顶性规定，表明命盗刑案更强调事实查明。因为命盗刑案干系重大，纵失有罪，则违废典法，因而必须慎刑以维护社会秩序。至于限制乃至禁止生监妇女为证则是为养其廉耻，维护礼教和等级秩序；另外考虑妇女到堂作证不便，准许妇女出具书面证词或禁止妇女作证对妇女而言也是一种保护，可以视为仁政司法之一端，至少在追求讼事勿牵连妇女的司法经验传承者看来确是如此。

其次是对证人利益的保护。统治者认识到了司法审判实践中存在侵害证人利益的现象，"诸州大狱，长吏不亲决，胥吏旁缘为奸，逮捕证佐，滋蔓逾年，而狱未具……"② 清人狄尚䌸也感叹："狱不难于无枉纵，惟

---

① 〔美〕罗·庞德：《通过法律的社会控制　法律的任务》，沈宗灵等译，商务印书馆，1984，第 55 页。
② 《宋史·刑法志》。

干证之牵累，吏胥之需求，受害者不可穷诘，生平思此，时用疚心。"①
既如此，减少司法对证人利益伤害也自然会影响到人证制度的选择。对生
民的哀矜与拊循不但在制度上要三令五申，就是流传的司法经验对防滋民
累的原则也要千叮万嘱。避免无故牵扯、无端追摄，其正面作用与积极意
义就不局限于对证人而论，对司法审判活动之外的所有人而言实际上都构
成了一种保护和施仁，是传统司法仁政的体现。滋蔓、淹滞等问题的缓
解，客观上也有利于社会避证、畏证心态的消释。而各类宽待证人的规范
还强调了司法官吏的责任，则是在恤民的同时也整饬吏治，规范司法官吏
权力的行使。

此外，因为认识到了胥吏在人证调查中可能会旁缘为奸，滥捕证人，
从而滋扰乡里，古代司法制度及理论都强调掌印官亲力亲为以避免滋扰乡
民，这一原则显然有追求仁政价值的考量。

（二）保障人证可信方面的价值选择

人证可信的保障落脚在失实人证的预防与识别上，目的当然在于查明
案件事实，保障司法审断顺利推进。刑讯证人、惩治伪证、查实人证的种
种做法之目的无不在此。

在实现这一价值目标的过程中，还有可能侵扰到其他价值目标的伸
张。中国传统法律确立了亲亲相隐的原则，特定关系范围内之人及老幼笃
疾者不得令其为证。虽然从人证失实预防的角度来看，前者有避免其言可
能作伪而干扰真相发现的效果，后者或因其作证能力有限而担心其作证不
实，或因其不得刑讯、刑责较轻而恐其恃此作伪，剥夺其作证资格在事实
上具有排除可能是失实人证对事实认定的干扰。但是从人证取得的角度
看，也是将查明事实的目标让位于其他价值的实现：亲亲相隐是人伦大
理，特定关系的人员不得为证是对伦理关系的尊重；而老幼笃疾则是念其
不堪拷讯，体现的是对老幼笃疾者的矜恤，是仁政理念的彰显。

众证定罪指的是对亲贵及老幼废疾等不合拷讯者，在察验难明时以众
多证人的优势供词认定犯罪成立。以一定数量的人证来认定事实，强化人
证可信性，目的也在于查明案件事实。另一方面，从有强调对特权阶层的
优渥与对老幼废疾抚恤的前提可见，这一制度具有发现真实、优待权贵及
悯老恤幼多重价值考量在内。

---

① 《清史稿·循吏传三》。

（三）人证保障制度与实践的价值权衡结构

中国传统司法中人证保障制度、实践在事实查明与其他方面价值伸张抵牾协调中形成了一定的价值权衡结构，而这种价值权衡结构正是中国传统法律、政治的价值根基。

1. 秩序是人证保障制度与实践的首要价值

秩序一直就是法律的核心价值，司法以一种矫正正义的面目出现本身就是为了秩序的恢复和稳定。只是与传统法制相比，自由、人权等现代价值在法律、政治中得到伸张，秩序在同这些价值平衡中获得了新的定位和意义。秩序在法文化中有着丰富的内涵，形而上的秩序价值落实在具体法律规范上会表现出不同向度的秩序内容。就中国传统司法中的人证保障而言，其主要目标在于事实查明，而对真实探求的本质即在于司法审断秩序及司法审断恢复社会秩序的保障；其次也涉及统治结构的政治秩序、等级秩序等的遵从。

从人证的可得性保障而言，无人证则案件不得受理与强制证人到堂制度自不必申说，问题是出于弥讼目的的证人人数过多不予受理的规定，虽几不见于极大破坏社会秩序的命盗刑案，可在民间细故案件中往往如此处理。那些案件之所以被拒之门外，在很大程度上是为了防止恶意诉讼——至少在意图弥讼的司法审断者视野中，大部分即是如此——从某种程度上说，是维护社会秩序的另一种方式。如《樊山集》载樊增祥在一被证牵扯十人之多的案件中，因为发现该纠纷原本就由民间调解处理，且争讼标的额有限，认为原告是"无事生非，实堪痛恨，着记重责一顿"。① 另外，作为一种地方诉讼规则，其规范效力比较有限，有时即便是牵扯证人众多，司法审断者出于查清关键事实的目的依旧会一一传唤，令其作证具结。② 同样，对于限制乃至禁止生监妇女作证的规定也是如此，虽然制度的目的在于牺牲案件真实以伸张礼教和等级秩序，可生监、妇女一旦涉及关键事实证明，也多令其为证，实践中还对生员伪证的惩处常予以宽贷，进行法外施仁。对于那些证人利益保护性规定，在体恤恶民的仁政价值之外，规范司法官吏权力、整饬吏治也是其重要目标。皇权衍生的司法权力

---

① 参见（清）樊增祥《樊山集》，沈云龙主编《近代中国史料丛刊》第610辑，台北：文海出版社，1966，第3549~3550页。

② 巴县档案内就存在这样的案例，见四川省档案馆、四川大学历史系主编《清代乾嘉道巴县档案选编》（上），四川大学出版社，1989，第61页。

的运作有序在"明主治吏不治民"的传统政治治理结构中，恰恰是辐辏于以帝制为核心的统治秩序的稳固。即便是仁政主张，有时也得列于事实查明之后。宋哲宗元祐元年（1086），侍御史刘挚针对某受赃案上奏就认为："凡干证左而不见于状者，皆不许其追照，狱无所质，何缘得情……盖状内之事，则于法有禁，若状内之人于事相干，安得不治？"① 更莫论政治大案。《明史·王献臣传》中有载："……谢迁言：'事当从众，若一二人言，安可信？'（刘）健等言众证远，不可悉逮。帝曰：'此大狱，逮千人何恤。苟功罪不明，边臣孰肯效力者？'健等再四争执，见帝声色厉，终不敢深言。"在这里，皇帝申饬官吏的话语转为廷臣劝勖皇帝的借由，君臣关怀价值差异于此可见一斑。司法官吏主动查取人证的做法更是基于秩序价值理念而对真实孜孜以求，甚至借主动探访来规避法律不利人证取得的规定。

就人证可信性的保障而言，冲突集中在于律得相容隐、老幼笃疾不得令其为证的规定。在前者中，与伦常相较，发现真相的司法审断追求得让位于伦理关系的维护，所以亲亲相隐的原则就要求不但不得指其为证，就是容留、通报致罪人逃匿也不得坐。一方面是因为中国传统的治理逻辑认为伦常是社会秩序的基础；另一方面，亲亲相隐是有但书规定的，对谋叛以上犯罪并不适用，统治秩序此时成了最为重要的价值选择。至于老幼笃疾不得令其为证的规定可为司法官吏主动查取人证所规避，乃至非命盗刑案也直接拘其为证。② 还有，众证定罪本身即是特定案件坐实的事实认定规则，何况还有维护等级特权的价值蕴含为前提。

2. 仁政是人证保障制度与实践的重要价值

仁政是中国传统社会中由来已久的政治理念，渊薮于周公而发扬于孔孟，成为传统政治的基本原则，有着极为丰富的内涵，在历代士人的政治表述中占据核心地位。他们正是依此出入史册，评价兴废更替、治乱得失。就中国传统司法中的人证保障制度、实践而言，仁政并非秩序的绝对对立面。秩序的稳固是仁政得以生成的前提，司法审断有序可避免牵连累民；仁政也是秩序存续的条件，否则断狱理讼的察情难以保障。

具体来说，对证人利益具有保护意义的规则、司法官吏查取人证的做

---

① （宋）李焘：《续资治通鉴长编》卷364，宋刻本。

② 中国第一历史档案馆藏的明代民事判牍资料，就载有争讼山木而拘传年老瞽目还身患疯疾的证人到堂的案例。参见童光政《明代民事判牍研究》，广西师范大学出版社，1999，第47页。

法、亲亲相隐与老幼笃疾免证的制度及老幼废疾不合拷讯以众证定罪的规定，乃至干证不得过三名、限制或禁止妇女为证的诉讼规则无不是司法仁政的体现。在那些对证人利益具有保护意义的规范体系中，仁政的价值被反复声明，实践中多有遵循。至于司法官吏主动查取人证的做法，对其所做的否定评价也多半基于仁政的立场。老幼笃疾、于律得相容隐不得令其为证的规定，更是在很大程度上抚恤民庶——尽管现实是有但书规定而且还可通过主动查取来规避。可在儒家的理想政治理论中，人伦之至是天理之极，甚至高于统治秩序，孟子在回答桃应的那段著名设问中认为"舜视弃天下，犹弃敝蹝也"。① 老幼废疾不合拷讯以众证定罪的规定也有矜恤的仁政前提。干证不得过三名、限制或禁止妇女为证的诉讼规则也不能说毫无防滋民累的考虑。总而言之，仁政的原则突出体现在与秩序价值矛盾的一面，与秩序共同构成了支撑人证保障制度与实践的价值体系。

四　余论

古今法律的价值基础虽有差异，但也并非毫无共通之处。就证据法的价值而言，古代社会存在发现真实与维护社会秩序及伦理关系的冲突与平衡。古代的制度与实践做出了自己的权衡。今天的证据法同样存在发现真实、维护秩序及保障人权的价值冲突，自然也有价值权衡的要求。尽管伦理关系在今天证据法的价值考量中所占的比重与其在古代社会的价值权衡中的分量不可同日而语，而且伴随人权的价值则异军突起，伦理所占的比重更加式微。但不管价值内容如何变化，各种价值需要权衡则是古今共同的需求。而价值权衡的准则无疑是维护人民利益至上，这与中国传统社会的仁政理念相比诚然是巨大进步，但也不能否认两者之间的逻辑联系。尤其在中国传统社会，仁政及其背后丰富的价值内涵一直深为士人群体所奉行。今天的司法者讲求人民至上的司法理念，与古代士人群体信奉的仁政理念有质的相似性。因此，古代司法者在保障人证可信性与可得性过程中对仁政理念的坚守对于今天的司法实践而言有一定的借鉴意义。

---

① 《孟子·尽心上》。

英国普通法精神的历史理解

王　峰[*]

摘　要： 与批评"法律其实是法官的意志"及其论辩"法律是理性"诸如此类的观念不同，弗雷德里克·波洛克坚信，普通法是一位跟人类女王几无差异的"女神"，人们无法也不应用任何逻辑或哲学理念将其完美化；其起源于遥远古代，可上溯到日耳曼部落的习俗；其历史表明，她并不附属于任何特定的政治制度，只要相关政治制度能实质上保障正义与自由，她即可以与之同生共荣。申言之，与英国传统法理学分析进路有别，波洛克着重从普通法所处的社会历史状况来描述其精神品格，这种研究方式与一般法律科学的研究本身是否存在距离也是值得我们去检视的另一重要问题。

关键词： 普通法　普通法精神　普通法历史　历史法学

"与法律信仰相伴的，不仅仅有智力的巧思，更有我们对人类和民族历史的理解，其中后两者必不可缺。"[①] 在《普通法的精神》（*The Genius of the Common Law*）这一讲座底稿汇编里，一个世纪前的弗雷德里克·波洛克[②]（Frederick Pollock）爵士就是如此这般开篇明义的。在他看来，关于英格兰普通法精神的历史解读，无外乎准确且生动形象地呈现整个英格兰王国的习惯与传统，普通法曾面临的威胁、危险及竞争等"历险传奇"，其目的并不是讨论法官所实操的那些特殊规则的"前世今生"——法律渊源问题，而是揭示普通法所固有的甚至是独有的秉性和思维方式。更准确地讲，波洛克与梅特兰（Frederic William Maitland）一样立场坚定，他们坚持辩称，历史才是理解普通法的关键，"法律科学问题并不是伦理与政

---

[*]　王峰，常州大学史良法学院，副教授。

① 〔英〕波洛克：《普通法的精神》，杜苏译，商务印书馆，2016，第1页。
② 弗雷德里克·波洛克爵士（1845～1937），19世纪末20世纪初英国法律历史学家的领军人物之一，主要著述有1888年的《普通法上的占有》（*An Essay on Possession in the Common Law*）、1895年与梅特兰合著的两卷本《爱德华一世以前的英国法律史》（*The History of English Law Before the Time of Edward I*, 2 vols. ），以及1912年的《普通法的精神》等。

治分析的一种理想结果，而是人类特性与历史事实的实际结果"。① 亦即，对英格兰法律系统的恰当说明要求的不是（或主要不是）阐明和分析一般的法律概念或者基本原则，而是检验那一系统所处的社会历史状况。

一 普通法精神的神圣源起

理解普通法，波洛克是从"女神"这一比拟开始的。他视普通法女神有着和人类一样的判断力、同情心以及热情、嫉妒、残忍、狡诈、虚荣和炫耀等。女神的面目虽算不上可憎但一定不完美，顶多像伊丽莎白女王那样。这一比拟在形象之余又稍显隐晦。实际上，今天人们更熟知塞尔登（John Selden）的隐喻，即普通法是"英格兰的雅努斯"［the English Janus（Janus，又译作杰纳斯；罗马神话中的人物，有两张脸，可同时察看前后两个方向）］②，意在强调"普通法对于当下诉讼的规范性要求和未来诉讼的指导牢固地扎根于过去"③；马修·黑尔（Sir Matthew Hale）曾用"阿尔戈号船"（Argonauts Ship）做隐喻，即黑尔坚称，现在的英国法就是六百年前的英国法，只不过英格兰普通法就像"阿尔戈号船在返航靠岸时，仍是出发时的那艘船，尽管它在漫长的航行中不断地进行修补，几乎没带着它以前的任何材料返回"④，旨在阐明普通法发展的历史连续性和渐进性⑤；边沁（Jeremy Bentham）则用"狗法"（dog-law）讥讽普通法先例的不可预知性，批评法官造法（judge-made law），"正如人们为狗造法，当你决定不让狗做某种行为时，你会等它做，一做就打下去，和法官为你造法的方式，没有本质上的不同"。⑥ 与这些关于普通法的隐喻或批评不尽相同，借助不完美的女神形象，波洛克试图说服人们，应笃信普通法的神圣性和权威性，应确信英格兰法律历史的延续性和稳定性。他反复强

---

① 参见 Frederick Pollock & Frederic William Maitland，*The History of English Law Before the Time of Edward I*，2d ed.，Cambridge：Cambridge University Press，1968；〔英〕尼尔·达克斯伯里等《法律实证主义：从奥斯丁到哈特》，陈锐编译，清华大学出版社，2010，第49页。

② 参见〔英〕波考克《古代宪法与封建法——英格兰17世纪历史思想研究》，翟小波译，译林出版社，2014，第34页。

③ Gerald J. Postema，"Classical Common Law Jurisprudence（part one），" 2/2 *Oxford University Commonwealth Law Journal*，2002，pp. 169 – 170.

④ 〔美〕波斯特玛：《边沁与普通法传统》，徐同远译，法律出版社，2013，第7页。

⑤ 参见〔英〕黑尔著，〔美〕查尔斯·M. 格雷编《英格兰普通法史》，史大晓译，北京大学出版社，2016。

⑥ 参见〔美〕波斯特玛《边沁与普通法传统》，徐同远译，法律出版社，2013。

调，历史事实必定会反映出一个精神统一体的存在，但它绝非一种僵硬的宿命或是一个纯粹的逻辑推理；走进真实的历史就再也不会触碰到哲学上的完美理念。如此看来，正视普通法的弊端或者说矫正某些长期流行的偏颇看法，应该就是波洛克用充满人性的"女神"来比拟普通法的初衷。

描述普通法的种种际遇，波洛克则是借助考察英格兰法制史的特定内容来完成的，如诉讼程式。或因拘泥于演讲，波洛克并没有做编年史式的陈述，但英格兰法律和司法传统当中的基本构成要素及其诸种历史表现或际遇，却是其着墨点。他首先指出，现代法庭系统有两个源头：其一是19世纪末出现的议会决议和法规；其二则是博古式法学研究的结果。按波洛克自己的研究来看，无论普通法有多少分支，它们皆来自同一个源头，即它们可以上溯到遥远的古代，上溯到日耳曼部落的习俗；同时，日耳曼的传统德性和教会的正义理念塑造和改造了普通法的历史进程，前者使普通法对自由和集体始终怀着同样的眷恋，后者意味着一旦日耳曼式的美德与教会戒律达成一致，它们就进入了自然法当中，成为无须人类理性即可发现的普世规则。同时，他明确指出，如果把我们现在奉行的所有美德皆视为基督教的专利，如果认为远古祖先的各种理想都会被官方所认可，成为不可动摇的最高原则，那么这样的观点不只偏颇还相当愚蠢。

具体来看，所谓普通法女神的历险传奇，波洛克是从描述普通法的形式主义特质开始的。日耳曼古老习惯引导下的"诉讼程式"、基督教教义引导下的"宣誓裁判"等，这些体现古代法形式主义本质特征的内容，从简易粗糙到刻板精细，再到毫无限制的胡乱创新，都没有束缚住普通法的发展。波洛克总结说，在服务于或受限于王权，又不断陷入为了程式而程式的技术窠臼达数个世纪之久后，普通法的发展造就了真正意义上的英格兰司法传统：人们所追寻的，并非一个最好、最完整的问题解决方案，而是一个权威性的判决；为了获得这样的一个判决，人们可以不顾一切，尽管到19世纪上半叶普通法诉答领域开始混乱不堪，以至于诉答程式终被送入了坟墓，但某些诉讼技术还在普通法中顽强地生存着。

二　普通法的发展与变革

对于普通法历史上层出不穷的威胁、危险与竞争等状况，波洛克认为，这与其弱点，即普通法一直缺乏执行力，息息相关。这一弊端，既加剧了地方势力藐视和对抗中央权威，也为成文立法入侵普通法的传统领地提供了绝佳理由。也就是说，在英格兰的历史上，普通法并非在任何时候都能获得发展。特别是 15 世纪中期充斥着派系火并的"玫瑰战争"年代，法律可以说名存实亡，因为它依附于各种强权而不副其实。在亨利七世结束王朝战争之后，加强王权迫在眉睫，这与罗马化了的学者和政论家们酝酿着的法典化知识运动一拍即合。若用培根的话来概括则是，当时之所以要建立"星室法庭"来贯彻绝对王权，一个主要原因就是要"维护大人物们的利益，巩固大人物们的领导地位"。另一方面，这样几股力量绞在一起为成文立法活动不断鼓噪，制定了不少失败的法案，当然其中也不乏成功的。到了 16 世纪中叶，相反的力量不断聚积，力图保卫与振兴普通法。这些力量不仅包括所谓古典普通法学家们阐释的专业知识，而且更有全民性反抗。例如，波洛克一笔带过的，柯克爵士就曾力图阐明普通法是一种技艺理性，并以此来排除王权意志对司法的干涉。实际上，相对于纯粹的普通法司法进程而言，成文立法的确极易引发强烈的阶级怨恨，其中以英国政府 1349 年颁布的"劳工条例"最为典型。成文立法还不断制造法律灾祸，在波洛克看来，其中最大的灾难当数英格兰土地交易制度，它既烦琐不便于适用，又不符普通法精神。

在那里，波洛克还表明，与成文立法或者说社会计划有关的思想交锋，也牵涉到英格兰普通法的品性与价值取向。一方面，他借用朋友的话说，普通法会竭尽所能保护法律权利上的平等，但如果有某种势力企图将所有人都置于同等的条件下，普通法又会坚决反对。另一方面，他认为，"在普通法看来，共同体的选择权，而不是个人的选择权，决定着法律系统内部的结构；因此，她会利用社会主义去对抗无政府主义，但她会将政府的管制维持在一种可能而又适宜的水平上，这一点与现代的社会主义计划可能又有所不同"。① 也就是说，英格兰普通法并不与社会计划、强制或放任等彻底绝缘，同时她始终信赖并仰仗不偏不倚、正道而行的法官和律师们一点一滴地实现其诉求。

不可否认，英格兰历史上的法律改革促动了普通法的发展，但更重要的是，那些变革不断塑造着普通法精神。波洛克说，若称普通法女神的房子被推倒重建了，这恐怕有些言过其实，但里面的家具却的确已经换了好几茬。或者说，普通法是否陈旧地成了一种累赘，这并不是问题所在，真正的症结在于法律改革所带来的那些有意识的与未意图的结果，以及普通

---

① 〔英〕波洛克：《普通法的精神》，杜苏译，商务印书馆，2016，第 73 页。

法精神的发现与发明。在波洛克看来，无论是亨利二世于 1166 年建立的"新近侵占地产之诉"、13 世纪王室司法创设的各式新令状，还是 18 世纪曼斯菲尔德大法官的司法改革、19 世纪末特别司法系统被整合到了新的高等法院；无论是早期的百户法院和郡法院、教会法庭、"商事法庭"、"财税法院"等的演变，还是"类案诉讼"、拟制技术以及姗姗来迟的衡平法院，如此这般的英格兰法律变革，都越来越明确地授予法院一种不断修正法律的权力，尽管这并非历史上各种变革有意识的或直接的目标。

申言之，波洛克认为，英格兰历史上的法律改革无外乎借助了四种方法：第一种，古代最常用的方法，就是建立一个特设的权力机关或者司法系统，因为是特设的，所以这些机构都拥有某种任意行动的自由；第二种方法是改造旧程序，使其扩张促其发展，意图使之利用起来更加便利，但实际结果却往往与之相反，例如，拟制的使用，不仅效果不尽如人意，而且扭曲了司法机理；第三种方法是由立法机关对法律不当之处进行修正，这种修正必须是明确而详尽的，通常效果显著；第四种方法则十分现代，但在普通法领域里非常罕见，即对整个程序体系进行全面的、系统性的重建，对现存秩序进行重新布局，这种做法仰赖于立法权或者是由立法机关直接使用，或者由立法机关委托或授予。总之，英格兰历史上的一场场规模不等的变革，并没有摧毁普通法精神，尽管会有使之晦暗不明的时刻，但更多的是令其熠熠生辉。更准确地讲，波洛克认为，普通法精神就在于，让法院对它们的固有权力具备充分的认识和理解，并且让法院有勇气去使用这些权力；在做到这一切的同时，我们还需要确保法律的内在结构或规则不至于受到破坏。

三　普通法司法及其影响

尽管与著名的美国法社会学家庞德（Roscoe Pound）关于普通法精神的历史书写有明显区别[①]，但波洛克在其由讲座而编辑成稿的《普通法的精神》最后部分更加突出了普通法（司法）的同化吸收能力，除助其解决内部的麻烦和外部的入侵外，也帮其获得了世界性的影响力。他说："和英语一样，普通法所含的质料可谓是五花八门、混糅杂成，但它始终

---

① 〔美〕罗斯科·庞德：《普通法的精神》，唐前宏、廖湘文、高雪原译，法律出版社，2001。

保持着一种独特的构造、独特的个性，而这种个性的精髓又在不断的竞争当中生存了下来"①，并且在与其他法律体系的竞争中从未落下风，以至于一位法国作家困惑不解地问，"盎格鲁－撒克逊人的优势究竟是什么？"对此，波洛克不无骄傲地指出，普通法及其司法不仅具有明显优势，而且长期引领法律世界的发展：其一，普通法与衡平法的"融汇"，是由于衡平法司法的许多创造都已经转化为普通法规则，或者说衡平法使普通法变得凝练，普通法使衡平法变得清晰，最终在 19 世纪末期两者整合为一个统一的法律体系。其二，与教会法，特别是商法的关系，更加说明普通法司法强大的同化吸收能力。在历史进程中，前两者几乎不是被普通法司法压制排挤，就是在悄无声息中被后者吞并。例如，大约在 18 世纪中期，普通法完成了对商法的吞并，自此也将其影响力进一步扩张到世界的各个港口海岸。其三，与大英帝国的殖民扩张和欧洲移民开拓亦步亦趋，英式法律的影响力遍及世界各地。对此，波洛克总结道，人们对英式法律的模仿，最主要地体现在刑法和宪法方面；商法方面也不少；与财产权相关的私法方面也有一些，但其中的契约理论又比较少；不可否认的是，几乎没人会模仿英国的不动产法、家事法和继承法，英国的法学家们也从不会向别人推荐这些法律。更准确地说，一代代普通法智慧的积聚，构想出的那一套有关自由与公法的思想，主要体现在刑法领域，它们也被注入权利法案，而生活在美利坚合众国的公民对此最熟悉。

普通法司法的这些影响力，在波洛克看来，无不与其秉性品质相关。亦即，"普通法并不附属于任何特定的政治制度，它可以和任何政治制度协调配合，只要这种制度能在实质上保障正义与自由"；②或者说，普通法与其他法律的区别在于，"其他的法律都是特殊而个别的，但普通法却不是——普通法与等级无关，与血统无关，它所关心的是整个王国及其居民——'英格兰的法律和习惯'"。③在这种普世通用的意义上，普通法司法除了在法律实际内容上的影响外，司法鉴定技术和司法习惯这两项内容也远远超越了英国法律的传播范围，尤其是司法判决的排他性，即无论出自何处，任何司法意见都不得与司法判决混为一谈，这一习惯深深地影响了全世界的司法活动。

同时，历史地看，普通法在经济领域的表现也十分恰当地诠释了其思

---

① 〔英〕波洛克：《普通法的精神》，杜苏译，商务印书馆，2016，第 105 页。
② 〔英〕波洛克：《普通法的精神》，杜苏译，商务印书馆，2016，第 128 页。
③ 〔英〕波洛克：《普通法的精神》，杜苏译，商务印书馆，2016，第 107 页。

维方式或者说精神。波洛克首先告诫我们，若想理解普通法在经济领域的表现，千万不要陷入学派知识当中的立场之争，即普通法是个人主义的还是社会主义的。对于普通法在经济领域所遵循的基本原则，波洛克概括为："在一切适宜进行自由竞争的领域，普通法鼓励竞争；但普通法更加青睐的是一种秩序，这种秩序来自于公共权力所施加的约束，而这种约束则要依靠联合起来的个人意志去施行；无论是竞争还是秩序，普通法的着眼点都在于让全社会普遍获益，而绝不在于那种想象当中的纯粹自然权利。"① 借助于阐释商业自治与贸易限制、个人自由与财产法、工业事务与劳资关系的三个发展阶段等内容，他小心翼翼地指出，建立在常识基础上的法律必须与时俱进，不间断地调适与当代常识的关系而不能有半点贻误；在普通法如此这般地不断完善的过程中，即便出现了错误，那也是一种建设性的错误。

总结而言，普通法的确是一个古物陈列馆，但她又是一种活跃的、富有生命力的法律。波洛克坚信，"普通法本身也的确蕴含着某种美德，相比于技术上的聪明才智而言，我们的女神更愿意与这样的美德同行——自由，那是女神的姐妹，女神最伟大的那些成就，正是在她的引领之下才得以完成"。② 实际上，在诸多方面，波洛克与庞德的识度是一致的，他们都认为，普通法的力量来自具体争议的解决；普通法精神在于，它既能够成功地按照自己的原则铸造出种种规定，不管那些规定的渊源如何，又总是能够成功地捍卫自己的原则，无论要推翻、取代那些原则的企图是多么的来势汹汹。③ 不过，另一方面，不论是波洛克的历史法学还是庞德的法律史解释，他们的研究进路常常为人们所怀疑，比如他们多以一种建构方法作为考察的起点，但经常的情形是他们需要补充进一步的资料支持自己的观点。正如学者们评论的那样，"历史主义方法，最终是倾向于将我们从法律领域带进社会历史领域或者政治史之中"，甚至可以说，这些领域是"外在于法律的科学方面的"。④

---

① 〔英〕波洛克：《普通法的精神》，杜苏译，商务印书馆，2016，第129页。
② 〔英〕波洛克：《普通法的精神》，杜苏译，商务印书馆，2016，第168页。
③ 〔美〕罗斯科·庞德：《普通法的精神》，唐前宏、廖湘文、高雪原译，法律出版社，2001。
④ 转引自〔英〕尼尔·达克斯伯里等《法律实证主义：从奥斯丁到哈特》，陈锐编译，清华大学出版社，2010，第55页。

人工智能在法律实践中的前景与局限性

〔美〕布拉德利·温德尔[*] 著　尹　超^{**} 译

摘　要： 人工智能已经证明，它有能力在以前被认为是人类智能具有决定性优势的任务上胜过人类。计算机技术已经在许多方面改变了法律实践。因此，律师可能很想知道，他们是否会很快被计算机取代。本文从另一个角度看待这个问题，从法律的本质入手，阐述法律作为提高人类伦理能力的一种手段，如何在回应问责的要求方面给出理由。道德理由的给出反映了两个主体之间对自由平等的相互认同。考虑到分歧和不确定性的背景条件，法律只是在更大范围内使给出理由的过程成为可能。律师的核心职能是通过解释和适用法律，对足以影响他人利益的行为给出正当理由，从而增强法律的实际权威。本文回顾了机器伦理的研究现状和人工道德主体的发展，并得出这样的结论：人类技术在设计出一个能满足权威和问责要求的计算机系统方面还有很长的路要走，而这构成了自由民主政治共同体中律师的核心职能。

关键词： 人工智能　法律实践　法律伦理

一　导论

经过多年对其潜力的大肆宣传，^① 人工智能（AI）系统最近表明自己能够在人类长期以来占有决定性优势的任务上胜过人类。人们熟悉 IBM 的"深蓝"（Deep Blue）在国际象棋比赛中击败加里·卡斯帕罗夫（Garry Kasparov）的事，也熟悉该公司的"沃森"（Watson）技术在《危险境地》

---

* 布拉德利·温德尔，康奈尔大学法学院埃德温·伍德拉讲席教授。
** 尹超，中国政法大学法律硕士学院副教授。
① See, e. g., Richard Susskind & Daniel Susskind, *The Future of the Professions: How Technology Will Transform the Work of Human Experts*, 2015; Richard Susskind, *The End of Lawyers?*, 2008.

（*Jeopardy*）节目中的获胜表现。然而，更重要的是，谷歌旗下的"深度思维"（DeepMind）部门打造的"阿尔法狗"（AlphaGo）系统战胜了人类顶级围棋选手。① 围棋对人工智能的挑战要比国际象棋大得多，因为游戏中有太多可能的走法组合，计算机无法简单地用蛮力计算出最佳策略。"阿尔法狗"团队首先使用人类专家的棋法来训练人工智能系统，但随后开发了"阿尔法狗零"（AlphaGo Zero），它完全基于从游戏规则开始的强化学习，没有任何人类专家的输入。② "阿尔法狗零"在与第一代"阿尔法狗"的比赛中创造了 100 比 0 的记录，而第一代"阿尔法狗"本身也击败了人类大师李世石（Lee Sedol），李世石是第 18 届国际锦标赛的冠军。③ 同一个团队还开发了一种象棋计算机，它以同样的方式，通过反复试验，从游戏的基本规则开始学习游戏。与"深蓝"和其他使用蛮力击败人类棋手的系统不同，"阿尔法狗零"国际象棋系统"以一种浪漫和具有攻击性的方式，直观而优美地进行着任何计算机都不曾有过的游戏"。④ 加里·卡斯帕罗夫（Garry Kasparov）写道，计算机已经发展出自己的风格，而不是人类程序员的风格，它"反映了国际象棋的真相"。⑤

　　围棋和国际象棋都只是游戏，黑色素瘤可能是一种致命的严重皮肤癌。在 2018 年 5 月发表的一项研究中，包含德国人、美国人和法国人的一个研究小组证明，在恶性黑色素瘤和良性痣图像上受过训练的人工神经网络，在区分恶性和良性皮肤病变方面可能比皮肤科专家表现得更好，这

---

① See, e. g. , David Etherington, "Google's AlphaGo AI Beats the World's Best Human Go Player," *TECHCRUNCH*, https://techcrunch. com/2017/05/23/googles-alphago-ai-beats-theworlds-best-human-go-player/ (last visited May 29, 2019); David Z. Morris, "Google 's Go Computer Beats Top-Ranked Human," *FORTUNE* (Mar. 12, 2016), http://fortune. com/2016/03/12/googles-go-computer-vs-human/.

② See David Silver et al. , "Mastering the Game of Go Without Human Knowledge," 550 *NATURE* 354, 354 (2017).

③ Id. AlphaGo Zero 不仅学习了人类专家使用的策略和技术，而且开发出了"超越传统围棋知识范围"的不标准但成功的策略。Id. at 357. "AlphaGo Zero 从完全随机的走法迅速发展到对围棋概念的成熟理解，包括布局（开局）、妙手（战术）、死活、劫争（复盘）、收官（终局）、对杀、先手（主动）、形、势和地盘，所有这些都是从基本原则中发现的。" Id. at 358.

④ Steven Strogatz, "One Giant Step for a Chess-Playing Machine," *N. Y. TIMES* (Dec. 26, 2018), https://www. nytimes. com/20 18/12/26/science/chess-artificial-intelligence. html.

⑤ Id.

可能会挽救生命。① 人工智能系统对恶性黑色素瘤的漏检较少，假阳性率较低，将良性痣误诊为恶性的也较少。即使给人类医生提供了有关病人的临床信息，包括年龄、性别和病变部位，计算机在图像上的表现也比皮肤科医生更好。② 研究者认为，皮肤科医生可能会从人工智能系统的帮助中受益，③ 但不难想象，当人类医生发现计算机在他们的核心专业任务中表现得更好时，会有多么惊愕。

同样，律师也可能担心被人工智能系统取代。传统上由律师执行的许多任务都涉及处理大量信息，而计算机非常擅长执行处理信息的指令。④ 探索实践，特别是对特殊文件、工作成果和"热门文档"（hot docs）的审查，已经被预测编码系统彻底改变了。⑤ 人工智能系统在事务尽职调查流程（这是初级律师的另一个克星）方面拥有类似的优势。如今律师事务所使用的许多技术都被用于自动化"搜索和查找类型的任务"。⑥ 然而，除此之外，自动生成遗嘱和住宅房地产结案文件等常规法律文书已经成为可能。由机器学习和深度学习技术支持的合同起草软件，可以让当事人在没有律师协助的情况下，根据输入的几个关键条款和条件，创建更复杂的合同。⑦ 其他烦琐的工作（如银行对商业贷款协议的定期审查）可以实现自动化，为客户节省大量成本，但律师也会相应地失去工作。例如，摩根大通（JP Morgan Chase）使用了一个基于人工智能的程序，可以在几秒钟内完成对贷款协议的定期审查——这项任务以前需要律师和信贷员每年工作

---

① See H. A. Haenssle et al. , "Man Against Machine: Diagnostic Performance of a Deep Learning Convolutional Neural Network for Dermoscopic Melanoma Recognition in Comparison to 58 Derma-tologists," 29 *ANNALS OF ONCOLOGY* 1836 (2018).

② Id. at 1839.

③ Id. at 1841.

④ See John O. McGinnis & Russell G. Pearce, "The Great Disruption: How Machine Intelligence Will Transfer the Role of Lawyers in the Delivery of Legal Services," 82 *FORDHAM L. REV.* 3041 (2014); Dana Remus & Frank Levy, "Can Robots Be Lawyers? Computers, Lawyers, and the Practice of Law," 30 *GEO. J. LEGAL ETHICS* 501, 508 (2017).

⑤ Dana A. Remus, "The Uncertain Promise of Predictive Coding," 99 *IOWA L. REV.* 1691, 1701 – 05 (2014). The California State Bar ethics committee has stated that the attorney's baseline duty of competence in litigation representation requires familiarity with e-discovery and may, on a case-by-case basis, require higher levels of technical knowledge and ability. See Cal. State Bar Standing Comm. on Prof'l Responsibility & Conduct, Formal Op. 2015 – 193 (2015).

⑥ Steve Lohr, "A. I. Is Doing Legal Work. But It Won't Replace Lawyers, *Yet*," *N. Y. TIMES* (Mar. 19, 2017), https://www. nytimes. com/20 17/03/19/technology/lawyers-artificial-intel-ligence. html.

⑦ See, e. g. , Beverly Rich, "How AI Is Changing Contracts," *HARV. BUS. REV.* (Feb. 12, 2018), https://hbr. org/2018/02/how-ai-is-changing-contracts.

36 万个小时。① 采用预测分析的决策支持系统（比如 LexMachina 和 Rav-el），可以通过搜索司法判决中的微妙模式和预测诉讼过程中不同阶段提议的成功概率，帮助诉讼律师及其客户做出更好的战略决策。② 已赋能的人工智能系统在改善低收入和中等收入客户利用（access to）法律制度方面也具有巨大潜力。一款名为 DoNotPay 的应用程序，允许司机在没有人工干预的情况下对违规停车罚单提出异议，被吹捧为自助法律服务转型的先驱。③ 其开发者正在试验使用该平台来支持紧急住房援助申请，甚至是美国或加拿大的难民庇护申请。④

　　重要的是，不要夸大人工智能对法律实践的潜在破坏性影响。不同类型的法律工作对自动化替代的敏感性各不相同。⑤ 至少在可预见的未来，计算机几乎不可能取代律师从事以下任务：（1）事实调查，包括对相关调查途径作出判断，确定相关文件可能位于何处，以及会见证人；⑥（2）协商解决案件的条件或交易中的条款等问题；⑦（3）需要情商的客户咨询类工作，例如在婚姻纠纷中同情地倾听客户诉说，以确定客户的目标，然后就法律上可用的选择提供建议；⑧（4）创造性和战略性的建议，或不仅需

---

① Hugh Son, "JPMorgan Software Does in Seconds What Took Lawyers 360,000 Hours," *BLOOM-BERG* (Feb. 27, 2017, 6:31 PM CST), https://www.bloomberg.com/news/articles/2017 - 02 - 28/jpmorgan-marshals-an-army-of-developers-to-automate-high-finance. 以色列一家名为 LawGeex 的初创公司正在向企业销售合同审查软件，其功能与摩根大通使用的程序类似。See Steve O'Hear, "Law Geex Raises ＄12M for Its Al-Powered Contract Review Technology," *TECHCRUNCH*, https://techcrunch.com/2018/04/17/lawgeex-raises - 12m-for-its-ai-powered-contract-review-technology/ (last visited May 14, 2019).

② See Jason Koebler, "Rise of the Robolawyers," *ATLANTIC* (Apr. 2017), https://www.the-atlantic.com/nagazine/archive/2017/04/rise-of-the-robolawyers/517794/; McGinnis Pearce, supra note 10, at 3052 - 53.

③ See Drew Simshaw, "Ethical Issues in Robo-Lawyering: The Need for Guidance on Developing and Using Artificial Intelligence in the Practice of Law," 70 *HASTINGS L. J.* 173, 174 - 75 (2018) (describing development and expansion of DoNotPay).

④ Id at 176.

⑤ See Frank Pasquale, Glyn Cashwell, "Four Futures of Legal Automation," 63 *UCLA L. REV. DISC.* 26 (2015).

⑥ Remus & Levy, supra note 10, at 527.

⑦ Id. at 527 - 29. 雷穆斯（Remus）和利维（Levy）讨论了一家名为莫德利亚（Modria）的公司，该公司提供处理相对较小纠纷的技术。它使用的软件可以识别"同意和不同意的领域，并提出解决争议的建议"。Id. at 528. 然而，在莫德利亚现行体制的能力与就更大、更复杂争端进行谈判所需的能力之间，存在巨大的差距。

⑧ See Austin Sarat & William l. F. Felstiner, *Divorce Lawyers and Their Clients: Power and Meaning in the Legal Process*, 1995, pp. 53 - 63 (描述客户目标、目的和期望的流动性，以及将客户对其利益的概念与"现实"或法律上可能的情况相匹配所需的咨询)。

要评估法律风险，还需要考虑到多方面、模棱两可、可能相互冲突的客户目标和利益的建议；（5）写出不像计算机制作的书面工作成果；① （6）代表当事人出庭，参加审判、听证会，或者就动议或上诉进行口头辩论；或（7）在新的或迅速变化的法律领域的任何工作。② 技术提高了律师处理大量信息的能力，以及辨别最初可能被归因于随机性的模式的能力，但仍需要有经验的律师与多种类型的客户进行互动，并代表他们进行判断。规避风险的客户可能会依赖自动化提供的相对常规的法律服务，但对于高风险的法律事务，他们仍然更喜欢聘请人类律师。③ 一位接受《纽约时报》（New York Times）采访的硅谷律师指出，对于每小时收费 1200 美元的高级合伙人来说，在合适的工作上不会受到人工智能的威胁，但他确实观察到了人工智能对更多初级律师工作的潜在影响。他说：“就目前而言，像我这样的工作是人们愿意为之付费的……客户不想买单的是日常工作。但……问题是，技术使越来越多的工作变得日常化。”④ 随着日常法律服务的商品化和自动化，那些主要从事简单遗嘱和住宅房地产成交等日常工作的律师，将面临相当大的竞争压力。

当然，有人可能会说，技术尚未发展到可以处理由每小时收费 1200 美元的合伙人处理的更复杂的挑战。然而，考虑到人工智能的发展历史和我们在过去十年中所看到的计算能力的提高，认为必要的技术不会很快出现是很愚蠢的。⑤ 本文试图从道德哲学的角度，对法律的本质进行反思，提出一种截然不同的主张。我的观点是，计算机永远不能完全取代律师，因为法律推理必然涉及人工智能不可能进行的规范性判断。其原因与当前或可预见的计算能力或人工智能技术的局限性无关。相反，它与法律的一个概念性真理有关，即它旨在强加义务或授予权利，给出理由，并改变其

---

① See Lohr, supra note 12（描述 Ross Intelligence 的一个程序，该程序以两页备忘录的形式回答法律问题，但注意到人类必须重写计算机生成的备忘录）。
② See McGinnis & Pearce, supra note 10, at 3042.
③ Pasquale & Cashwell, supra note 18, at 40（注意到“风险规避可能胜过技术扩散”）。
④ Lohr, supra note 12（quoting James Yoon, a partner at Wilson Sonsini Goodrich Rosati）. 约翰·麦金尼斯（John McGinnis）和拉斯皮尔斯（Russ Pearce）在 2014 年就预测到了这一结果，他们写道：“这个行业的超级明星将更容易被识别，并将使用技术来扩大他们的影响力。”McGinnis & Pearce, supra note 10, at 3042.
⑤ See McGinnis & Pearce, supra note 10, at 3043 - 44（讨论了摩尔定律的持续有效性，该定律预测计算能力将每 18 个月翻一番，并注意到通信带宽和存储容量的增长）。

主体应该做的事情。① 法律因其本质而具有权威性。② 拥有权威意味着改变一个主体的规范状况；它意味着拥有改变别人应该做的事情的力量。③ 法官宣布一项法律裁决，并不仅仅是说，如果当事人不遵守该裁决，他们将受到藐视法庭的处罚（尽管该裁决确实暗示了制裁的可能性）。④ 除此之外，法官的判决产生了一种义务，正如哈特（H. L. A. Hart）著名的论点所说，这种义务不同于强迫做某事。⑤ 义务意味着责任的存在，即一个人有正当理由去做某事。⑥ 为了使一个理由是正确的，并影响到该理由所针对的那些人的规范状况，它必须表示承认其接受者是一个理性的人，能够理解和承认理由的力量。⑦ 道德源于相互承认对方是自由平等的主体。⑧ 在模拟人类主体的道德决策过程中存在计算上的挑战。⑨ 然而，即使这些问题得到了解决，是否有可能产生一个可以算作良好道德主体的人工系统还远未可知。⑩ 没有道德主体，就不会有法律——这是我将在此捍卫的概念性主张。然而，在阐述这一论点之前，有必要简要回顾一下人工、计算机或机器伦理领域的最新技术，看看人工智能系统是否可以成为道德主体。⑪

① See Scott J. Shapiro, *Legality* 181 – 82 (2011); Joseph Raz, *The Authority of Law*, 1979, pp. 29 – 32 [hereinafter Raz, *Authority of Law*].

② See generally Joseph Raz, "Authority, Law, and Morality," *Ethics in the Public Domain*, 1994, p. 210 [hereinafter Raz, *Authority, Law, and Morality*].

③ Shapiro, supra note 27, at 182; Joseph Raz, *The Morality of Freedom*, 1986, pp. 26 – 30 [hereinafter Raz, *Morality of Freedom*].

④ See generally Frederick Schauer, *The Force of Law*, 2015 (认为哈特和其他权威法律哲学家淡化了强制在法律本质概念性描述中的中心地位)。

⑤ H. L. A. Hart, *The Concept of Law*, 2d ed. , 1994, pp. 19, 82 – 88.

⑥ Stephen Darwall, *The Second-Person Standpoint*: *Morality*, *Respect*, *and Accountability*, 2006, pp. 15 – 16.

⑦ Jeremy Waldron, "The Concept and the Rule of Law," 43 *GA. L. REV.* 1, 26 – 27 (2008) (认为法律权威必然会呼吁"人们的实际理解能力、自我控制能力，以及自我监督和调节自己行为的能力，这与他们能够掌握和理解的规范有关")。

⑧ Darwall, supra note 32. See generally Christine M. Korsgaard, "The Reasons We Can Share: An Attack on the Distinction Between Agent-Relative and Agent-Neutral Values," *Creating the Kingdom of Ends*, 1996, p. 275; T. M. Scanlon, *What We Owe to Each Other*, 1998.

⑨ See Wendell Wallach, "Robot Minds and Human Ethics: The Need for a Comprehensive Model of Moral Decision Making," 12 *ETHICS & INFO. TECH.* 243, 244 – 45 (2010).

⑩ See Colin Allen et al. , "Prolegomena to Any Future Artificial Moral Agent," 12 *J. EXPERIMENTAL & THEORETICAL ARTIFICIAL INTELLIGENCE* 251 (2000) [hereinafter Allen et al. , *Prolegomena*]; James H. Moor, "The Nature, Importance, and Difficulty of Machine Ethics," *IEEE INTELLIGENT SYS.* , July/Aug. 2006, at 18, 21.

⑪ 按照哲学的标准用法，我把"伦理"和"道德"互换使用。See David Copp, "Introduction: Metaethics and Normative Ethics," *The Oxford Handbook of Ethical Theory*, David Copp, ed. , 2006, pp. 3, 4.

有许多与人工智能相关的伦理问题（在律师法或职业责任的意义上），这里没有讨论。其中包括技术辅助法律服务的渎职责任范围，[1] 人工智能生成法律文件或建议是否构成国家禁止擅自执业的法律行为，[2] 以及律师在监督非律师信息技术提供者时对能力、保密和监督的要求。[3] 律师应该清楚地了解适用的法律，以便管理他们在纪律和民事责任方面的风险。这里讨论的问题有所不同，因为它涉及是否有可能创建一个人工智能系统（如果你愿意的话，一个机器人律师），能够像人类律师那样处理法律问题。

在接下来的讨论中，我将假设，当前的人工智能技术水平，允许计算机系统以达到或超过人类律师的能力水平，来执行许多律师任务。审查数万页的保密信息文件，扫描数百份合同以了解相关条款，根据用户的输入生成法律文件，对司法管辖区的已判决案件进行评估以确定一项动议胜诉的可能性，这些都是人类律师传统上履行的职能，但计算机可能做得更好。本文的主张涉及我所说的律师核心职能——它在自由民主的背景下使法律职业在伦理上与众不同。律师的核心职能是促进客户能够作为政治共同体中自由平等的成员发挥作用。[4] 在自由民主国家，法律制度为个人和实体提供了相互之间权利和义务的工具箱，作为尊重政治共同体中其他成员固有尊严的一种手段。法律通过为影响他人利益的行为提供正当理由而发挥作用。在为客户提供建议和代表客户与他人打交道时，律师必须准备好提出可以评估合理性并被其他理性主体接受为理由的论点。关键在于实践权威的理念。在伦理上，这意味着向另一个人提出请求，要求他做某事或为自己拒绝做某事提供正当理由，以回应追究责任的要求。[5] 法律的实践权威来自法律制度的要求，即制定政治共同体成员必须遵守的规则，因

---

① See, e. g., Benjamin H. Barton, "Some Early Thoughts on Liability Standards for Online Providers of Legal Services," 44 HOFSTRAL REV. 541, 557 – 58 (2015).

② See, e. g., Janson v. LegalZoom. com, Inc., 802 F. Supp. 2d 1053, 1057 (W. D. Mo. 2011); Susan Saab Fortney, "Online Legal Document Providers and the Public Interest: Using a Certification Approach to Balance Access to Justice and Public Protection," 72 OKLA. L. REV. 91 (2019); Thomas E. Spahn, "Is Your Artificial Intelligence Guilty of the Unauthorized Practice of Law?," 24 RICH. J. L. & TECH., no. 4, 2018, at 1, 28 –47.

③ See, e. g., ABA Comm'n on Ethics & Prof'l Responsibility, Formal Op. 08 – 451 (2008) (讨论将工作外包给 IT 供应商时的保密义务); Model Rules of Prof'l Conduct r. 5. 3 (AM. BAR ASS'N 2018) (规定监督协助法律实践的非律师的职责).

④ See W. Bradley Wendel, "The Rule of Law and Legal-Process Reasons in Attorney Advising," 99 B. U. L. REV. 107, 109 (2018).

⑤ See Darwall, supra note 32, at 58 – 59.

为他们以整个共同体的名义，代表着对在某些方面应该做什么的判断。①律师的核心职能恰恰是法律权威与问责的道德需求之间的联系。

之所以关注律师的核心职能，是因为它澄清了有关人工智能和法律的规范性争论的利害关系。我们应该弄清楚，用计算机或机器人取代人类律师会失去什么——从价值的角度，而不是从就业或经济回报的角度。

二　机器伦理的现状

与人工智能更普遍的情况一样，与人类一起参与具有伦理意义的活动的专家系统，已经证明了其有能力模拟道德决策。例如，一个由生物伦理学家和计算机科学家组成的团队设计了一个名为 MedEthEx 的专家系统，帮助医生处理临床实践过程中出现的伦理问题。②该程序从涉及人类生物伦理学专家所做决定的具体案例中进行归纳。它使用归纳逻辑推断出一套一致的规则，这些规则是人类专家就特定案例做出判断的基础。这个体系是建立在这样一个假设之上的：道德决策来自一套原则或职责。一个有影响力的例子是大卫·罗斯（David Ross）所列出的初步责任（prima facie duties），包括忠诚、正义、感恩、仁慈、不作恶和自我完善。③在生命伦理学的背景下，相关原则可能是由波尚（Beauchamp）和柴尔德里斯（Childress）发展的（不作恶、仁慈、自治和正义），它们也被广泛认为是占主导地位的理论框架。④专家系统模型可以依据医生对病人拒绝接受救命治疗的决定进行推断，在相关情况下对病人自主权的尊重重于慈善义务。当系统经过足够数量的已决案件的"训练"时，它就发展出一种以高度可靠的方式跟踪人类判断的能力。因此，它为那些可能无法获得人类生物伦理学家建议的从业者提供了积累的经验。

这篇对 MedEthEx 系统的简短描述，显示了人工智能在伦理决策中的前景和局限性。首先，重要的是要看到，该系统是从一组训练案例开始

---

① See Raz, *Authority of Law*, supra note 27, at 51 – 52.

② See Wendell Wallach & Colin Allen, "Moral Machines: Teaching Robots Right from Wrong," 127 – 29 (2009) (describing MedEthEx).

③ See W. D. Ross, *The Right and the Good*, 1930, p. 21.

④ See generally Tom L. Beauchamp & James F. Childress, *Principles of Biomedical Ethics*, 7th ed., 2012. For the indebtedness of Beauchamp and Childress to Ross, see Tom L. Beauchamp, "Principlism and Its Alleged Competitors," 5 *KENNEDY INST. OF ETHICS J.* 181, 183 (1995).

的，这些案例被标记为人类的判断，表明哪个决定在道德上是正确的。①
这种归纳法是使用抽象规则来选择符合伦理的结果的替代方法，是自上而
下的推理。② 这些一般规则的候选者包括"十诫"、康德的绝对命令或者
功利主义的计算；当然，许多人在思考机器伦理时首先想到的问题是，人
工智能系统是否应该以特定的宗教或哲学道德概念为导向。③ 除了在最普
遍的层面上明确道德的内容这一明显问题外，自上而下的方法还遇到了许
多重大困难。在特定情况下的决定可能涉及一个列表上两个或多个规则之
间的冲突。如果没有解决冲突的高阶规则或原则，这些冲突是"难以计算
的"。④ 也可能存在允许违反规则的情况，但同样需要一些额外的原则来
确定何时允许例外。⑤ 即使规则之间没有冲突，决策程序或制度也必须面
对适用问题。例如，要适用"不伤害"原则，必须能够明确什么是伤害。
伤害可以被定义为一个人利益的阻碍，但这只会将问题推到另一个层面：
什么利益是别人在伦理上有义务避免干涉的？不是所有的欲望都能上升到
利益的水平，并非每一件不愉快的事情都是一种伤害，并不是对个人利益
的每一次损害都是不合理的。⑥ 在确定适用看似简单的伤害原则时，必须
进行大量的道德辨别。同样，功利主义计算也会遇到类似的困难。它引导
主体更大程度地实现（或最大化，或满足）善，但善必须被定义为快乐，
更高或更低的快乐（边沁关于图钉和诗一样好的名言），偏好的满意度
（无论是实际偏好还是充分了解或深思熟虑的偏好），或者客观的、独立于

---

① See Vincent Conitzer et al. , "Moral Decision Making Frameworks for Artificial Intelligence,"
Proceedings of the Thirty-First AAAI Conference on Artificial Intelligence 4831 （Satinder
P. Singh & Shaul arkovitch, eds. , 2017）, https：//aaai. org/ocs/index. php/AAAI/AAA1l7/
paper/view/14651/13991.

② See Colin Allen et al. , "Artificial Morality：Top-Down, Bottom-Up, and Hybrid Approaches,"
7 *ETHICS & INFO. TECH.* 149, 150 （2005）［hereinafter Allen et al. , *Artificial Morality*］.

③ See Wendell Wallach et al. , "Machine Morality：Bottom-Up and Top-Down Approaches for
Modeling Human Moral Faculties," 22 *Al & Soc'Y* 565, 567 （2008）. （"这些系统的决定和
行动是否应该符合宗教或哲学启发的价值体系，如基督教、佛教、功利主义或其他社会
规范来源？人们希望实施的道德类型将表明计算机科学家实施这种道德的系统的基本结
构存在根本差异。"）

④ Allen et al. , *Artificial Morality*, supra note 48, at 150. 面对初步责任冲突的问题，罗斯引
用亚里士多德的话说，"决定取决于感知"，并指出主体的行动应该"在我们能够对行为
的各个方面进行最充分反思之前，并以充分的反思为依据"。Ross, supra note 45, at 42.

⑤ Allen et al. , *Prolegomena*, supra note 36, at 254.

⑥ See generally Joel Feinberg, *Harm to Others：The Moral Limits of the Criminal Law*, 1984,
pp. 31 - 51 （考虑伤害、错误和利益之间的关系）。

偶然心理欲望的东西。人们必须进一步考虑它是否对人类或所有有知觉的

偶然心理欲望的东西。人们必须进一步考虑它是否对人类或所有有知觉的生物有益，是否某些事物除了对人类生活有贡献之外是好的，以及是否允许限制仅促进主体有权影响的生物福祉的义务。①

更微妙的伦理原则掩盖了更困难的挑战。假设人工智能系统被设定为将违反绝对命令视为道德错误。在一种说法（普遍法则公式）中，道德上正确的行为是指那些符合一种准则（或原则）的行为，即人们可以希望它应该是一个普遍法则。② 到目前为止，一个标准的观察是，行为可以被归入多种描述之下，③ 那么，接受普适性检验的准则是什么呢？一个答案（虽然不是唯一的答案）是，正确的行为描述是由行为主体的意图给出的，这与康德对"准则"（maxim）一词的用法是一致的。④ 但是，即使假设人们是自己动机的真诚或可靠的报告者，计算机又如何能够获得任何特定行为背后的动机呢？⑤ 此外，研究康德的学者所熟悉的一个问题是，确定一个准则何时不能毫无矛盾地推广。考虑这些行为如果得到执行是否会挫败其自身目的，这是逻辑矛盾的检验还是实际矛盾的检验？⑥ 康德关于不能被概括为普遍规律的准则的例子违背偿还债务的承诺；这个理论是说，如果每个人都这样做，放贷的做法就会失败，因为没有人会相信别人还款的承诺。⑦ 然而，回到先前的观察，行为不能一概而论，只能概括其背后的原则。如果任何一种特定行为能例证无数的原则，那么计算机应该用什么来检验其普遍性呢？⑧ 对于道德哲学家来说，这是一个非常棘手的难题，而且似乎会成为建立符合绝对命令的模型的障碍。

对于自上而下、理论驱动的机器伦理方法来说，理论和计算上的挑战似乎是无法克服的。至少，要明确系统的目标，需要仔细的反思，可能还

---

① See, e. g. , David O. Brink, "Some Forms and Limits of Consequentialism," *The Oxford Handbook of Ethical Theory*, supra note 37, at 381, 381 – 83; Wallach Allen, supra note 44, at 87 – 89.

② Immanuel Kant, *Grounding for the Metaphysics of Morals*, James W. Ellington, trans. , Hackett Publishing 2d ed. , 1981, 1785, ∗421.

③ See, e. g. , G. E. M. Anscombe, "Modern Moral Philosophy," 33 *PHILOSOPHY* 1 (1958).

④ See Onora O'Neill, *Acting on Principle: An Essay on Kantian Ethics* , 2d ed. , 2013, pp. 13 – 15.

⑤ Allen et al. , *Artificial Morality*, supra note 48, at 150.

⑥ See Christine Korsgaard, "Kant's Formula of Universal Law," *Creating the Kingdom of Endas*, supra note 34, at 77, 77 – 78.

⑦ Kant, supra note 54, at ∗422.

⑧ O'Neill, supra note 56, at 60 – 61.

需要伦理理论方面的培训。① 因此，自下而上的方法似乎很有前景。② 在人工伦理系统的背景下，自下而上的设计意味着设计者不是从一个明确的伦理理论开始，其绕过了刚刚提出的许多问题。然而，必须注明的是某种性能度量，以便工程师可以修改系统以接近或超过所需的基准。③ 然后，在由系统可能与之交互的其他实体填充的结构化环境中，系统可能变得松散。实验是在重复囚徒困境博弈或类似的环境中进行的，在这些环境中可以观察到人工系统的演化行为。④ 一些机器伦理学家提出了一种道德图灵测试（Moral Turing Test），在这个测试中，人类可以与人类或机器就伦理问题进行对话，可能是以书面形式，并且必须"在［准确度］高于偶然性的水平上"确定对话者的身份。⑤ 这是一种自下而上的方法，使用道德图灵测试进行评估，可能会"将规范性价值视为隐含在行为人的活动中，而不是根据一般理论明确表达（甚至是可表达的）"。⑥ 但这将是图灵测试的一个相当不严格的版本。正如测试的发起人正确地指出的那样，人们也可能期望对话者能够清楚地表达道德判断及其背后的理由。⑦ 一个合乎伦理的行为必须有充分的理由证明是正当的，在伦理话语中，人们可能会被要求明确说明自己行为的理由及其充分性，以保证行为在道德上是正当的。因此，道德图灵测试应该要求证明自己有能力解释一个决定或说明行动的理由，而不仅仅是行动本身。

　　道德图灵测试的一个困难是，它没有避免规范伦理学和元伦理学中有争议的问题。例如，密尔（Mill）认为动机与行为的道德性无关，并且"拯救溺水同伴的行为在道德上是正确的，不管他的动机是责任还是希望他的付出能得到回报"。⑧ 另一方面，康德认为，只有为了责任而采取的行为才具有道德价值。在他关于店主的例子中，康德认为，价格公平没有道德价值，因为店主这样做是出于自己的利益，即不获得不诚实

① See Allen et al. , *Artificial Morality*, supra note 48, at 150, 152.

② See Susan Leigh Anderson, "Asimov's 'Three Laws of Robotics' and Machine Metaethics," 22 *AI & SOC'Y* 477, 482（2008）（引用 W. D. 罗斯和职责冲突问题，但随后辩称"决策程序可以从特定情况下正确答案的直觉归纳中学习"）。

③ Wallach et al. , supra note 49, at 569.

④ Wallach & Allen, supra note 44, at 101 – 04.

⑤ Allen et al. , *Prolegomena*, supra note 36, at 254.

⑥ Wallach et al. , supra note 49, at 569.

⑦ Allen et al. , *Prolegomena*, supra note 36, at 254.

⑧ John Stuart Mill, *Utilitarianism*, Oskar Priest, ed. , Liberal Arts Press 1957, 1863, p. 24.

的名声。① 在规范伦理学中，一个坚定地相信非人类动物权利的人［例如彼得·辛格（Peter Singer）］会坚持认为，所有有知觉的生物的痛苦都应该被考虑在功利主义的计算中，而其他哲学家只会计算人类的快乐和痛苦。对此问题的一个回应是，作为道德图灵测试的一部分，关于伦理判断的正当性或这些判断内容的分歧，与伦理决策的能力是一致的。如果我们不期望人类决策者（即使是那些受过道德哲学训练的人）达成一致，那么从机器身上期望更多是不现实的。

在工程术语中，自下而上的问题解决方法考虑了离散子系统的迭代开发，这些子系统协同工作以完成指定的目标，例如通过道德图灵测试。正如三位主要的机器伦理学家所观察到的，计算机科学家正在研究能够模拟与道德决策相关的特定技能和能力的子系统。② 然而，设计一个完整的人工道德决策系统的任务是复杂的，因为我们对人类道德决策如何实际运作的理解仍在迅速发展。例如，挑选出某一情境中道德上突出的特征是一种复杂的能力，这种能力可能在很大程度上是无意识中发挥作用的，而且可能得到情商和理论推理的支持。③［当然，休谟（Hume）把同情和信任等情感作为其伦理理论的核心。④］乔纳森·海德（Jonathan Haidt）的研究表明，许多道德判断都始于直觉——相对快速、自动、情感的反应，只有经过事实的推理才能得到支持，这种推理被填满以适应在无意识因素的基础上已经达成的判断。⑤ 情感也为获取与道德决策相关的信息提供了重要渠道。⑥ 人类凭直觉感知他人情感状态的能力（无论是痛苦、恐惧、惊讶、羞辱、愤怒、厌恶还是其他情感），对我们以适当方式指导自己的行为至关重要。情商在评估他人意图时也很重要，如果道德评估需要考虑意图（就像康德的方法一样），那么一个完全胜任人工道德主体的系统，将

---

① Kant, supra note 54, at *397. 这种观点认为，道德价值与理性必然性有关，而店主的行为与其行为理由之间的关系取决于诚实与职业成功之间的重叠。See also Jens Tinunermann, "Acting from Duty: Inclination, Reason and Moral Worth," *Kant's Groundwork for the Metaphysics of Morals: A Critical Guide*, Jens Timmermann, ed., 2009, pp. 45, 47–48.

② Wallach et al., supra note 49, at 570.

③ See Wendell Wallach, "Implementing Moral Decision Making Faculties in Computers and Robots," 22 *AI& SOC'Y* 463, 469 (2008).

④ See Annette Baier, "Hume's Place in the History of Ethics," *The Oxford Handbook of the History of Ethics*, Roger Crisp, ed., 2013.

⑤ Jonathan Haidt, "The New Synthesis in Moral Psychology," 316 *SCIENCE* 998, 998 (2007); see also Jonathan Haidt, "The Emotional Dog and Its Rational Tail," 108 *PSYCHOL. REV.* 814 (2001).

⑥ Wallach & Allen, supra note 44, at 140–41.

需要根据意图解释行为的能力。① 情感计算领域正处于起步阶段，② 在人工智能系统拥有成为人工道德主体所需的能力之前，可能需要在这一学科上取得重大进展。自下而上的机器伦理方法很可能会涉及子系统，这些子系统能够处理道德决策的情感和认知需求。

三　法律与道德的关系及其与人工智能的关系

如果一个人相信人工智能有潜力接管律师的核心职能（即在法律范围内为客户提供咨询和代理），那么他对道德决策的现状可能有几种回应。第一，否认在解释和适用法律时需要道德决策。正如本文第三部分的第一节所讨论的，这是对法律实证主义的错误描述，更不用说反实证主义了。无论人们认同什么样的法律本质理论，道德决策都是不可避免的。第二，也是较弱的一种观点，主张人工智能系统可以预测人类的道德判断，即使它们还没有能力做出这些判断。这是一个更具挑战性的论点，将在第三部分的第二节中讨论。

（一）道德决策是法律的一部分吗？

法律实证主义者有一个关于法律和政策考量之间关系的命题：它们是可分离的。③ 一个规范可能是被称为"法律"的体系的一部分，却不满足公正、有效、明智或符合道德要求的需要。另一种说法坚持认为，只有社会事实才能支持某种规范是法律的结论。正如约翰·加德纳（John Gardner）所说，必须有可能承认法律是"基于它的来源，而不是它的价值"。④ 在哈特（H. L. A. Hart）所阐述的一种实证主义观点中，法律被定义为初级规则（primary rules）和次级规则（secondary rules）的结合。⑤ 初级规则是针对公民的，旨在允许、禁止或规范行为。⑥ 所以刑事禁令是初级规则的一个明显例子，但还有许多其他类型的规则，包括民事责任规则，有关工作场所歧视和食品安全等事项的法规和行政条例，以及为私人

---

① Id at 141.

② Id at 152 – 53.

③ See, e. g., Jules Coleman, "Negative and Positive Positivism," *Markets*, *Morals and the Law*, 1988, pp. 3, 5.

④ John Gardner, "Legal Positivism: 5 1/2 Myths," 46 *AM. J. JURIS.* 199, 199 (2001).

⑤ Hart, supra note 31, at 94.

⑥ See id.

订购提供工具的法律规范（比如规制合同、遗嘱和信托的规则，以及公司的组建和管理规则）。次级规则是二阶的"关于规则的规则"，建立了创建或改变法律的规则管理模式，裁决在初级规则下产生的争端，最重要的是，确定哪些规范是法律的一部分，哪些规范只属于其他领域，如道德、习俗、礼仪或一些非法律机构（比如俱乐部或大学的系）的规则。哈特把后一种次级规则称为"承认规则"，这是其理论中的关键。① 承认规则规定了另一规则的某些特征或属性，通过这些特征或属性，它被证明具有法律权威。② （德沃金称这些特征为规则的"谱系"。③）例如，在美国，如果一个文本由国会两院通过并由总统签署，它所陈述的主张就成为法律的来源。

法律实证主义似乎避免了上述讨论的问题，这些问题涉及人工智能作出（或模拟）道德判断的能力。如果法律效力是法官、立法者和其他法律官员行为的一种属性，那么来自道德领域的任何东西都不需要纳入法律决策。然而，这个简洁的故事由于一些考量而变得复杂起来。首先，没有理由相信实证主义一定是排他性的——也就是说，它不能也不会将道德考量纳入法律决策。其次，即使是排他性实证主义也需要律师和法官做出对人工智能系统来说可能难以做出或模拟的判断，原因与道德判断对计算机来说具有挑战性的许多原因相同。

包容性实证主义者主张，只要相关的社会实践赋予道德标准这个角色，道德标准就可以在法律有效性的测试中发挥作用。④ 因此，只要有关官员（例如法官）在决定法律是什么时坚持参考道德标准的传统做法，道德评价便可在决定法律是什么时发挥作用。在道德分析中具有同源性的法律标准（比如侵权法中的合理注意或作为合同履行抗辩的显失公平），早已被纳入法律推理；它们具有社会谱系。⑤ 包容性实证主义分析的一个常见例子是，为了第八修正案，寻求确定处决儿童或智障人士是否真的残忍

---

① Id.

② Id at 94 – 95.

③ Ronald Dworkin, *Taking Rights Seriously*, 1977, p. 40 (from chapter 2, "The Model of Rules I").

④ For this phrasing of the definition of inclusive positivism, see Scott Hershovitz, "The End of Jurisprudence," 124 *YALE L. J.* 1160, 1166 (2015). See also Jules Coleman, "Authority and Reason," *The Autonomy of Law*, Robert George, ed. , 1996, pp. 287, 289 [hereinafter Coleman, *Authority and Reason*]［将"合并主义"（incorporationism）定义为一种承认规则，可以将社会的道德纳入其法律中］。

⑤ See Hart, supra note 31, at 271.

和不寻常的传统做法。最高法院的判决，比如参考不断发展的得体标准，以及考虑死刑的相称性和罪犯的罪责，都是包容性实证主义推理的例子。① 从法理学的角度来说，道德评价（比如说处决儿童是残忍和不寻常的）既是一个法律命题也是一个道德命题，其传统做法是将道德评价纳入法律判断。

相比之下，排他性实证主义者坚持认为，法律的有效性"不能取决于物质、道德或其他方面的问题"。② 如果法官裁定宪法第八修正案的案件，认定处决青少年是残忍和不寻常的行为，那该怎么办？在裁决有关第八修正案的问题时，排他性实证主义的法官也可能会考虑道德标准（例如体面和责任）。不同的是，排他性实证主义法官会坦率地承认自己正在进行道德推理，除非裁决所依据的原则已经"被官员们从内部接受和实施"。③ 例如，在侵权案件中，有一个传统规则允许法官参考具有合理性的道德化概念。排他性实证主义者可以毫不费力地得出结论：例如，对于外国交换生项目来说，如果没有更密切地监视高中生与寄宿家庭的关系，以确保没有不正当的性行为发生在寄宿家庭，则是不合理的。④ 包容性实证主义和排他性实证主义之间唯一的真正区别在于，包容性实证主义法官会认为，法律允许参考道德意义上的合理性；而排他性实证主义者会声称，他作为法官的角色有时允许他做道德上正确的事情，即使法律没有规定一种决议或其他决议。

反实证主义的不同流派当然涉及法律和道德之间更直接的联系。反实证主义者会主张，为了确定法律的内容，有必要"在指出社会事实的同时，指出一些规范性事实"。⑤ 古典自然法理论指导法官考虑，未来的法律是否实际上是"为了共同善的理性法令，是由关心社会的统治者制定的"。⑥ 德沃金独特的反实证主义立场向法官提出了一项艰巨的任务，即确定一项裁决应如何适应过去的政治行为，包括立法机关制定法规和先前的司法裁决，同时还解释了该裁决如何"反映或遵循公正、公平和程序正

---

① See, e. g., *Roper v. Sinmons*, 543 U. S. 551 （2005）; *Atkins v. Virginia*, 536 U. S. 304 （2002）.

② Coleman, *Authority and Reason*, supra note 84, at 290.

③ Shapiro, supra note 27, at 269.

④ See *Beul v. ASSE Int'l, Inc.*, 233 F. 3d 441 （7th Cir. 2000）.

⑤ Hershovitz, supra note 84, at 1166.

⑥ Thomas Aquinas, *Aquinas on Law, Morality, and Politics*, William P. Baumgarth et al., eds., Richard J. Regan trans., 2d ed., 2002, p. 10.

当原则，为社会的法律实践提供最佳的建设性解释"。① 在他现在有点过时的里格斯诉帕尔默（*Riggs v. Palmer*）案例中，遗嘱受益人因为谋杀了立遗嘱人而被剥夺了获得遗产的权利。② 在这个案件中，法院的判决基于"任何人都不应从自己的过错中获利"这一原则，这是一个足够合理的道德准则，但不能被归入哈特式的承认规则。③ 德沃金认为，"法律原则决定了有关法律问题的正确答案"。④ 必须明白，他认为在谋杀继承人案件中，里格斯在法律上有正确的答案。法官没有根据他们自己对道德的信念来裁决案件的自由裁量权，因为他们不仅要着眼于社会事实来确定正确的争端解决方案，而且还要看他们所在政治共同体的道德。由于法官在裁决案件时依赖于非法律标准，实证主义不能恰当地描述法律。⑤ 在适合维度以及更明显地在正当性维度中都需要评价性判断，而这些判断不能用哈特式传统的社会规则思想来解释。

169

即使人们认为排他性实证主义提供了法律概念的最佳理论解释［比如，由于拉兹（Raz）给出的理由⑥］，而且令人难以置信地坚持认为，法官不得参考法外的道德考量，人工智能系统依然必须应对法律决策中不可避免的判断。哈特认识到，实证主义容易受到表面看似合理的指控，即它需要一种形式主义或机械的裁决方法。他很好地区分了位于规则确定意义核心附近的案件和那些位于规则半影地带的案件。⑦ 更一般地说，规则不能提供自己的解释，这是逻辑和语言的问题。⑧ 法律规则的适用取决于"随许多复杂因素而定"的相关标准，其中包括：可归因于规则的目的；⑨ 法官或立法者在制定一项规则时，不可能预见未来适用该规则的所有情况；⑩ 任何

---

① Ronald Dworkin, *Law's Empire*, 1986, p. 225.

② *Riggs v. Palmer*, 22 N. E. 188, 188 – 89 (N. Y. 1889).

③ Scott J. Shapiro, "On Hart's Way Out," *Readings in the Philosophy of Law*, Jules Coleman, ed., 2013, pp. 125, 152.

④ Shapiro, supra note 27, at 263.

⑤ 德沃金认为，实证主义必然是社会事实实证主义，它致力于一种严格的形而上学，其中，所有的法律必然只由社会事实决定。See id. at 266. 不致力于社会事实模型的各种实证主义可能避免这种批评。See, e. g., Benjamin C. Zipursky, "The Model of Social Facts," *Hart's Postscript*：*Essays on the Postscript to the Concept of Law*, Jules Coleman, ed., 2001, p. 219.

⑥ Raz, *Authority, Law, and Morality*, supra note 28, at 210.

⑦ Hart, supra note 31, at 126.

⑧ Id（"特定的事实情况并没有等待我们，我们已经彼此划清界限，并被标记为一般规则的实例……"）。

⑨ Id at 127.

⑩ Id at 133.

规则都可以被广义或狭义地解读，这取决于本身不确定的标准（诸如事实对先前决定的重要性等）。① 法官和律师在适用规则时都有自由裁量权，而形式主义法学理论的弊端就是企图否定或掩饰自由裁量权行使的必要性。② 这些观察都不依赖于道德判断与法律内容的相关性。但是法律的解释和适用，除了规则的固定意义的核心外，都要求进行判断。

德沃金在《法律帝国》（*Law's Empire*）中的一个例子，说明了判断（尽管不一定是道德判断）在法律决策中的中心地位。他写到英国上议院的一项决定，该决定允许原告因过失造成精神痛苦而获得赔偿，而原告并未同时注意到一起对其家庭成员造成严重身体伤害的事故，但听到消息后立即赶到医院看望受伤的亲人。③ 美国律师从加州最高法院知道类似的案件，比如狄龙诉莱格案（*Dillon v. Legg*）④ 和斯英诉拉丘萨案（*Thing v. LaChusa*）⑤。在所有这些案例中，结果取决于一些考虑因素的解决，比如黑体字法学原理（black-letter legal doctrine），比如伤害的可预见性；指导法律原则解释的规范，如对清晰界限规则和事前确定性的偏好；以及"政策"争论，如担心情绪困扰很容易被伪装或夸大。德沃金坚持认为，法官只能通过对判例的解释来决定案件，这种解释产生了一套关于正义、公平和正当程序的连贯原则，这些原则包含在先例之中，⑥ 从道德角度来说，它们以最好的方式展示了社会的政治历史。⑦ 我们不必同意德沃金的观点，即决定取决于政治道德问题，从而承认不可能有任何高阶原则以连贯的方式综合考虑与决定有关的因素。⑧

---

① Id at 130，134.

② Id at 129. 有趣的是，鉴于上文所述的自由裁量权的必要性，夏皮罗（Shapiro）认为德沃金对哈特的批评，坚持认为法律问题有正确答案，这是一种"试图将形式主义的残余版本作为一种严肃的法理学解释加以挽救"的尝试。Shapiro，supra note 27，at 261. 德沃金认为，法官没有强烈意义上的自由裁量权，因为共同体的政治道德原则决定了有关法律问题的正确答案。Id at 263.

③ See Dworkin，supra note 83，at 23 – 29 ［discussing *McLoughlin v. O'Brian* ［1983］1 AC 410（Eng.）］.

④ 441 P. 2d 912（Cal. 1968）.

⑤ 771 P. 2d 814（Cal. 1989）.

⑥ Dworkin，supra note 83，at 243.

⑦ Id. at 248 – 49.

⑧ 德沃金对连环小说的类比是，连续的法官就像小说中连续章节的作者，这似乎使这种类型的判决对人工智能系统更容易处理。然而，正如斯坦利·菲什（Stanley Fish）所说，连环小说的前几章不能完全限制小说的最终走向；例如，后来的诠释者总是可以自由地把之前的内容定性为社会讽刺或礼仪喜剧。Stanley Fish，"Working on the Chain Gang：Interpretation in Law and Literature，" 60 *TEX. L. REV.* 551，554（1982）. 先例的存在，无论是在法律上还是在文学上，都不排除判断的作用。

一些决策者可能更倾向于对原告的精神损害给予全额赔偿，要么是因为判定该损害应得到赔偿，要么是因为允许追行精神损害赔偿将会进一步加强侵权法威慑作用的工具性理由。其他法官可能更重视限制法官和陪审团自由裁量权的法治考量，坚持一项明确、易于管理的规则（例如要求原告亲自出现在事故现场并与受害人有密切关系），而不是一个更开放的标准，比如严重的情绪困扰是否可以合理预见。

至少就目前的技术而言，人工智能系统无法很好地处理多种来源的法律权威（包括象征行政治理的解释性规则、指导和政策声明等材料）、具有说服力的权威（如法官附带意见和州外法律）、事实上不相似但会被决策者认可的案例之间的类比、法律上相似案例之间存在的广泛事实差异，以及不符合系统训练模式的异常情况。[1] 在像德沃金这样的例子中，人工智能系统很难复制人类的决策过程，而这是任何侵权法的一年级学生都应该能够轻松处理的事情。然而，这个例子的意义并不在于批判现有技术的现状，而是在于表明，由于法律中任何具体的道德内容，对于计算机来说疑难案件并不难办。作为一个法理学问题，它反驳了德沃金的例子，即上诉法官在裁决案件时会以完全相同的方式进行推理，而不管它先前对排他性实证主义、包容性实证主义或德沃金整全性法律理论的承诺。因此，这类案件所揭示的人与机器人律师、法官之间的任何差距，都不取决于法律与道德之间的关系。

（二）法律预测与法律权威

对这种争论模式的明显回应是，将疑难或边缘案件的解决与律师和法官做出的绝大多数法律决定区分开来。即使对哈特来说，传统的承认规则是核心，他也承认有时法律可能会失效；在这种情况下，法官被迫立法填补空白，创造新的法律。[2] 在类似上述的案件由州最高法院解决后，一些申请问题可能仍然存在，但最终由下级法院裁决的案件会落入相对可预测的模式。某些类型的原告将被认为与受害者有足够密切的关系，从而有权因精神上的痛苦而获得赔偿；并且我们将清楚地知道，怎样才能"足够接近"事故现场，从而使悲痛可以合理地预见。人工智能系统可以根据一个由已经裁决的下级法院案件组成的数据集进行培训，在法律有机会发展

---

① Pasquale & Cashwell, supra note 18, at 42 – 44.

② See Hart, supra note 31, at 145.

后，给出关于原告和受害者之间关系的事实，以及原告相对于事故现场的位置，它会在预测案件的结果方面做得相当不错。

但请注意这种反应中隐含的前提，当考虑到人工智能系统可能取代律师时，这种前提是普遍存在的。该前提是，法律判决将作为就拟议行动的合法性向客户提供法律建议的基础，只不过是对法院在提起诉讼时将如何解决问题的预测。这一前提在美国法理学中有着悠久的历史。在职业生涯的早期，卡尔·卢埃林（Karl Llewellyn）写道："……官员对于纠纷的所作所为，在我看来，就是法律本身。"① 众所周知，小奥利弗·温德尔·霍姆斯（Oliver Wendell Holmes, Jr.）曾对法科学生说，如果他们的客户问法律要求他们做什么，他们实际上是在问被发现和惩罚的可能性。② 如果法律真的只是一种预测，那么我们可能已经进入了一个这样的时代，技术能够在预测法律判决方面与人类律师表现相当或超过人类律师。法律决策支持系统已经能够在特定法官面前对特定类型动议的预期结果，提供快速、准确的分析。但这些预测不具有，也不可能具有法律的地位。它们是对法律可能是什么的建议，但就其本质而言，法律是人类向彼此提供理由的一种手段，以应对彼此平等和相互负责的情况。③ 法律是一种手段，用来给出人类道德主体彼此亏欠的各种理由，以回应他人对责任追究的要求。

我已经在其他地方对这一观点进行了更详细的辩护。④ 为了现在的目的简单总结一下，这个论点就是道德是一个"我们彼此欠对方什么"的问题。⑤ 我们彼此欠对方的是责任。我们有权向对方提出要求，以采取或避免影响我们利益的行动，或者给出拒绝这种要求的理由。在斯蒂芬·达沃尔（Stephen Darwall）的日常权威关系的例子中，一个人对另一个人说：

---

① Karl N. Llewellyn, *The Bramble Bush*: *The Classic Lectures on the Law and Law School*, 1930, p. 5.

② See O. W. Holmes, "The Path of the Law," 10 *HARV. L. REV.* 457, 459 – 62（1897）（提出所谓的"坏人"法律理论）. But see David Luban, "The Bad Man and the Good Lawyer: A Centennial Essay on Holmes's The Path of the Law," 72 *N. Y. U. L. REV.* 1547（1997）（认为霍姆斯的演讲经常被误解）.

③ Darwall, supra note 32, at 101.

④ See, e. g., Wendel, supra note 41; W. Bradley Wendel, "Fiduciary Theory and the Capacities of Clients: The Problem of the Faithless Principal," *PENN. ST. L. REV.*（forthcoming 2019）; W. Bradley Wendel, "The Limits of Positivist Legal Ethics: A Brief History, a Critique, and a Return to Foundations," 30 *CAN. J. L. & JURIS.* 443（2017）.

⑤ See generally Scanlon, supra note 34.

"嘿，你踩到我的脚趾了，很疼，快挪开你的脚！"① 这个看似简单的例子，实际上揭示了一些关于道德义务基础的深刻而重要的东西。由一个自由平等的人向另一个人发出的问责要求的基本主体间性，为可能给出回应的理由类型设定了条件。这些理由不是外部的——也就是说，它们与世界的结果或状态无关；相反，它们必须是相关的。② 为什么？因为要求问责的权力预设了理由的发布者和接受者有共同的观点。③ 正如克里斯汀·科斯加德（Christine Korsgaard）主张的那样，道德的权威来自我们的实际认同，而这种认同产生了理由和义务。④ 以实际认同这一描述来评价自己，包括认识到我们与他人分享的理由。正如科斯加德所说，别人的理由与我们自己的理由是同等的。⑤ 向另一个人提出追究责任的要求，迫使此人承认讲话者的人性价值，从而使其身份成为一种自发的价值来源。⑥

将法律与自由平等的人之间的权威和责任关系联系起来的进一步前提是，法律提供了在复杂、多元的社会中制定和遵守这些责任要求的一种手段。寻求合作和从事互利活动的人，不仅需要某种方式来协调行动，而且还需要承认他人被自由平等对待的权利，即他们的第二人称权威。法律的道德目标是纠正一个社会的问题，在这个社会中，人们要求他人承担责任，但由于不确定性和分歧，甚至仅仅因为现代社会的规模和复杂性，无法在道德哲学家所想象的那种理想化的面对面的交锋中给出充分的理由。⑦ 法律的权威，也就是说它提供理由以满足问责的道德要求的能力，取决于它服务于人类遵守道德要求的需要。⑧

人工智能系统可以协助律师履行其对客户和非客户的义务。在许多情况下，律师清楚地了解不同法官如何根据各种理由决定动议，无疑是有用的。然而，律师社会角色的核心是支持法律的道德目标之功能，即提供满足存在于自由平等的人所组成社会中的问责要求的理由。我所说的律师核

173

---

① Darwall, supra note 32, at 5 – 7.

② Id at 246 – 47. 这一观察与拉斯·皮尔斯（Russ Pearce）和伊莱瓦尔德（Eli Wald）提出的律师—客户关系的概念有关，并有助于支持他们的论点。See Eli Wald & Russell G. Pearce, "Being Good Lawyers: A Relational Approach to Law Practice," 29 *GEO. J. LEGAL ETHICS* 601, 616 – 18 (2016).

③ See Darwall, supra note 32, at 249.

④ Christine M. Korsgaard et al., *The Sources of Normativity*, Onora O'Neill, ed., 1996, p. 101.

⑤ Id at 140.

⑥ Id at 143.

⑦ Shapiro, supra note 27, at 170 – 72 （捍卫道德目标命题）。

⑧ See Raz, *Morality of Freedom*, supra note 29, at 56 – 59 （捍卫权威的服务理念）。

心功能涉及律师（1）告知客户法律允许他们采取某些行动（合规角色）；（2）起草合同、契约、遗嘱、信托文书或其他具有改变客户及其互动者合法权利效力的文件（私人排序角色）；（3）就如何在法律限制范围内最好地实现其目标向客户提供咨询（规划角色）；（4）明确或含蓄地向法院证明他们在诉讼中主张的立场具有足够的事实和法律支持（法院官员的角色）。对未来司法判决的预测和判例摘要可能有助于律师执行这些任务。但律师对诉讼程序的独特贡献在于，判断客户是否有充分的法律理由采取行动。律师在与客户和其他人的交往中表明了法律的权威，他们给出的理由是受众可以从自由平等的人的立场上承认的。① 这里有一个在法律伦理理论中有时未被承认的关键点：法律的实践权威取决于公职人员和准公职人员（即法官和律师）的实施，他们受职业角色道德要求的制约，这些职业角色道德要求使他们的行动符合法律的道德目标。法律不是自我实施或自我解释的，它取决于其效力，因此它的权威取决于人类主体的适当行为。②

这一观察结果反映了对许多读者可能提出的反对意见的回应。这里所阐述的法律的功能性解释，依赖于两个人之间的相遇，他们在公共广场上真实地或隐喻地相遇，并建立起一种权威和责任的关系。一个政治共同体可以被看作是达沃尔关于人们互相踩脚趾头的例子的大规模放大版。这些人需要一些方法来提出权威性要求，并以正确的理由作出回应。然而，法律是彼此相遇并需要处理分歧的人们唯一可用的手段，这一点并不明显。我认为法律是一种技术，或者说是提出和回应问责要求的一种手段。但还有其他技术是可用的。如果两个人决定通过掷硬币、查看鸡内脏或使用魔法8号球来解决争端，又有什么区别呢？③ 而且，如果他们能使用魔法8号球，那么使用某种基于人工智能的在线争议解决系统会有什么问题呢？如果该系统只是两个人可能用来解决争端的任何其他系统的更复杂版本，

---

① See Waldron, supra note 33, at 26-27（法律上充分的理由是指"人们实际理解、自我控制、自我监控和调节自身行为的能力，与他们能够掌握和理解的规范有关"）。

② See Raz, *Authority of Law*, supra note 27, at 9（注意到权力必须是有效的，并在权利要求下与暴力相区别）。

③ 对于非特定年龄的读者来说，魔法8号球是一种声称能算命的玩具。用户摇动一个装满液体的塑料球，透过窗户看到里面漂浮着一个二十面塑料。"陨石"印在这幅二十面作品的每一面上。因此，你向魔法8号球提出一个问题，它会给出诸如"这是肯定的"、"前景良好"或"我的消息来源说不是"之类的指导。See Magic 8-Ball, WIKIPEDIA (Feb. 18, 2019, 20：17 UTC), https://web.archive.org/web/20 190315 163848/https://en. wikipedia. org/wiki/Magic_8-Ball.

那么该系统就不需要拥有人类法律的所有特性和优点。

对这一反对意见的回应是，大多数法律并不像双方同意使用掷硬币、魔法 8 号球或在线争议解决系统解决争议的情况那样运作。同意和权威之间的关系有点微妙，而混乱可能受约瑟夫·拉兹（Joseph Raz）所捍卫的权威概念的影响。他举了一个"两个人将争议提交给仲裁者"的例子。[①]仲裁者解决了争议并给出了支持该裁决的理由。重要的是，仲裁者的裁决应该基于在任何情况下都适用于争议各方的理由。这并不是说当事人可以对仲裁者的裁决提出异议，认为该裁决没有正确反映先前存在的理由的平衡。[②] 事实上，寻求权威裁决的全部意义在于，仲裁者的裁决提供了一个新的理由，取代或优先于争议当事人提出的理由。仲裁者的权威裁决取决于当事人先前存在的理由，但优先于这些从属理由。"裁决一旦作出，在仲裁者作出裁决之前可以赖以证明行动合理的理由，就不能被依赖。"[③]这种依赖和优先的双重关系是拉兹权威图景的核心。

正如我在之前的著作中所做的那样，我非常想依靠拉兹的法律权威。[④]这是反对机器人律师或机器人法官这些角色完全取代人类主体可能性的概念论证的关键。然而，重要的是，要承认拉兹的仲裁案例中存在潜在的误导性。仲裁者的权威需要双方当事人的承认。在美国，联邦仲裁法使仲裁从根本上成为一个合同问题；最高法院一直非常愿意执行合同中的仲裁条款，即使实际结果是排除某些类型的索赔诉讼。[⑤] 相比之下，很多法律都是在未经双方同意的情况下运行的。实践权威，顾名思义，意味着改变其对象的规范状态。很容易理解，仲裁者的权威是由理性主体自愿选择同意遵守中立方的决定赋予的。[⑥] 然而，法律的运行往往是非经同意的，甚至是强制性的。[⑦] 与约翰·洛克（John Locke）等思想家相关的社会契约传统，通过《独立宣言》在美国政治理想中广为人知，认为政治权威取决于

---

① Raz, *Morality of Freedom*, supra note 29, at 41 – 43.

② Id at 47.

③ Id at 42.

④ See W. Bradley Wendel, *Lawyers and Fidelity to Law*, 2010, pp. 108 – 12.

⑤ See, e. g., *Am. Express Co. v. Italian Colors Rest.*, 570 U. S. 228, 233 – 35（2013）（在商户卡发行人协议中，作为同意仲裁的一部分，支持放弃集体诉讼权利）。

⑥ See Beauchamp & Childress, supra note 46, at 122 – 23（解释知情同意作为个体自主授权的规范性力量）。

⑦ See generally Robert M. Cover, "Violence and the Word," 95 *YALE L. J.* 1601（1986）（提供法律固有暴力的经典描述）。

被统治者的同意。① 然而，正如休谟（Hume）和无数其他评论家所指出的，没有一个现代国家的政府，不是在"篡夺或征服"的情况下建立起来的。② 除了入籍的公民宣誓效忠于他们的第二故乡之外，大多数民族国家的居民从未明确表示同意接受该国法律的约束；他们只是在该国的领土管辖范围内出生。洛克的回应是试图从人们主动或被动参与社会的各种方式中推断出默许。③ 然而，在政治权威的争论史上，默许理论并没有表现得更好。人们普遍认为，对权威的默许并不构成同意，除非据称表示同意的人有现成的异议手段，这种手段可以用很小的成本来执行，得到潜在权威的尊重，并且不会成为报复持异议者的机会。④ 人们之所以遵守法律，可能是出于习惯，也可能是出于一种崇敬之情，而这种崇敬之情是通过强制性的遵从仪式得到灌输的，比如儿时在学校背诵效忠宣誓。有些人可能会被"美国——要么爱它，要么离开它"的口号所吸引，但由于缺乏使他们能够从其祖籍国移民出去的经济资源、语言能力或工作技能，大多数美国公民并没有有意义的退出选择（更不用说离开自己的家庭和社区作为侨民生活的负担）。

拉兹本人对法律权威持怀疑态度。⑤ 上面简要总结的论点超出了拉兹自己所能接受的范围，但我认为，在一个政治共同体中，当个人由于复杂性、不确定性和多元性而无法解决冲突时，有必要采取计划、协调行为的手段，这对于法律的权威是一个很好的例子。⑥ 重要的一点是，就其本质而言，法律要求权威性。如果有人认为法律不能实现这一主张，那么人类律师与其他任何预测何时会使用强制手段强迫某人做某事的人没有什么区别了。然而，正如哈特在他对奥斯丁（Austin）的批判中所表明的那样，如果不接受法律创设义务，因而不接受理由作为一种实践权威，那么就不

---

① See John Locke, *Second Treatise of Civil Government*, ch. IV, § 22, J. W. Gough, ed., Basil Blackwell, 1948, 1690.
② David Hume, "Of the Original Contract," reprinted in *SOCIAL CONTRACT* 147, 151, Ernest Barker, ed., 1947.
③ Locke, supra note 135, at ch. VIII, § 119.
④ See A. John Simmons, *Moral Principles and Political Obligations*, 1979, pp. 80 – 81.
⑤ See Raz, *Authority of Law*, supra note 27, at 233（认为"即使在一个法律制度公正的良好社会，也没有遵守法律的义务"）。
⑥ See Shapiro, supra note 27, at 172（"考虑到现代生活的复杂性、争议性和任意性，对指导、协调和监控行为的计划的道德需求是巨大的。然而，出于同样的原因，人们通过即兴创作、自发排序或私人协议，或通过共识或个性化的等级形式自行解决社会问题，其成本和风险是极其高的"）。

会有法律义务。① 如果人们认为法律的功能是使个人能够根据问责要求向他人提供理由，那么律师的作用就变得很明确：他们为客户服务的方式是协助客户提供理由，这些理由适当地参照法律对其行为的公开授权。②

四　结论

至少在技术目前存在的情况下，没有人为的系统具有以给出法律理由为前提的地位。人工智能也许有一天能够模仿或模拟人类的道德推理，但它永远不能成为一个自由平等的人，与另一个自由平等的人建立第二人关系。没有责任和权力的关系，法律就不能创造义务和行动理由。法律规则和原则提供理由、创造义务和拥有权力的能力，都取决于自由平等的人所采取的相互尊重的共同立场。计算机系统或机器人律师或许可以模仿人类律师，但它缺乏作为律师所必需的权威。律师的核心职能，就其本质而言，只适合于人类主体。然而，律师在其核心职能之外做了许多事情，而且法律职业已经见证了人工智能系统取代人类律师在诸如证据开示的特权审查这样的任务中所带来的破坏。对于在这些非核心职能上面临被取代的律师来说，本文的主张不太可能带来安慰。但是，机器人律师的世界也还没有出现——不是因为现有或可预见的技术的限制，而是因为法律对权力和责任关系的依赖。

也许有一天，技术会发展到这种程度：人工智能具有反思性自我意识，将自己视为理性人，理解其他理性人也具有同样的价值，并且共享一个实用的评价观点，该观点可以作为其他理性人为影响其利益的行为辩护的理由基础。这里所捍卫的立场的理论基础基本上是康德主义的。对康德来说，重要的是纯粹的理性能动性，而这可能是计算机最终实现的东西。如果这种情况发生——如果人工智能系统成为自发的价值来源和尊严的承载者——那么就不会再有人反对它们担任律师或法官。

177

---

① See Hart, supra note 31, at 88 - 91（从内部的角度讨论规则是如何创造义务的，而从外部的角度来看，规则似乎只提供了惩罚的可能性）; see also Gerald J. Postema, *Legal Philosophy in the Twentieth Century*: *The Common Law World*, 2011, pp. 291 - 99（《法哲学与一般法理学》系列丛书的第 11 卷）（解释哈特内在观点的概念）; Scott J. Shapiro, "What Is the Internal Point of View?," 75 *FORDHAM L. REV.* 1157, 1157（2006）（"内在观点是接受规则的实际态度——这并不意味着接受规则的人接受他们的道德合法性，只是他们倾向于根据规则指导和评估行为"）。

② See generally Wendel, supra note 41.

人物访谈

法治政府建设研究

——马怀德教授访谈

马怀德[*]　夏纪森^{**}

马怀德教授简介：

马怀德，中国政法大学校长、教授、博士生导师。中国法学会副会长，中国法学会行政法学研究会会长，中国人权研究会副会长，最高人民法院特邀咨询员，最高人民检察院专家咨询委员，国务院学位委员会法学学科评议组召集人，教育部法学专业教育指导委员会副主任委员。曾受邀为中央政治局集体学习讲授"行政管理体制改革和经济法律制度"，为全国人大常委会讲授"我国的行政法律制度"。是国家"万人计划"哲学社会科学领军人才、中国十大杰出青年法学家、北京市有突出贡献的科学技术管理人才、2017 年 CCTV 年度法治人物，享受国务院颁发的特殊津贴。牵头研发了"中国法治政府评估指标体系"并对全国百城开展法治调研评估。作为首席专家或负责人主持国家社科基金项目，国家自然科学基金项目，教育部、司法部、北京市等省部级项目多项。直接参与国家赔偿法、行政处罚法、立法法、行政许可法、行政强制法、监察法等重大立法工作。发表学术论文 300 余篇，出版学术著作 50 余部。

被采访者：马怀德教授（以下简称"马"）
采访者：夏纪森（以下简称"夏"）

夏：马教授，您好！非常高兴您能接受我们的采访。在法学界尤其是行政法学界，您是法治中国研究的重要领路人，一直孜孜不倦地致力于以学术的方式践行法治中国的理想。1994 年，您撰写的《建议制定行政许可法》一文在《中国法学》登载，该文受到全国人大常委会法工委的重视，并促使您成为行政许可法立法小组成员，直接参与到《行政许可法》

＊　马怀德，中国政法大学教授，博士生导师。
＊＊　夏纪森，常州大学史良法学院教授、法学博士。

的起草工作中。可不可以说，"法治政府"是您多年的研究志趣呢？

马：法治政府建设作为全面依法治国的主体工程，是推进国家治理体系和治理能力现代化的重要支撑。进入新发展阶段，如何绘就法治政府建设新蓝图？法治政府建设有哪些新变化和新任务？未来将从哪些方面重点发力？这些问题都亟待探讨。

我长期关注"法治政府"和"行政法治"，与我求学时的志趣有关。早在上世纪80年代，我在北京大学法律系读本科时就对行政法学产生了浓厚兴趣，攻读行政法学研究生后，我对国家赔偿制度、行政许可制度、行政处罚制度以及行政强制制度等先后进行过专门的具体研究。但与其说"法治政府"是我的研究志趣所在，不如说"法治政府"从学术概念发展成政策要求，进而成为法治实践的核心内容，这一过程顺应了时代的要求，成为法治中国建设的必然选择。而作为学者，不断关注法治实践并推动理论发展，是时代赋予的机遇，也是个人的责任所在。本人能够以亲历者、研究者的身份参与其中，对行政法治等问题进行了一些思考，不能不说是个人从事学术研究的幸运。

夏：当今世界，的确正如马教授在多篇论文里反复强调的那样：法治是一种国家治理、社会管理、维护老百姓合法权益的方式；法治多一点，人治就少一点，什么东西能把权力关进笼子里，只有法治；在中国建设法治国家的过程中，最重要的一个经验就是强调法治的权威、尊严和统一。就本次采访的主题"法治政府建设研究"而言，能不能请马教授介绍一下，当代中国法治政府建设的一般历程呢？

马：在我国，建设法治政府是规范和约束行政权力、尊重和保障人权、维护社会公平正义、实现国家长治久安的重要举措，其发展始终顺应时代的呼唤和现实的需求，自改革开放以来一直持续进行并取得了丰硕成果。

首先，当代中国法治政府建设与依法行政是密切相关的。一方面，行政机关严格依法行政是建设"法治政府"的必然要求和基本条件，法治政府建设的核心就是要推进政府依法行政。另一方面，"法治政府"是行政机关依法行政的目标，是行政法治的制度追求。

从历史的角度观察，1978年召开的党的十一届三中全会，在引领我国开始走向改革开放和现代化建设的伟大征程的同时，开启了我国法制建设的新纪元，法治政府建设从无到有、由弱到强，不断推进。

对于"依法行政"概念的提出，最早可以追溯到上个世纪 90 年代。1997 年党的十五大报告提出了依法治国、建设社会主义法治国家的基本方略，并于 1999 年写入《宪法》。1999 年国务院随即便发布了《关于全面推进依法行政的决定》，督促政府系统推进、落实依法治国基本方略。

2004 年国务院发布《全面推进依法行政实施纲要》，首次提出用十年左右的时间基本建成法治政府，"法治政府"概念也正式被提出。2008 年和 2010 年国务院先后通过《关于加强市县政府依法行政的决定》和《关于加强法治政府建设的意见》，部署了全面推进依法行政、进一步加强法治政府建设的各项任务。随后，我国法治政府建设取得了显著成绩，积累了大量的实践成果和理论成果。特别是党的十八大以来，以习近平同志为核心的党中央站在全面推进依法治国、建设社会主义法治国家的战略全局，着眼于实现"两个一百年"奋斗目标、实现中华民族伟大复兴的中国梦，提出了为什么要建设法治政府、建设什么样的法治政府、怎样建设法治政府等一系列重大的理论、观点，形成了中国特色社会主义法治政府理论。

2012 年，党的十八大明确提出到 2020 年基本建成法治政府，规划了法治政府建设的时间表和路线图。习近平总书记强调："各级国家行政机关、审判机关、检察机关要坚持依法行政、公正司法，加快推进法治政府建设，不断提高司法公信力。""坚持依法治国、依法执政、依法行政共同推进，坚持法治国家、法治政府、法治社会一体建设。"2014 年，党的十八届四中全会提出了法治政府的基本要求，即"加快建设职能科学、权责法定、执法严明、公开公正、廉洁高效、守法诚信的法治政府"。2015 年底，中共中央、国务院发布《法治政府建设实施纲要（2015—2020 年）》，明确了法治政府建设的各项新要求。党的十九大强调"建设法治政府，推进依法行政，严格规范公正文明执法"。去年，中共中央、国务院印发了《法治政府建设实施纲要（2021—2025 年）》，将"加快形成职责明确、依法行政的政府治理体系"作为主线，从职权法定、行政决策、科技保障等八个方面突出体系建设，注重法治政府的全面推进和依法行政能力的整体提升。

四十多年来，我国整个社会始终处于深刻转型和快速发展之中，经济上实现了从计划经济向社会主义市场经济的转型，政治上实现了从权力政府、管制政府向服务型政府、法治政府的转型。法治政府建设的历程表明，依法行政的观念深入人心，法治政府理论逐步深化，政府依法行政的能力和水平不断提高，监督行政日趋完备。今年召开党的二十大，我们来到了新的历史节点，新发展阶段需要贯彻新发展理念、构建新发展格局，继续推进法治政府建设向纵深发展。

夏：我国作为一个有着悠久文明传统、文化传承和经济实力不断增强的国家，目前正全面推进依法治国，建设社会主义法治国家，那么当代中国的法治政府建设有哪些中国特色呢？

马：中国的法治政府建设在实质和内核上与西方国家有着本质的区别。在相对较短的时间内，我国法治政府建设已实现历史性跨越，依法行政的理念成为共识，行政法律体系初步形成，法律实施得到不断深化，政务公开实现全面推进，社会争议能够有效化解，从过去行政法几近空白发展到体系相对完整、结构较为合理的行政法治体系，形成了比较完备的依法行政理念、体系和机制，这与我们的法治政府建设所具有的鲜明的中国特色与制度优势密不可分，简单来讲，主要包括以下几个方面。

第一，党的领导是法治政府建设最重要的政治基础。坚持党的领导与法治的统一，既强调社会主义法治必须坚持党的领导，又强调党的领导必须依靠社会主义法治。第二，以人民为中心的发展思想是法治政府建设的价值追求。我国的法治政府建设始终把人民生活幸福作为"国之大者"，强调法治政府建设必须反映人民利益、体现人民意愿、维护人民权益、保障人民福祉。第三，突出对公权力的制约规范。既强调控制公权力，把公权力关进制度的笼子里，又能充分发挥公权力在国家治理和社会管理中的作用。第四，强调正确处理形式法治和实质法治的关系，既强调形式法治，做到有法可依、有法必依、执法必严、违法必究，也重视实质法治，追求良法善治，实质性化解纠纷矛盾。

夏：法治政府有共识性的特征，比如法治政府是权责法定的政府、透明廉洁的政府、诚信负责的政府、便民高效的服务型政府等，请您具体谈一下如何理解法治政府的这些特征。

马：法治政府建设在形式上具有一些基本要求，那就是职能科学、权责法定、执法严明、公开公正、智能高效、廉洁诚信、人民满意。也可以把法治政府概括为是权责法定的政府、透明廉洁的政府、诚信负责的政府、高效便民的政府等。

具体来说，权责法定的政府指的是在机构、职能、权限、责任、程序和行为方式等方面都受到法律明确规定和约束，这是法治政府的第一要求。"权自法出，职权法定，法不授权不可为，法定职责必须为"等都是法治政府的基本要求。如果说权责法定的法治政府解决的是政府能做什么和不能做什么的问题，那么，有为政府所关注的就是政府如何做好的问题。"法不授权不可为，法定职责必须为"就是对有为政府含义的高度概括。政府不仅不能越权和滥用权力侵害公民的权利和自由，而且还要积极履行法定职责以保护公民权利和增进公民的利益，不得失职渎职。

透明廉洁的政府或者说一般所称的"阳光政府"，提出的要求是通过有效监督，实现政府权力运行的公开透明，亦即"阳光是最好的防腐剂。权力只有公开运行，才能防止被滥用"。只有将公权力活动的各领域、各阶段公之于众，随时接受各方面监督，才能避免暗箱操作，防止权力滥用，这是法治政府建设的根本要求。行政机关是国家权力机关的执行机关，应依照宪法、法律的规定行使行政权，公民有权知道政府的立法、决策和讨论情况，有权了解行政机关及其工作人员执行法律法规的情况。在网络化、信息化背景下，政府信息公开的范围与程度成为衡量法治政府建设的重要指标。除法律规定不予公开的以外，政府信息应当一律公开。现代透明政府要求政府信息公开的便捷性、及时性和有效性，不得迟延公开信息，不得设置不合理的依申请公开条件，不得以非法理由拒绝公开信息。相对人合法权益因政府信息公开行为受到损害的，可以依法获得公正的法律救济。

法治政府的基本特征之一就是守法诚信。守法是政府履职的前提，如果连法律都不能遵从，那么政府就不可能是法治政府。守法意味着政府的行为必须获得法律的授权，政府必须在法定职权范围内行使权力、履行职责。任何缺乏足够证据、没有法律法规依据、超出法定权限、违反法定程序的行为都是违法行为，必须予以纠正。对违法行为造成的损失，政府要承担法律责任。政府要讲诚信，不能出尔反尔、反复无常。不能以政策调整、政府换届、领导变动为由，随意改变、收回已经生效的行政行为，否则就会损害相对人的利益，最终损害政府公信力。政府要做到守法诚信，做出的政策、实施的行为要有可预见性、长期性和稳定性，对相对人所产生的信赖利益予以合法保护。

高效便民、人民满意的服务型政府是指，法治政府不仅要求行政机关依法行使权力，也强调要依法提供公共服务和社会服务，实现秩序行政与给付行政的统一、管制行政与服务行政的结合。服务是政府的本质要求，效率是行政权的生命。给付行政和服务行政都强调效能和便民。行政机关从事行政活动时必须坚持高效便民，遵守法定时限，不断提高效率。如果一个政府不能有效地提供公共产品，不能高效便民地提供公共服务，那么就无法满足法治政府的基本要求。因此，服务型政府与法治政府建设既相辅相成，又相互促进。

总之，法治作为治国理政的基本方式，其在控制公共权力、保护公民权利、维护社会公平正义等方面的优越性，已经被普遍认同。可以说，法治政府是国家治理现代化的重要标准之一。上述法治政府的基本特征既是法治政府建设的本质要求，也是人们对于法治政府的内心期待。只有不断推进法治政府建设，才能推进国家治理体系和治理能力现代化，才能不断满足人民日益增长的美好生活需要。

夏：的确，正如马教授强调的，一个国家搞法治，不在于法律数量的多少，关键是人的意识的变化。要看这个国家的公民特别是公务员的法律意识有没有增强，对法的尊崇、敬畏有没有增加。更进一步讲，尽管法治政府是建设法治国家最重要的环节，但只有普遍提升人们的法治意识，法治政府才有可能一步步建立起来，法治国家的目标才有可能实现。从这个角度来看，当前影响和阻碍法治政府建设的主要因素有哪些呢？

马：从这个角度来看，由于历史和现实的多种原因，法治政府建设领域存在不少薄弱环节，概括起来大致有以下几方面。

第一，依法行政的制度体系不健全，法律规范不完备。一方面，立法不足的问题突出。行政法领域一些基础性、综合性和全局性的法律缺失，影响了行政法体系的完善。目前我们尚无统一的"行政程序法"和"国家机构组织编制法"，也缺少针对行政违法不作为的"行政问责法"，尚无高位阶的"政务公开法"。由于"行政程序法"的缺失，现有的《行政处罚法》《行政许可法》《行政强制法》在实践中往往被规避。另一方面，立法质量也需要进一步提高，有的法律法规全面反映客观规律和人民意愿不够，解决实际问题有效性不足，针对性、可操作性不强；立法效率需要进一步提高。还有就是立法工作中部门化倾向、争权诿责现象较为突出，有的立法实际上成了一种利益博弈，不是久拖不决，就是制定的法律法规不大管用，一些地方利用法规实行地方保护主义，对全国形成统一开放、竞争有序的市场秩序造成障碍，损害国家法治统一。

第二，执法不严，法律实施效果不良。法律的生命力在于实施，法律的权威也在于实施。"天下之事，不难于立法，而难于法之必行。"如果有了法律而不实施，束之高阁，或者实施不力，做表面文章，那制定再多法律也无济于事。全面推进依法治国的重点应该是保证法律严格实施，做到"法立，有犯而必施；令出，唯行而不返"。目前，许多法律难以有效执行，在食品药品监管、建筑规划和城市管理等领域还存在有法不依、执法不严、选择性执法和执法腐败问题。

第三，社会矛盾和社会问题大量增加使政府面临巨大压力。当前我国改革开放事业进入攻坚期与深水区，公民权利意识和法治意识觉醒，利益博弈复杂，社会矛盾急剧增多，加之互联网技术日新月异，新型媒体和传播工具快速发展，容易放大社会矛盾。数字经济、平台经济、分享经济、人工智能等新兴业态对传统的法律制度和监管体系已构成严峻的挑战。各类社会矛盾与新兴社会问题相互交织，原有的行政手段与创新的行政方式并存，传统行政法制度和法治政府建设面临新的挑战。

第四，公务人员依法行政意识和能力不强。尤其是领导干部这个"关键少数"，存在"不屑学法、心中无法，以言代法、以权压法，执法不严、粗暴执法，干预司法、徇私枉法，利欲熏心、贪赃枉法"等问题，严重阻碍了中国的法治进程。很多出了问题的领导干部，法律是学过的，法律知识也是有的，但都不上心，不过脑子，到了实际问题面前就忘得一干二净。这些人不仅害了自己，也贻害党和人民的事业。每个党政组织、每个领导干部必须服从和遵守宪法法律，不能把党的领导作为个人以言代法、以权压法、徇私枉法的挡箭牌。

夏：在当代中国，您认为推进行政法治、建设法治政府法治中国的关键应该主要体现在哪些方面呢？

马：党的十九大报告提出："中国特色社会主义进入新时代，我国社会主要矛盾已经转化为人民日益增长的美好生活需要和不平衡不充分的发展之间的矛盾。"随着全面建成小康社会目标的实现，人民的物质需要已经得到一定的满足，但是精神文化层面的需要愈显强烈，人民对于国家治理和社会管理的要求日益增强。可以说，法治政府是人民对美好生活最强烈的需要之一。因此，深化全面依法治国实践，建设法治政府，推进依法行政，严格规范公正文明执法显得尤为重要。同时还应认识到，人民对于法治政府的需要与法治政府建设不充分、不平衡的发展问题也十分突出。满足人民对美好生活的需要，既要深化法治政府实践，又要解决法治政府建设领域发展中的不充分、不平衡问题。深化法治政府建设实践，必须坚持问题导向，关注法治政府建设的薄弱环节，抓住法治政府建设领域的主要社会矛盾，回应法治政府建设新挑战，重点应当推进以下任务。

第一是健全依法行政的制度体系，全面履行政府职能。健全依法行政的制度体系，当务之急是加快推进行政组织、程序、责任法定化，实现行政决策法定化，确保政府依法全面履行职能。同时要加强重点领域的立法，比如国家安全、生态安全、涉外法治等国家治理急需的法律制度，以

及公共卫生、文化教育、科技创新、反垄断、防范风险等一些满足人民日益增长的美好生活需要必备的法律制度，需要予以进一步加强、健全和完善。

第二是深化行政执法体制改革，确保法律有效实施。行政执法体制就是行政执法机关各自的权限划分以及相互关系。目前，我国行政执法体制存在比较突出的问题，各地也不断探索行政执法体制改革，但是效果并不明显。主要原因就是很多问题属于行政体制的问题，难以在基层解决。必须进行顶层设计，修改法律制度，改革行政执法体制。需要减少行政执法层级，加强基层执法力量；整合执法主体，推进综合执法；理顺城市管理执法体制，提高执法和服务水平；坚持严格、规范、公正、文明执法；建立科学合理的法治政府评估体系和政府绩效评价体系，为法律实施注入动力。

第三是畅通解决行政争议的渠道。党的十八届四中全会提出："健全社会矛盾纠纷预防化解机制。完善调解、仲裁、行政裁决、行政复议、诉讼等有机衔接、相互协调的多元化纠纷解决机制。"行政争议涉及行政主体之间、行政主体与相对人之间的权利义务关系，这些争议的公正解决直接关系到社会稳定，行政争议解决的法治化与否决定了法治政府建设的成败。一要推进行政裁决、行政调解、行政仲裁等行政系统内行政争议解决机制的法治化。行政机关解决纠纷具有力量完备、专业技术强、快捷、廉价等优点。要充分发挥行政裁决、行政复议、行政调解的作用，引导人民群众通过法定途径反映诉求、解决纠纷、维护合法权益。特别是要发挥行政复议在解决行政争议中的主渠道作用，改革行政复议体制，完善行政复议程序，及时、有效地解决行政争议。二要保障行政诉讼制度的有效运行，贯彻司法最终原则。行政诉讼是法院以诉讼方式解决行政争议的法律制度，能够通过司法程序理性解决官民争议，化解和疏导相对人对政府违法行使权力的怨恨和不满，维护社会公平和正义。

第四是抓住法治教育的"关键少数"，提高公务人员依法行政能力。

全面依法治国必须抓住领导干部这个"关键少数"。领导干部要做尊法、学法、守法、用法的模范。其一要在育人上打基础，从青年起形成良好的思想政治素质、道德素质、法治素质；其二要在选人上下功夫，将法治纳入领导干部的政绩考核体系；其三要在管人上做文章，通过严格监督，提高违法行为的发现率和查处率；其四要在做细上花气力，在具体问题上检验法治意识，在细节上观察法治素养。

夏：习近平总书记指出："法治政府建设是重点任务和主体工程，要率先突破，用法治给行政权力定规矩、划界限，规范行政决策程序，加快转变政府职能。"推进"放管服"改革、转变政府职能，是全面深化改革、全面依法治国的重要内容，也是建设法治政府的关键环节。深入贯彻落实《法治政府建设实施纲要（2021—2025 年)》（以下简称《纲要》），加快建设人民满意的服务型政府、诚信政府、数字法治政府"三大政府"，对于新时期的这些建设纲要与任务，能否请您具体谈一下？

马：关于加快建设服务型政府，或言"人民满意的政府"，要求以人民满意为目标追求，将公共服务上升为政府主要职能，通过优化政府结构、规范政府行为、提高政府效能来不断满足人民群众的公共服务需求。一是要坚持优化政府组织结构与促进政府职能转变，理顺部门职责关系统筹结合，使机构设置更加科学、职能更加优化、权责更加协同。二是要加快推动政府职能转变。围绕使市场在资源配置中起决定性作用和更好发挥政府作用，理顺政府与市场、政府与社会的关系。分级分类推进行政审批制度改革，做到"减市场规制之政，放过度集中之权，管健康安全之事"。健全以"双随机、一公开"监管和"互联网＋监管"为基本手段、以重点监管为补充、以信用监管为基础的新型监管机制。三是要全面提升政务服务水平。完善首问负责、一次告知、一窗受理、自助办理等制度。加快推进政务服务"跨省通办"，大力推行"一件事一次办"。推进线上线下深度融合，增强全国一体化政务服务平台服务能力，优化整合提升各级政务大厅"一站式"功能，全面实现政务服务事项全城通办、就近能办、异地可办。

关于诚信政府建设，《纲要》提出要建立政务诚信监测治理机制、政务失信记录制度，将违约毁约、拖欠账款、拒不履行司法裁判等失信信息纳入全国信用信息共享平台，并向社会公开。政府诚信是带动社会诚信的核心机制。加快推进政务诚信建设是《纲要》中的一项重要内容，旨在重点治理债务融资、政府采购、招标投标、招商引资等领域的政府失信行为。过去信用记录主要是用于个人或者企业之间，如今如果政府出现了失信行为也要被记录在案并且追究责任，加大失信惩戒的力度。建设诚信政府要求政府及其公务人员尊重事实、实事求是、信守承诺。一是健全政府守信践诺机制，加强公务员诚信教育，准确记录并客观评价各级政府和公务员对职权范围内行政事项以及行政服务质量承诺、期限承诺和保障承诺的履行情况，健全守信激励与失信惩戒机制。二是构建广泛有效的政务诚信监督体系，建立健全政务诚信专项督导机制、横向政务诚信监督机制、社会监督和第三方机构评估机制。三是健全政务诚信监测治理机制，建立健全政务失信记录制度，将违约毁约、拖欠账款、拒不履行司法裁判等失信信息纳入全国信用信息共享平台并向社会公开。四是建立健全政府失信责任追究制度，加大失信惩戒力度，重点治理债务融资、政府采购、招标投标、招商引资等领域的政府失信行为。

关于数字法治政府建设，《纲要》多次提及数字科技，不仅强调在一些重点数字科技领域的立法工作，同时提倡全面建设数字法治政府。全面建设数字法治政府就是运用互联网、大数据、人工智能等技术手段促进依法行政，实现政府治理信息化与法治化深度融合，优化革新政府治理流程和方式，大力提升法治政府建设数字化水平。一是加快推进信息化平台建设。尽快建成从中央政府到地方的政务服务平台，实现网上政务全覆盖。加快推进政务服务向移动端延伸，分级分类推进新型智慧城市建设。尽快建设法规规章行政规范性文件统一公开查询平台。二是加快推进政务数据有序共享。为应对"数据孤岛"困境，应落实《纲要》提出的"加快推进信息化平台建设""加快推进政务数据有序共享"等举措要求，明确政务数据提供、使用、管理各方面的权利和责任，包括电子身份认证、电子印章、电子证照等统一认定使用等内容。建立健全政务数据共享协调机制，构建全国一体化政务大数据体系。推进政府和公共服务机构数据开放共享，优先推动民生保障、公共服务、市场监管等领域政府数据向社会有序开放。三是切实维护数据安全。严格落实《数据安全法》，保护个人、组织与数据有关的权益，建立健全国家数据安全管理制度，落实国家机关数据安全保护责任。四是深入推进"互联网＋"监管执法。加强国家"互联网＋监管"系统建设，加快建设全国行政执法综合管理监督信息系统，建立全国行政执法数据库。

夏：党的十八大以来，明确法治政府建设的目标是"职能科学、权责法定、执法严明、公开公正、廉洁高效、守法诚信"。党的十九大将法治政府建设纳入国家制度建设和治理体系治理能力现代化建设之中。明确政府治理体系建设的基本要求是"坚持和完善中国特色社会主义行政体制，构建职责明确、依法行政的政府治理体系"，强调"必须坚持一切行政机关为人民服务、对人民负责、受人民监督，创新行政方式，提高行政效能，建设人民满意的服务型政府"。《纲要》描绘了未来五年法治政府建设的蓝图，提出建设"职能科学、权责法定、执法严明、公开公正、智能高效、廉洁诚信、人民满意"的法治政府，可以说是法治政府建设的升级版，对于实现2035年法治国家、法治政府、法治社会一体建成的目标具有重要指导意义。马教授在多篇文章里强调，我们应当以习近平法治思想为引领，围绕当前法治政府建设的重点任务，深化改革，不断创新，推动法治政府建设实现新突破。习近平法治思想对于法治政府建设的指导作用，能否请您具体谈一谈？

马：习近平法治思想是全面依法治国的根本遵循和行动指南。法治政府作为依法治国的重点任务，是建设法治国家的主体工程，对法治社会建设起着引领示范作用。习近平法治思想对于新发展阶段法治政府建设而言，自然也是其根本遵循。

党的十八大以来，以习近平同志为核心的党中央站在全面推进依法治国、建设社会主义法治国家的战略全局，着眼于实现"两个一百年"奋斗目标、实现中华民族伟大复兴的中国梦，创造性地提出了为什么要建设法治政府、建设什么样的法治政府、怎样建设法治政府等一系列新理念新思想新战略，形成了习近平法治思想中的法治政府理论，对于深入推进依法行政、加快建设法治政府具有重要指导意义。具体来讲，包括以下几点。

第一，坚持党的领导是法治政府建设的根本保证。党的领导对于法治政府建设具有重要意义，因为行政决策、行政执法、行政争议解决等都并非行政系统内部的单一事务，而是涉及公共权力运行的方方面面，单靠政府推动无法解决法治政府建设的深层次问题。党的十八大之后，中央成立了中央全面依法治国委员会，加强党对全面依法治国的集中统一领导，统筹推进全面依法治国工作，强化党中央在科学立法、严格执法、公正司法、全民守法等方面的领导。在党的坚强领导下，我国的法治政府建设蹄疾步稳，行政决策程序制度建设、"放管服"改革和政府职能转变、行政执法体制改革等深层次复杂问题都取得了重大成果，依法行政深入推进，法治政府建设明显加快。

第二，坚持以人民为中心是法治政府建设的本质要求。其一，回应人民群众的诉求关切是推进法治政府建设的聚焦点和发力点；其二，保障人民群众的合法权益是建设法治政府的出发点和落脚点，法治政府建设的实质和精髓在于规范行政权力，维护和保障公民权利；其三，人民群众的评价是法治政府建设成效的基本标准。法治政府建设归根结底是为了人民，人民群众的评价是法治政府建设成效的基本标准，法治政府是否建成最终也由人民群众说了算，法治政府建设要着力增强人民群众的获得感、幸福感、安全感。

第三，坚持法治国家、法治政府和法治社会一体建设是法治政府建设的基本路径。全面依法治国是一个系统工程，要整体谋划，更要注重系统性、整体性、协同性。从法治建设发展规律看，依法治国、依法执政、依法行政都是紧密联系、相互支撑的，不同历史阶段可以有所侧重，但最终还是要"共同推进"；法治国家、法治政府、法治社会建设可以有各自的建设重点，但最终是要"一体建设"，只有这样，才符合法治建设的规律。

第四，依法全面履行政府职能是法治政府建设的关键环节。依法全面履行政府职能包括两个层面的内涵，不可偏废：一是"依法履行政府职能"，这意味着行政机关行使权力需要有法律授权，法无授权不可为，并严格按照法律规定的条件、程序、方式等履行政府职责；二是"全面履行政府职能"，这意味着行政机关必须忠实、全面地履行法律规定的各项职责，法定职责必须为，防止行政不作为、政府职能缺位，克服懒政和怠政。

第五，严格执法是法治政府建设的主要内容。党的十八届四中全会决定从科学立法、严格执法、公正司法、全民守法四个方面建构全面推进依法治国的基本框架，严格执法对应于行政机关和行政权力的要求。行政执法是行政机关最主要的职能，也是与人民群众联系最直接、最密切的职能。因此，严格执法是法治政府建设的主要内容。做不到严格执法，就不可能建成法治政府。

书

评

依违于普遍主义与情境主义之间的"公共法哲学"

——评孙国东教授的《公共法哲学：转型中国的法治与正义》

陈乔见[*]

摘　要： 孙国东教授的《公共法哲学》基于现代中国"元结构化的情境"，采取"政治哲学建构与社会—历史分析相结合"的研究径路，探寻转型中国的法治与正义，提出了"功能法治主义""关联性正义"等理论主张，是一部学术与思想兼具、理论与现实兼顾的颇有创造力的法哲学著作。孙教授一方面强调不能挪用西方普遍主义的叙事，另一方面又强调不能落入中国特殊论的叙述；然而，经由分析会发现，他的论述和主张不可避免地依违于普遍主义和情境主义之间。其中一些具体观点也可商榷，比如他把中国民间社会所具有的"反公平的正义观"归因于传统文化的影响，体现了近代以来学者用传统文化解释一切丑恶现象和观念的定式思维；其对"底线正义"两个原则的论述太过模仿罗尔斯所谓的"词典式优先"而显得有些僵硬。

关键词： 公共法哲学　法治　正义　普遍主义　情境主义

当下中国的哲学与社会科学的常见形态，做中国哲学思想的多强于"史"而弱于"思"，做西方哲学与社会科学的多流于"述"而缺乏"作"，两者都疏离于中国现实。与此同时，几乎是同一批人在互联网中却颇为热衷于现实热点话题的讨论，但此类讨论往往要么缺乏伯纳德·威廉斯所谓需要付出努力甚至某种代价来寻求真相的"准确"（accuracy）美德，要么缺乏其所谓说出真相的"诚实"（sincerity）美德，[①] 更遑论言论

---

[*]　陈乔见，中山大学哲学系教授，博士生导师。

① 参见〔英〕伯纳德·威廉斯《真理与真诚——谱系论》，徐向东译，上海译文出版社，2013，第14页。

主体多因某种意识形态立场偏见而形成了封闭的头脑。① 总之，哲学与社会科学学者通过自己的专业学术来真诚地、理性地致力于探讨中国社会现实中一些根本性问题的著作少之又少。与此不同，复旦大学社会科学高等研究院孙国东教授的大部头著作《公共法哲学：转型中国的法治与正义》（以下简称《公共法哲学》）一书无疑是一部颇具现实感、理论性和建设性的法哲学著作。笔者拜读之后，颇敬佩于他的家国忧思、理论建构和思想抱负，知识增益不少，思想颇受启迪，但与此同时也觉得有若干问题值得进一步讨论。笔者的评论将首先概述《公共法哲学》之大体，指出其中的紧张；然后对其中两个重要论点即"功能主义法治观"和"合乎正义的公平"做出评论，最后对"直觉"在理论中的地位略做讨论。

一　作为"转型法哲学"之"第一哲学"的"公共法哲学"

孙国东教授的《公共法哲学：转型中国的法治与正义》的研究进路是作者所强调的黄宗智—邓正来所倡导的基于中国语境或情境的"中国法律（社会科学）理想图景"。这一研究路径注定了此书所倡导和论证的"公共法哲学"是中国现代转型时期的法哲学，亦即作者所谓的"转型法哲学"。② 孙国东用"元结构化情境"（meta-structural-contexts）来总括整全性制约中国现代转型的一些根本性的结构化（固化）情境，大要有三端：（1）文明型国家的文化/历史遗产；（2）超大规模型国家的社会结构；（3）社会主义政党－国家的政治架构。这三大结构化了的情境共时性地存在于当下的现代转型中国，因此，如孙国东所言："上述'元结构化情境'的存在，其实决定着中国的现代转型只能走一条兼具现代性和'中国性'（Chineseness）的'另类现代性'（alternative modernity）'道路。"③

这促使其理论建构必须怀有高度的情境自觉。因此，情境主义成为孙国东建构"公共法哲学"的基本方法之一，他称之为"反思性的情境主义"，或更为具体地说，就是"政治哲学建构与社会—历史分析相结合"

---

① 笔者当然不会否定纯粹学术研究的无用之用，也不会否定网络讨论所承担的类似于哈贝马斯所谓公共领域的某些功能，但是学界大面积如此则无疑是我们时代思想匮乏的表现。

② 《迈向作为"转型法哲学"的"公共法哲学"》，孙国东：《公共法哲学：转型中国的法治与正义》，中国法制出版社，2018，代序。

③ 孙国东：《公共法哲学：转型中国的法治与正义》，中国法制出版社，2018，代序第9页。

的研究路径。孙国东运用此方法在此书中建构了"功能主义法治观""情境化的正义观""关联性正义"等，提出了诸多具有实质性、建设性的观点。显然，他的"公共法哲学"一方面反对"去情境化的普遍主义"（他认为在当下中国，代言人是自由主义学者），另一方面反对"中国特殊论"（他认为在当下中国，左派以及一些少壮派新儒家是其代言人）。孙国东自称"不师新左，不法老右，自主探索"，"不泥学究，不做公知，努力创新"，秉持稳健的、建设性的、中道的理性主义原则。①

笔者的感观，如果不考虑作者一再强调的情境主义措辞，似乎仍是倾向于普遍主义的论述。笔者在此并非质疑普遍主义的合理性，而是意在强调，讨论"现代转型"或"现代性"（具体而言就是现代性承诺的诸价值，如民主、法治、自由、正义、人权等），可否真的（"真的"意味着不仅仅是措辞和修饰上的）不接受西方启蒙运动以来所形成的普遍主义价值观，或者至少说不受其影响？换言之，作者提供的具体方案（如他反复论说的"公共参与"、"商谈"民主、"公共证成"、"同意"政治、"公意"政治等）似乎也不外西方民主、法治的建制。也就是说，"现代"之为"现代"的核心要素如法治、民主、同意政治等是再怎么强调情境主义都不可能排除掉的"现代性本质要素"。这里自然会引申出一个问题，那些存在于当下中国的"元结构化情境"是否有助于成就这些现代性的本质性要素？就此而言，作者似乎郑重其事地提出了这些属于"中国性"的结构性情境（亦可谓之"问题"），但回应或解决方案却轻轻放下，或者总是在综合西方各种现代性的成说。总而言之，毕竟无论是"兼具中国性的另类现代性"还是"反思性的现代性"或"多元现代性"，其核心概念都是"现代性"。如果孙氏"公共法哲学"坚持"现代性"具有某种或某些本质要素，无论情境如何，无论何种现代性，都离不开这些本质要素，那么，"公共法哲学"所提倡和论证的"反思性现代性"或兼具中国性的现代性，本质上还是回到了他所拒绝的普遍主义。如果孙氏"公共法哲学"不承认"现代性"之为"现代性"必有其本质要素，则会落入他所批评的"中国特殊论"。这一两难困境似乎贯穿全书，这是评论者的主标题"依违于普遍主义与情境主义之间的'公共法哲学'"的意涵所在。

如果说作者在问题意识上具有高度的自觉，关注的是中国的社会政治

---

① 孙国东：《公共法哲学：转型中国的法治与正义》，中国法制出版社，2018，跋第492、502页。

问题，那么，在其所依托的思想资源上则主要是现代西方的，其中最为重要的是霍布斯—卢梭—康德—哈贝马斯—罗尔斯的思想资源，主要是基于共识的同意政治。《公共法哲学》探讨的根本问题是"中国的现代转型"或"现代转型的中国"，但依据的主要思想资源却是启蒙运动以来的西方现代思想（这里确实有点说不出来的"吊诡"，由此亦可见，在"公共法哲学"中，"现代性"可能比"中国性"的分量更重）。具体言之，孙国东主要借鉴的概念分析工具有：哈贝马斯的"道德"（合道德性、正当、后习俗道德意识、个体意识、普遍主义证成）与"伦理"［合伦理性、善、政治认同、文化身份（认同）、"我们是谁"］之分、罗尔斯的作为方法的"反思性平衡"（政治理想与实践约束性条件之间的"反思性平衡"）以及更具实质性的主张"两个正义原则"的转型中国运用与调整（即孙国东建构的"情境化的正义观"之"底线正义"诸原则）。关于此，后文还会有所讨论。

作者宣称，作为"转型法哲学"的"公共法哲学"的历史使命是：建构基于规则之治（法治）的"永续国家"（包含四大要素：国家能力、法治、民主问责制政府、社会正义），跳出毛泽东所谓的"兴亡周期律"。具体而言是"立国"（建立主权独立、政治统一的现代民族国家）、"立宪"（形成遵循现代政治文明运行逻辑的民主立宪政体和民主问责制政府）、"立教"（形成现代中国的文化认同及相应的核心价值体系）、"立人"（培育具有公共精神和规则意识的公职人员，培育具有公民美德且积极参与社会合作的公民）、"立法"（建构功能完善、结构合理、运行良好的现代法律系统）五位一体的历史使命与发展议程。孙国东认为，"其中，'立法'是一个全局性的基础工作"，是转型法哲学的"第一哲学"。

不难看出，《公共法哲学》以问题意识（基于中国语境）为导向建构"转型法哲学"（中国法律理想图景），立意高远，学理深厚，论证清晰，富有启发，堪为当代"做有学问之思想"的难得佳作。

二 "功能主义法治观"献疑

下面就笔者有些困惑或不敢苟同的几点提出质疑或商榷，以就正于作者和读者诸君。

在题为"功能主义法治观——基于法治中国政治理想与实践约束性条件的探析"的第四章中，作者提出并建构了"功能主义法治观"，其界定如下："（它）是对法治之于中国现代转型（中国式永续国家建构）之政治功能的规范性的功能分析。"① 孙国东借助韦伯式"理想类型"（ideal-type）的观念，把他自己的"功能主义法治观"有意识地与"形式主义法治观"和"工具主义法治观"区别开来。但是，这三种法治观的分类依据多多少少有些令人困惑。他关于三种法治观的论述如下。

其一，从政治目标看（换言之，以政治目标作为分类原则）：

（1）保障永续国家堪称形式主义法治观的政治目标。

（2）工具主义法治观则秉持霍布斯"法律命令说"版本的法律实证主义，以维护政治统治为鹄的，使法律远离道德但臣服于政治，从而使法律成为政治统治的工具。

（3）功能主义法治观是服务于中国现代转型的法治观，是一种具有现代转型意识、政治担当和中国情境自觉性的法治观。故此，其政治目标是建构中国式的永续国家。②

其二，从基本理念看（换言之，以基本理念作为分类原则）：

（1）形式主义法治观预设法律的至上性（如戴雪）；

（2）工具主义法治观预设法律的工具性（如韩非子）；

（3）功能主义法治观以哈贝马斯意义上法律的"不可随意性支配"为根本出发点。

笔者的困惑是：首先，三种法治观的分类原则（依据）似乎不统一，一般而言，"形式"对应的是"实质"，"工具"对应的是"目的"，"功能"对应的是"实体"或其他。再者，形式主义或功能主义法治观并不必然意味着排除法律的工具性特征。其次，法律的"至上性"（形式主义法治观所预设的）与"不可随意支配性"（功能主义法治观所强调的）究竟有何本质区别？似乎只是用词的区别而无实质的区别。其实，根据作者的界定和论说，其功能主义法治观实际上包括了形式主义和工具主义法治观，"功能"一词明显带有"工具"的意涵，而作为工具的法律或法律的功能似乎都离不开某种形式主义的法治观。作者征引《皇明世法录》卷三《太祖宝训·守法》中"法令者，防民之具，辅治之术耳"的说法，以说明法家的工具主义的法治观，但这句话也同样适用于形容西方民主国家的法律（换言之，"工具性"是法律的固有特征之一）。此外，法家也明确

① 孙国东：《公共法哲学：转型中国的法治与正义》，中国法制出版社，2018，第233页。
② 参见孙国东《公共法哲学：转型中国的法治与正义》，中国法制出版社，2018，第234页。

了某种形式主义法治观的要素，"故明主使其群臣不游意于法之外，不为惠于法之内"（《韩非子·有度》），甚至，法家也表达了要求君主本人遵守法律，"圣君任法而不任智"（《管子·任法》）的观念。

作者认为，形式主义法治观和工具主义法治观，分别预设了法律的自主性与非自主性，前者把法律视为内在封闭的运行系统，后者把法律视为被其他要素影响乃至决定的治理工具；而功能主义法治观则依托"法律的自创生理论"，把法律定位为"认知开放但运行闭合"的系统。首先，这里不清楚的是，工具主义法治观是否也把法律视为运行闭合的系统（我觉得是）。其次，正如作者本人在后文论及的，这其实是不同层面的问题，"认知开放"（非自主性）讲的是立法问题，"运行闭合"（自主性）讲的是司法问题。强调"认知开放但运行闭合"的功能主义法治观，体现了作者一再重申的中国转型"进行时"，"立法"问题优先于"司法"问题。对此笔者在一定程度上表示赞同，但就三种法治观来说，这个区分是在不同层面做出的（分类原则不统一），任何一种法律似乎都兼具形式、工具和功能的特征。

作者认为，与三个实践约束性条件（即三个元结构化的情境）相对应，"作为转型法哲学的公共法哲学"的功能主义法治观必须回答三大历史课题：（1）如何基于永续国家的政治理想，建构现代中国的文化认同；（2）如何基于永续国家的政治运行机理，确保现代中国作为超大规模型国家的政治统一；（3）如何将社会主义政党－国家转型为受民主与法治监控并促进社会正义的永续国家。孙国东说："基于程序主义立场，功能主义法治观没有对上述三大历史课题进行实质性回答，而主张把它们交由社会成员作为公民的公共证成或公共商谈来回答。"① 又说："只要切实且充分保障言论自由、开放（政治）公共领域，'公意'形成机制即可在涉及立教、立宪、立人和立法等政治决策内容的方面制度化"，功能主义法治观主张把上述"五位一体"等"政治决策之实质内容的回答，交由'受到影响者'作为'商谈参与者'的普遍同意来解决。这种程序主义的思想立场，是一种建设性的中道理性主义立场：它——至少部分地——顺应了以民主机制实现国家'永续性合法化'的运行逻辑，亦充分保留了'中国式法治'（乃至'中国现代性'）的想象和探索空间"。② 又说："本书

---

① 孙国东：《公共法哲学：转型中国的法治与正义》，中国法制出版社，2018，第 247 页。

② 孙国东：《公共法哲学：转型中国的法治与正义》，中国法制出版社，2018，第 247~248 页。

的程序主义立场秉持了一种程序主义的民主观,它在很大程度上预设了一种阿伦特—哈贝马斯意义上的共和主义政治观。借用阿伦特的话来说,包括立法在内的所有政治决策,不应是具有封闭性的'制作'过程的结果,而应是匿名化、复数性的社会成员'行动'的产物。"① 基于这样的程序主义和共和主义的认识,孙国东来思考"中国式法治","中国现代法律秩序的建构,绝不应视为专属于法律人的事务,而当是关涉所有政治共同体成员的公共政治事务"。② 由是,孙国东进一步谈到了中国现存的制度:"在秉承'人民代表大会制度'和'共产党领导的多党合作和政治协商'的立宪体制下,公共领域的公共商谈机制,既是实现党的领导、人民当家作主与依法治国相统一的公意平台,亦是把公意政治与常态政治制度化地统合起来的战略抓手。"③ "以人大为枢纽,建构公共领域的商谈机制,既有助于推进立法民主的制度化,又助益于促进'人民出场'的常态化,从而可以推定基于共识政治的公意政治与基于规则政治的常态政治,在中国同时取得历史性的突破——常态政治之为'常态',恰恰以人民的'常态性出场'(公共商谈)乃至'周期性出场'(民主选举)为制度根本。"④ 作者对此比较乐观:"倘能如此,无论是毛泽东以民主超越'兴亡周期律'的政治构想,还是邓小平'使民主制度化、法律化,使这种制度和法律不因领导人的改变而改变,不因领导人的看法和注意力的改变而改变'的政治理想,庶几均会成为活生生的政治现实。"⑤

关于以上看法,笔者评论如下。首先,这种程序主义太过强调、依赖和信任基于共识的同意政治,用作者的经典表述就是"'受到影响者'与'商谈参与者'的同一及'受到影响者'作为'商谈参与者'的'同意'"⑥ 是一切法律合法化的基础。我的批评主要涉及两点,一是这一设想太过理想化,一是这种社会成员普遍参与、共同行动所创生的"法律"是否必然导向"良法"。所谓基于共识的同意,几乎不可能是无一例外的普遍同意,而总是"大多数人的同意",且不说这会不会产生"大多数人的暴政",而且这也不必然导向"良法"。换言之,这种基于同意的道德正当性未必导向哈贝马斯所谓的合伦理性。其次,"人民代表大会制度"

201

① 孙国东:《公共法哲学:转型中国的法治与正义》,中国法制出版社,2018,第248页。
② 孙国东:《公共法哲学:转型中国的法治与正义》,中国法制出版社,2018,第248页。
③ 孙国东:《公共法哲学:转型中国的法治与正义》,中国法制出版社,2018,第249页。
④ 孙国东:《公共法哲学:转型中国的法治与正义》,中国法制出版社,2018,第250页。
⑤ 孙国东:《公共法哲学:转型中国的法治与正义》,中国法制出版社,2018,第251页。
⑥ 孙国东:《公共法哲学:转型中国的法治与正义》,中国法制出版社,2018,第226页。

和"中国共产党领导的多党合作和政治协商制度"已经分别实践了近七十年和七十余年，照此继续发展，能否达到毛、邓所期望的结果？我万分赞同作者基于"政治统一"和"永续国家"的理论探索，但有时候我们似乎总会陷入某种循环：我们目前的很多问题确实是结构性的，一方面，我们似乎只有突破这个结构的死结，才能走出"兴亡周期律"，走向"民主制度化、法律化"；另一方面，我们似乎又只能借助于或寄希望于民主和法治来走出这个结构性困境。在这个最为关键的问题上，作者再次郑重其事地提出问题，却又把解决问题轻轻放下，或者交付给了社会成员。问题是，中国人向来缺乏社会契约、同意政治或共和主义的思想观念与实践，这里又出现了思想与实践中一再碰到的循环：先培育公民美德（立人），还是先建立民主立宪制（立宪）？作者的主要思路是通过"立宪""立法"来"立人"，这是笔者没必要反对的，但就"立人"而言，作者似乎错失或轻看了儒家思想资源的积极意义，在此只需提及陈寅恪先生的"自由之思想、独立之人格"以及被称为最后一位儒者的梁漱溟先生的"廷净"。没有儒家所谓"不动乎众人之非誉，不治观者之耳目，不赂贵者之权埶，不利传辟者之辞"（《荀子·正名》）的独立人格，再好的制度设计也是徒有虚名。这方面我不用讲太多，只需指出，文化决定论和制度决定论都肯定是有问题的，"立法"（立宪）与"立人"当双管齐下，并行不悖。就儒家文化而言，我们首先要走出鲁迅—邓晓芒式的儒学批判，令人欣慰的是，孙国东受邓影响不小，其中的道理性却也超越了邓，但即便如此，孙国东仍停留在"吃人的礼教"的层面上理解儒学，十分可惜。总之，在作者那里，公民美德（主要是独立人格、公共理性精神）之于"法治"（规则之治）的重要性被严重低估了，而儒家对培育公民美德的重要性更是被严重扭曲了。笔者以为，在此方面，"现代民主政治"与"儒家古典心性"的结合很有必要，两者相辅相成，相互成就，好公民成就好政治，好政治养成好公民，循环无端，很难说孰先孰后。

三 从"反正义的公平观"到"合乎正义的公平观"如何可能

在题为"从'反正义的公平'到'底线正义'"的第六章，作者综合了罗尔斯"作为公平的正义"和凯克斯（John Kekes）"应得正义论"，提出了一种兼顾"公平"（fairness）与"应得"（desert）的社会正义观。

"我所理解的正义，是形式上的一致性与实质上的应得的结合。"① 作者又借用范伯格（J. Feinberg）所谓的"比较原则"与"非比较原则"的结合来说明这一点："正义'比较原则'要求，类似的情形类似对待，不同情形不同对待；正义的'非比较原则'则要求，个体应当根据其应得（法律权利或道德应得）予对待。其中，一致性（比较原则）界定了正义的形式要素，依赖于对同等情况或不同情况的比较；应得（非比较原则）则界定了正义的实质要素，提供了对这些同等情况或不同情况进行评判的标准，包括法律标准和道德标准。两者一道，构成了'正义'的完整内涵。不符合一致性（比较原则）要求者，是'非正义的'（unjust）；不符合应得（非比较原则）要求者，是'反正义的'（anti-just）。"②

基于上述复合正义观，作者观察到在当代转型中国，无论是普通百姓还是知识精英，都盛行一种"典型的社会正义观念"，他名之为"反正义的公平观"。他认为有两个公共性事件可以说明这一点，一个是2013年湖北钟祥县的一些家长和考生围攻监考过严的老师事件，这些人的理由是"我们要的是公平，不让作弊就没法公平"，因为他们相信高考作弊是普遍存在的。另一个例子是同样发生于2013年的"张艺谋超生事件"，人们一边倒地支持政府部门对其进行严肃查处，其背后理由是"法律面前人人平等"。根据作者的分析，在此两个事件中人们所诉诸的理由，都体现了他所谓的"反正义的公平观"，因为（1）他们都在根本上诉诸"公平"这一价值立场，前者是泛道德意义上的"同等情况同等对待"，后者是法律内的"同等情况同等对待"；（2）他们都放弃了对这种一致性（公平、比较原则）之正当性基础（应得、非比较原则）的进一步追问，因而在根本上都是"反正义的"。孙国东把作弊"抄袭权"称为"法律外的反正义的公平"，把反对名人拥有"超生权"称为"法律内的反正义的公平"，认为这种"反正义的公平"具有高度的机会主义特征。孙国东从四个方面解释和分析了中国当下这种典型正义观念（即"反正义的公平观"）的形成机制：一是中国文化（尤其是仁爱、机会公平观念）中的机会公平传统，二是20世纪人民共和革命所形成的"后习俗"道德意识结构（基于原则和普遍主义的道德意识），三是当代中国实践哲学中的权利话语泛滥（比如法学家倡导的"权利本位论"），四是当下中国缺失正义的社会基本

① 孙国东：《公共法哲学：转型中国的法治与正义》，中国法制出版社，2018，第320页。
② 孙国东：《公共法哲学：转型中国的法治与正义》，中国法制出版社，2018，第320~321页。

结构，如经济领域的"分配正义"问题亟待解决，政治领域的"参与平等"问题有待突破，文化领域的"认同平等"问题已经浮现出来等。

基于以上分析和看法，作者提出了超克"反正义的公平观"的"底线正义"的两大原则和四小原则。

（一）经济正义（分配正义）原则：国家和社会应当保障（1）拥有同等资质和才能且对自身资质和才能有同等利用意愿的社会成员，以实质性的平等人格获取教育和培训机会、参与职位和地位公平竞争的必要物质条件（实质性的机会公平原则）；（2）以及具有奋斗志向的"最少受惠者"人格独立所必备的生活条件，而不论其自然禀赋如何（差别原则）。

（二）政治正义原则：经济、政治与文化的不平等安排以及基于"共同善"对权利的限制，应同时满足如下两个条件：（1）在政治共同体内得到充分的民主商谈（商谈民主原则）；（2）以法律的形式确定下来，并在法律适用中平等地适用于所有人（法治原则）。①

仿照罗尔斯"词典式优先"的说法，结合转型中国的语境，孙国东认为，原则（一）优先于原则（二），在（一）与（二）中，原则（1）都优先于原则（2）。"这种'词典式序列'意味着：如果在先的原则未获得充分满足，即使完全实现在后的其他正义原则，社会基本结构的正义性仍会受到质疑。"② 他相信，如果这两大原则和四小原则得到充分实现或满足，那么我们就从"反正义的公平观"走向了"合乎正义的公平观"。

我们先来评论作者对盛行当下中国的"反正义的公平观"的归因分析。首先是中国文化中的机会公平传统，他说："儒家的仁爱思想，既否定了皇权的绝对专属性（汤武革命），亦确保了政治资源的相对开放性（科举制），使机会公平进入中国人的文化心理结构中。最能体现这一点，莫过于'王侯将相宁有种乎？'这一农民起义的著名口号。"③ 从文化传统甚或心理结构中寻求某种当代不良现象的原因，我认为这种做法太大而化之，没有任何说服力，之前它服务于批儒的需要，所有类似的归因我们都可以找到大量的反例。这种归因方式常犯的一个毛病就是胡子眉毛一把抓，把中国文化看成铁板一块，就其所举例子来说，儒家赋予"汤武革命"的理由与农民起义的口号（理由）"王侯将相宁有种乎"完全不是一回事，后者确实表达了某种机会主义的机会平等观，所谓"皇帝轮流做，

---

① 孙国东：《公共法哲学：转型中国的法治与正义》，中国法制出版社，2018，第373页。
② 孙国东：《公共法哲学：转型中国的法治与正义》，中国法制出版社，2018，第373页。
③ 孙国东：《公共法哲学：转型中国的法治与正义》，中国法制出版社，2018，第334页。

明年到我家"也是这个意思。值得一提的是，除了对农民起义口号外，孙国东对儒家的论述（如仁爱、文官制度等）字里行间都是正面的，但是这些正面的东西竟然要为一个坏的现象负责。这种阅读反差不知作者在写作时是否感受到？就具体观点而言，作者认为这种沉淀为文化心理结构的机会平等观念"只重形式，不重实质"，只强调机会公平，而不强调"应得"。笔者倒以为，儒家恰好是最看重"应得"的，儒家的"义利"之辨，讲的就是利之应得不应得，孔子所谓"见得思义"（《论语·季氏》）、"义然后取"（《论语·宪问》），说的就是面对利益时我们应当思考它于我而言是否正当（道德应得、法律应得），如果正当则取之。孟子说："非其义也，非其道也。一介不以与人，一介不以取诸人。"（《孟子·万章上》）讲得也是利益的应得不应得。胡适在 1933 年发表的《民权的保障》中特别重视此句话，他说："这正是'权利'的意义。'一介不以与人'是尊重自己所应有；'一介不以取诸人'是尊重他人所应有。"[1] 荀子则通过"制礼义以分之"来确定社会各阶层、各职业、各角色之应得。[2]

再者，关于"后习俗"道德意识结构。作者认为那些"抄袭权"的辩护者与"超生权"的反对者都具有了"后习俗"道德意识结构（基于原则、反思性、普遍主义的道德意识，本质上就是启蒙运动道德意识），因为他们都诉诸某种"公平"原则（一致性原则、比较原则）的"同等情况同等对待"。他用"无公德的个人"来形容"抄袭权"的辩护者，用"法条主义"来形容明星"超生权"的反对者，显然，他不认同"抄袭权"而赞同明星"超生权"。我附和他对前者的观点，却不敢苟同他在后者的立场。简言之，在此我秉持一种法律实证主义或作者所谓的"法条主义"，在当时的计划生育相关法律规定下，明星并不具有"超生权"。尽管相关法律远远算不上良法，但一旦制定并得到普遍遵守，明星就不能例外；否则，就会如民谚所言那样，"撑死胆大的，饿死胆小的"，这对无权无钱无势（胆之大小也决定于是否有权有钱有势力）者更不公平。在此我要为一般人的道德直觉辩护。关于"抄袭权"的辩护者，我也并不认为他们拥有了真正意义上的"后习俗"道德意识，因为这些人的理由并非出自真诚，他们只需稍加反思（反思是"后习俗"道德意识的核心精神），或

205

---

① 胡适：《民权的保障》，《独立评论》第 38 号，1933 年。

② 参见陈乔见《儒学中的权利重构及其意义》，《华东师范大学学报》（哲学社会科学版）2019 年第 6 期。

者我们只需稍加诘问，他们就不可能持有这样的公平观，他们的理由纯粹是机会主义的无理取闹，却绝对不是任何形式的机会公平。

笔者以为，归因于中国文化所积淀的心理文化结构，扯得太远，可以解释任何现象的东西其实什么都解释不了；归因于 20 世纪以来共和革命（不如说新文化运动）所形塑的"后习俗"道德意识，那是想多了，中国人还远远没有普遍具有此种道德意识（所谓启蒙尚未完成）。不过，兴起于 20 世纪 80 年代末、90 年代初的"权利本位论"对当代中国人的思维与行动确实有着重要的形塑作用，孙国东说："'权利本位论'总体上呈现出'重视权利启蒙，忽视追问权利正当性基础'的倾向。"① 权利哲学家的研究是否如此，作为业外人，我不得而知，但是当代国人确实权利意识高涨却很少反躬自省权利主张是否正当。面对权利话语（rights discourse/talk）的泛滥，"权利本位论"虽有矫枉过正之嫌，但权利本身是应该高度肯定的。造成权利话语的泛滥，不是权利本身之过错，不是权利本身不好，而是我们的权利哲学没有做好，好的权利哲学一定要充分讨论权利的正当性根据。②

最后来评一下作者给出的"底线正义"诸原则，即两大原则和四小原则。第一大原则即"经济（分配）正义原则"的思想和表述方式明显受到罗尔斯的影响，只不过在转型中国所面临的结构化情境中，孙国东强调了经济（分配）正义的优先性，其中又强调了实质性的机会公平原则优先于差别原则。第二大原则即"政治正义原则"的思想与表述明显受到哈贝马斯的影响，也由于转型中国的"进行时"，鉴于"立法"优先于"司法"的考量，作者认为其中的"商谈民主原则"优先于"法治原则"。两大原则四小原则的"词典式序列"显然借鉴了罗尔斯的两个正义原则的词典式排列。罗尔斯明言两个正义原则有其适用情境，孙国东没有照搬运用于中国情境，这体现了他一再强调的基于中国语境的中国法律图景或"反思性情境主义"方法论。但是，他却照搬了罗尔斯的这种所谓"词典式优先"的思维方式。在我看来，这很成问题。当代中国经济领域的分配和政

---

① 孙国东：《公共法哲学：转型中国的法治与正义》，中国法制出版社，2018，第 342 页。

② "权利"（rights）就其本义而言，就是正当的权力或利益。"权利"这一中文翻译，遗漏了"正当性"的意涵，严复对此翻译深感不安，谓之"以霸译王"。实际上，清末民初的思想家透过中国传统"义"概念来接纳和理解西方传入的"right（s）"思想，就曾一度十分强调权利的"正当性"意涵。参加陈乔见《从"义"到"权利"——近代道德意识转型一例的观念史考察与义理分析》，《哲学研究》2021 年第 2 期。

治领域的民主商谈或法治，是一个相互影响的交互过程，分配正义有赖于民主商谈和法治，民主商谈和法治建设也有待于经济分配的相对正义。规范经济与政治领域的分配正义原则和政治正义原则，很难说孰先孰后，执着于经济正义原则优先于政治正义原则，势必造成对政治正义原则的疏离乃至忽视。就政治正义原则而言，作者强调"商谈民主原则"优先于"法治原则"，其理据是他所谓的"立法"优先于"司法"。就理论层面而言，"立法"固然优先于"司法"，但就转型中国而言，有的法律已然存在，而且很多法律也具有了良法的性质（"良不良"只能在比较的意义而非绝对的意义上而言）。在此种情况下，"法治原则"当然具有优先性。如果一定要等待经由商谈民主原则确立了所有领域的"良法"后，才开始实行"法治原则"，这是柏拉图式的乌托邦主义，跟作者一再强调的"理论"（政治理想）与"现实"（实践约束性条件、结构化情境）之间的"反思性平衡"背道而驰。总之，在此某某原则优先于而且词典式优先于某某原则的思维方式实不可取，还是"摸着石头过河"的实验主义、渐进改良主义可取。

207

四 "直觉"的是与非

作者在书中经常使用"直觉主义"来指称某种思想，他对"直觉主义"多有批评，基本持否定态度，该书代序第四节"超越犬儒主义和直觉主义"，明确表达了他对"直觉主义"的鄙视态度。我认为在双重意义上，作者对"直觉"和"直觉主义"的看法都是成问题的，一是对直觉主义的理解，一是如何看待直觉在理论中的地位。

我们先看作者对直觉主义的界定和刻画："如果说，犬儒主义是笼罩在学术场域（学术界）的一片乌云，那么直觉主义则是飘荡在公共领域（思想界）的一个幽灵。直觉主义原本是道德或伦理规范的证成方式，并最终体现为一种道德哲学理论模式；它认为，道德直觉对道德规范和道德原则的把握，较之人的理性更可靠，亦更基础。但此处所谓的直觉主义，具有更为宽泛的含义：它是指排他性地诉诸某种类型的直觉言说公共事务的取向。因此，它既包括基于道德直觉的直觉主义，亦包括伦理直觉和政治（或实用性）直觉的直觉主义。如果借用哈贝马斯的'实践理性多态论'，它们大致与现代社会实践理性的三种表现形式——道德理性（实践理性的道德运用）、伦理理性（实践理性的伦理运用）和实用理性（实践理性之实用运用）————一对应起来。换言之，它们分别把实践理性排他性地还原为道德理性、伦理理性和实用理性。"① 在此宽泛的界定下，作者把以康德、罗尔斯、诺齐克为代表的自由主义规范性政治哲学，以古典政治哲学为依托的施特劳斯主义，以黑格尔法权学说为理论渊源的共同体主义（社群主义），以功利主义、实用主义等为底色的政治现实主义，都算作了"直觉主义"，因为它们分别将实践理性排他性地还原为道德理性、伦理理性和实用理性。进而，作者把当代中国的自由主义、新左派、新儒家全部划入他所谓的"直觉主义"。

　　我们不禁要问，世界上何曾有过一种"主义"，能够把如此众多甚或相互敌对的思想阵营全部囊括其中？一种主义必定有其本质或"家族相似"之所在，根据作者的论述，这个本质就是"排他性地还原"，我们恍然大悟，原来他所谓的"直觉主义"其实是"还原主义"。伯纳德·威廉斯说："伦理学理论总得从某个地方开始"，"这些初始的伦理信念在当今哲学里常常被称作直觉"。② 我想很多理论如政治哲学或法哲学等，亦不例外。在此意义上，我们把某些东西还原到不可还原的起点，这些初始起点往往是某种直觉信念，它构成了理论家建构理论的"阿基米德点"，在此意义上，我们可以勉强地把作者的还原主义视为直觉主义。按照他的论述，几乎所有中西近现代著名的思想家或流派都是直觉主义，换言之，都是以某种不可还原的直觉（道德信念、伦理信念等）来建构其理论大厦。如果我的理解和分析没有错得太离谱，那么我不知道这些思想流派是否真如他所言是直觉主义。

　　理论应该如何处理常识直觉或日常直觉？孙国东的"公共法哲学"果决地把直觉排除在外了，这其实是"公共法哲学"之"公共"一词的含义之一，在"超越犬儒主义和直觉主义"一节中，作者说："公共法哲学之为公共法哲学，正因为它不但在学术研究中以'理性之公共运用'自我期许和自我要求，抑且把'理性之公共运用'视为顺应'公意政治'合法化机理、回应实践困境的建制化要求。"③ 它与一切"独白式的'道德唯我论'（即孙国东所指称的那些直觉主义）相区别"。回想下上文我们讨论过的"抄袭权"案例，孙国东认为像"抄袭权"这样泛道德的"公

---

① 孙国东：《公共法哲学：转型中国的法治与正义》，中国法制出版社，2018，第36页。
② 〔英〕伯纳德·威廉斯：《伦理学与哲学的限度》，陈嘉映译，商务印书馆，2018，第94页。
③ 孙国东：《公共法哲学：转型中国的法治与正义》，中国法制出版社，2018，第39页。

平"表明:"道德直觉(moral intuitionism)是不可靠的。"① 我个人认为,日常生活中的直觉或常识直觉,是需要理论建构者认真对待和处理的,我们需要对这些常识直觉进行反思性的检验,以便去伪存真,或者把不同的直觉信念安排在理论的不同位置上。总之,理论建构必须回应常识直觉。当然,反思或理论建构并不是要把所有直觉合理化,但对所有日常直觉全然不顾肯定是有问题的。

---

① 孙国东:《公共法哲学:转型中国的法治与正义》,中国法制出版社,2018,第 323 ~ 324 页。

永续国家与关联性正义：
《公共法哲学》读后感

马　庆[*]

孙国东教授的大作《公共法哲学：转型中国的法治与正义》^① 立意高远，气概恢宏。不管是问题意识还是理论阐述，皆有独到之处，实为我辈学人之典范。在我看来，书中很多观点都值得学习，在此无法一一道来。当然，最值得称道的无疑是他在当代中国的历史情境下对现代性之实践层面的哲学思考和理论建构。不过，在阅读过程中，我也有几点不成熟的疑惑，在此求教国东教授。

一　永续国家

国东教授在书的序言部分提到了一个"永续国家"的概念。按照书中的表述，永续国家（eternal state）是指不存在政体危机（政权统治危机），只存在政府危机（政府治理危机）的国家，即通过法律保障的公民权利和民主制度将政府更迭限制在和平的框架内，从而有效避免通过暴力革命、政变等实现"王朝更替"之命运的"后传统国家"。永续国家就是通过选举民主确保人民的"周期性出场"、商谈民主（discursive democracy）或审议民主（deliberative democracy）确保人民的"常态性出场"，从而制度化地避免传统的"自然国家"（natural state）——因欠缺"人民出场"的制度化机制而陷入人民的"历史性出场"所导致的——治乱循环的国家形态。从运行机理看，永续国家包括四大实质性要素：国家能力、法治、民主问责制政府和社会正义。^②

以我之浅见，国东教授在这里强调了三个问题：第一，凸显国家统治的正当性或合法性（在此暂且不谈这两个词的差异），将其置于永续国家

---

　　* 马庆，上海社会科学哲学研究所副研究员、哲学博士。
　　① 孙国东：《公共法哲学：转型中国的法治与正义》，中国法制出版社，2018。
　　② 孙国东：《公共法哲学：转型中国的法治与正义》，中国法制出版社，2018，第6~7页。

的核心地位；第二，统治之正当性在于民主（选举民主与商谈民主或审议民主的结合）；第三，光有正当性还不够，至少要加上有效性，所以综合起来提出了四大要素。我的疑问也相应有三点。（1）永续国家的提法是否合适？是否必需？（2）如果承认民主是统治正当性之必需，那么选举民主与商谈民主是否就足够？（3）提出这四大要素的理由何在？这四大要素之并列是否合适，或者说这四大要素是否为同一个层次的问题？由于只是自己很不成熟的思考，所以我下面的陈述既不完整，也不系统，更谈不上所谓的正确，只是一孔之见。

1. 永续国家与历史的终结

可能是由于自己知识储备有限，所以，当我一开始读到"永续国家"时，马上就想到福山的"历史的终结"。在我看来，永续国家与历史的终结，虽然在具体所指和理论内涵上存在不小的差异，但不管是表述方式还是背后意蕴，都有相近或相通之处。两者都或多或少地表示，民主是统治合法性的来源，甚至有可能进而言之，民主一劳永逸地解决了合法性问题。当然，虽然"永续国家"在内容表述上与福山的"历史的终结"有相近之处，但两者的问题导向却存在明显差异。福山的历史的终结在相当程度上是为了阐述他关于"最后之人"的忧虑与思考，而国东兄的意图是阐明现代政治的普遍要求："我主张把政治现代性的普遍要求（现代政治秩序的性质）理解为'永续国家'的历史性形成。"[1] "惟有引入永续国家，我们始能对自由、平等、民主、法治、正义等现代性价值有深刻的认识。这些价值之为现代性价值，不是因为它们（或其中的部分价值）只是现代社会才推崇的价值，而毋宁是因为它们之组合所形成的价值结构以及实现这一价值结构的秩序模式，承诺和预示了一种永续国家的现代政体模式。"[2] 众所周知，福山的历史终结论受到了很多批评，甚至在某些场合被漫画化，沦为笑柄。虽然我觉得其中相当多的批评是基于误解的，福山的观点没那么浅薄，但其中至少有一种质疑是需要认真对待的，也与这里想讨论的问题相关，即福山的观点反映了现代人的傲慢。也就是说，民主当然是现代政治生活之必需，但如果我们就此把民主作为国家合法性之永久保障，那么是不是过于傲慢了。毕竟，每个时代都有其特殊性或局限性，当张载喊出"为万世开太平"的时候，他也无法想象现代民主制。当

---

① 孙国东：《公共法哲学：转型中国的法治与正义》，中国法制出版社，2018，第 199 页。
② 孙国东：《公共法哲学：转型中国的法治与正义》，中国法制出版社，2018，第 200 页。

然，国东教授的民主与福山的自由民主大相径庭，这一点毋庸置疑。我想，国东兄的观点，即民主是现代政治合法性之必需，大家几乎都能赞同。只不过，我觉得提出永续国家，似乎给他的观点增加了不必要的理论负担。

需要指出的是，我这里把民主归为永续国家的核心的表述可能并不完全符合国东兄的原文。在谈及毛泽东与邓小平这两位领导人的相关主张时，国东兄分别强调的是民主与法治。① 这种不同当然是基于两位领导人的实际论述，但以我之陋见，这里民主与法治的不同似乎还有更多可探讨的地方，至少有三点。第一，是否需要考虑这种不同的具体原因，这一点可以从中国历史和中共党史入手；第二，这种不同对于永续国家的论断有没有影响，如果两位领导人的观点是基于当时历史的实际情况所提出的，那么他们的观点是不是基于与永续国家相似的考虑，不管是或者不是，需要继续探讨的是，能不能将其作为永续国家的佐证；第三，民主与法治的不同对于永续国家的四要素有没有影响，这个问题可能比较复杂，但我觉得至少要考虑一点，把民主与法治同列为永续国家的四要素是不是就可以吸收、消化两位领导人的观点乃至用意。当然，对于以上这三个问题，一个可能的回答是，即使两位领导人实际上不是出于永续国家这个考虑，但他们的观点也可以作为永续国家的证明，甚至可以说，他们从不同历史、不同角度、不同场合得出的不同结论，恰恰说明了永续国家之必要性与合理性。

2. 民主的分类

无论民主是不是永续国家的（唯一）核心，民主是永续国家之必需已是不争之论。那么，在承认民主之必要性之后，接下来一个问题就是，民主指的是什么。国东兄这里提出了两种，选举民主与商谈或审议民主（暂且不谈商谈民主与审议民主的异同）。近几十年来，选举民主的不足以及随之而来的审议民主已经得到了相当多的理论探讨。在此方面，哈贝马斯的贡献厥功至伟。把选举民主与审议民主结合，以此来完善民主制度，也成为不少人的共识。不过，国东兄在此却不是仅仅简单地借用这两种民主的区分，而是将其以"人民的出场"联系在一起，这也正体现了国东兄在中国语境下做理论研究的一贯用心，令人称道。

---

① 孙国东：《公共法哲学：转型中国的法治与正义》，中国法制出版社，2018，第200～201页。

不过，这也带给我一些疑问。首先，从中国语境来看，选举民主与审议民主这两种形式是否就概括了人民出场的所有重要方式？国东兄把选举民主作为人民的周期性出场，把审议民主作为人民的常态性出场，当然是极有创见的。然而，在人民出场的方式这一点上，除选举与审议、周期与常态这些整饬的两分外，似乎还遗漏了一些比较重要的方式，而后者却是关于近年来中国政党的研究中颇为强调的，诸如"群众路线""回应性民主"等。当然，一个可能的回应是，把"群众路线"与"回应性民主"归为审议民主之内，毕竟，从出场方式来看，这些都算是常态性出场，只不过，这样一来，似乎就需要扩展和改造审议民主的定义。

此外，还有一个老生常谈的问题。熟悉马克思主义和西方马克思主义的人都会想到，资本主义生产体系或市场经济对民主的影响。国东兄在这里并没有太多地谈到这个问题（虽然他谈到了经济领域的分配正义）。但从他对哈贝马斯的深厚理解来看，这个问题肯定在他的视域中。之所以没有过多涉及，我猜测可能是因为本书的问题域主要是受哈贝马斯后期那本《在事实与规范之间》的影响。但正如慈继伟老师所说，资本主义对民主的影响其实是非常关键的问题，尤其是，这里是在永续国家下谈论民主，那么我觉得，资本主义的影响与未来前景则更是两个不得不讨论的问题。

3. 四要素

另外一个疑惑是永续国家的四大要素：国家能力、法治、民主问责制政府和社会正义。也许是共识，前三个要素与福山在《政治秩序与政治衰败：从工业革命到民主全球化》中所说的政治发展或良好政治的三要素［国家建设（自主的官僚制与国家能力）、法治和民主］如出一辙。[①] 而我的疑问也在于此，社会正义与前三个要素是否在一个层面上？至少在某种程度上，前三个要素属于狭义上的政治领域，而社会正义在相当大的程度上属于狭义的道德领域。当然了，一个可以有的回应是，前三个属于政治有效性，后一个属于政治合法性或正当性。这似乎可以回答政治与道德两分的质疑。另外，国东教授的理论根基受哈贝马斯影响很大，而熟悉哈贝马斯的学者都知道哈贝马斯最明显的标志之一就是在不同领域之间做出区分，如道德与伦理之间、道德与政治之间、道德与法律之间、经济与政治之间等。国东兄肯定也深知道德与政治的区分，事实上，在本书中，国东

---

① 〔美〕弗朗西斯·福山：《政治秩序与政治衰败：从工业革命到民主全球化》，毛俊杰译，广西师范大学出版社，2015。

兄也多次做了这样的区分，并在这样区分的基础上论述自己的法哲学。①

除了政治与道德的区分外，社会正义与前三点的不同之处还在于，社会正义的标准是充满争议的。虽然这半个世纪以来，罗尔斯的正义理论在一定程度上占据了核心地位，但这种地位只是说当今关于正义的任何讨论都必须认真对待罗尔斯的理论，而在社会正义的具体所指上，可以说是众说纷纭。概言之，罗尔斯之后，在社会正义的问题上，存在三个方面的争论。首先，关于社会正义理论是要确定什么样的平等的讨论。其次，关于

社会正义所关注领域或应用对象的讨论，即正义是不是仅仅局限在物品分配上，或者说"把正义理论的应用对象理解为物质分配是否使得社会正义概念过度狭隘化了"。最后，关于社会正义的边界问题，即"是否仍然能够把社会正义视作只在民族政治共同体的边界内适用，或者必须扩大分配的领域，把超民族的组织甚至整个世界都包含进来"。② 虽然国家能力、法治、民主问责制政府这三点的所指也不是全无争议，但相较而言，其内涵还是大致清楚的。那么，如果要把社会正义归为永续国家的要素之一，是不是就需要对社会正义做些界定？是哪些社会正义原则？为什么是这些原则？需要指出的是，这些界定工作，国东兄在书中也或多或少地做过，甚至提出了转型中国的底线正义诸原则。③ 不过，国东兄的论述主要是基于罗尔斯的观点，虽然也考虑到了一些不同于罗尔斯的观点，但对于社会正义争论的分歧程度似乎没有加以太多的关注，而是用一种统摄的方式将其整合在他的理论体系中。④ 如此一来，永续国家中的社会正义似乎就是特指国东兄所说的那种。

此外，国东兄在书中经常把自由、平等、民主、法治、正义这些价值一并提及，那么，为什么永续国家的四要素中没有出现自由、平等呢？也许是因为自由主要是个人价值，平等主要是社会价值，而正义主要针对的是社会基本结构（这里自然又离不开对罗尔斯的参考）。虽然公共法哲学这个领域可能必须谈及社会基本结构，但社会基本结构似乎并不等于国家，人们肯定希望生活在社会正义得以实现的国度，但社会正义的实现虽然离不开国家，却也不仅属于国家。

---

① 比较集中的讨论，见该书第七章。
② 这里参考和部分引用了戴维·米勒的分类和表述，见〔英〕戴维·米勒《社会正义原则》，应奇译，江苏人民出版社，2001，第7页。
③ 见该书第六章，尤其是第373页。
④ 见该书第七章。

二　关联性正义

在书中，国东兄一个非常重要的理论创见是提出了"关联性正义"。"关联性正义即情境化的正义。"与关联性正义相对照的，是所谓的"单向度的正义"。书中把罗尔斯的政治自由主义正义观列为单向度的正义观，原因是它忠诚于某种正义学说，而关联性正义观不把任何既定立场作为预先的出发点。①

国东兄这里的论述，让我想起罗尔斯与哈贝马斯那场著名的争论。20世纪90年代，罗尔斯和哈贝马斯在《哲学杂志》上进行了一场对话。先是哈贝马斯对罗尔斯的理论进行了评论，然后是罗尔斯对哈贝马斯评论的回应。② 在这场对话中，两位学者谈到了许多政治哲学和道德哲学方面的话题。其中一点就是哈贝马斯批评罗尔斯的理论是实质性的，而他自己的理论是程序性的。对此，罗尔斯非常不解，认为自己的正义理论本来就是程序性的，并且程序正义最后所得出的结果必须同时也是实质上正义的。用罗尔斯自己的话来说，"程序正义与实质正义是相互联系而非相互分离的"。③

程序正义与实质正义是政治哲学和道德哲学上的老问题。在古希腊那里就已经有不少讨论，不过，一般来讲，以前的人们并不认为这两者是对立的，而是互相补充的，例如亚里士多德。那么为什么罗尔斯和哈贝马斯都标榜自己是程序正义，而非实质正义呢？这本身就是一个有意思的话题，涉及以下几个问题。第一，从思想史上讲，这与现代以来规范伦理学的兴起和规范伦理学的理论构成有关。简单来讲，可以用西季威克的一句话来概括，其大意是，古代伦理学是以善为核心，是有魅力的，而现代伦理学是以应当为核心，是法则性的。第二，进一步地划分，这与罗尔斯和哈贝马斯所接受的康德主义道义论相关，也与他们对功利主义的批评有

---

① 孙国东：《公共法哲学：转型中国的法治与正义》，中国法制出版社，2018，第405～407页。

② Jurgen Habermas, "Reconciliation through the Public Use of Reason: Remarks on John Rawls's Political Liberalism," John Rawls, "Reply to Habermas," *The Journal of Philosophy*, XCII, 3 (1995). 中译本分别见哈贝马斯《论理性的公用》，哈贝马斯《包容他者》，曹卫东译，上海人民出版社，2002，第59～88页。罗尔斯：《答哈贝马斯》，罗尔斯：《政治自由主义》，万俊人译，译林出版社，2000，第394～461页。

③ 〔美〕罗尔斯：《政治自由主义》，万俊人译，译林出版社，2000，第449页。

关，也就可以说是正当优先于善，虽然这个术语有太多含义上的混淆和模糊。第三，从政治哲学上讲，程序性往往与中立性相联系，也就是与自由主义的中立性相关。这方面的文献比较多，比较典型的说法是罗尔斯所说的政治自由主义与整全性自由主义的区分。第四，从理论结论和理论证明来讲，单单依靠程序性是否可以建构出一种言之成理、令人信服的道德哲学和政治哲学，这是颇具争议的论题。在这一点上，罗尔斯和哈贝马斯都是正方，都认为可以建立。罗尔斯有专门的道德建构主义与政治建构主义的论述（两者的区别暂且不论），而哈贝马斯的交往理性就是专门在阐述这个议题。反方的观点也很多，对罗尔斯论证方法的质疑，对哈贝马斯交往理性的质疑，在很多地方都与对程序性的质疑有关。当然，罗尔斯与哈贝马斯各自理论中程序性的前提乃至对其理解都有所不同，这也是两人争论产生的原因。第五，哈贝马斯对罗尔斯这一点的批评是否成立？这个涉及比较细致的文本工作，在此略过。在我看来，双方有些误解，也都有些道理。简单来讲，罗尔斯的理论的确是他所说的程序性的，甚至也符合一般理解上的程序性，但哈贝马斯的程序性却还有另外的意思。在我看来，国东兄的论述可以说是深得哈贝马斯的程序观的精髓，即既不受既定前提的约束，又可以经由程序解决问题。"找到的出路是走向一种哈贝马斯意义上的程序主义民主观，即程序主义的人民主权观。"① 国东兄对这种程序主义的人民主权观期望颇高，"既顺应了现代社会秩序和法律秩序的合理化机理，亦为中国宪法（如人民当家作主的政治地位、言论自由的基本权利等）所确认、为中国现代转型的政治理想所承诺，还符合现时中国政党－国家的政治架构，甚至还可以制度化地消解因公共自主实践之历史性地位所导致的民粹主义顽疾，可以说是一举多得的建设性举措"。②

可是，没有任何前提的程序是不可能存在的，或者说，即使存在也毫无用处，哈贝马斯的程序性背后有着他自己的理论预设，国东兄的关联性正义也不例外，"主张对正义进行关系性的审视或批判，并在关系性的互动情境中建构相应的正义规范或正义法则"。③ 随后，国东兄概括和阐述了转型中国问题的关联性之三个向度六个方面。④ 国东兄建构体系的做法

---

① 孙国东：《公共法哲学：转型中国的法治与正义》，中国法制出版社，2018，第 22 页。
② 孙国东：《公共法哲学：转型中国的法治与正义》，中国法制出版社，2018，第 22 ~ 23 页。
③ 孙国东：《公共法哲学：转型中国的法治与正义》，中国法制出版社，2018，第 407 页。
④ 孙国东：《公共法哲学：转型中国的法治与正义》，中国法制出版社，2018，第 410 ~ 430 页。

让人佩服，这一点似乎也极有哈贝马斯的风采。不过，我觉得这里对关联性正义的具体论述似乎不足以针对罗尔斯的那种所谓"单向度正义"。人际关联、代际关联、国际关联，这些方面似乎也在罗尔斯理论的涵盖范围之内，或者说，即使罗尔斯本人对其中某些方面谈得不多甚至没有谈及，但他的理论框架也可以解释关联性的这三个向度。例如，人际关联中的个体正义与社会正义的关联问题，在《正义论》中罗尔斯用了不少篇幅来谈个人的道德感，而《政治自由主义》中虽然罗尔斯的理论预设有了根本性的变化，但他并没有放弃这方面的讨论，而罗尔斯晚年念兹在兹的公共理性，可以说也是对这方面的关注。而对于代际关联和国际关联这两个方面，罗尔斯的理论同样也有论述。如此一来，单就关联性而言，似乎不足以表明国东兄关联性正义的特点。

按我的理解，国东兄关联性正义的要义似乎不在这些具体的整饬二分上的、字面意义上的关联，而是他所说的"关联性正义的出发点，既不是任何既定的整全性教义/学说或理论模式，亦不是任何特定的道德直觉（道德原则），而是从特定正义事项出发，通过把握这些正义事项所置身其间的特定关联性情境而形成的一种正义观念"。① 这也是国东兄不满于那些对所谓理论的机械应用（暂且用这个词），而进行的情境化正义的努力。对于国东兄的用心，我深表赞同。只不过，我觉得以三个向度六个方面之关联来表明情境的做法似乎既与情境本身背道而驰，又不足以彰显国东兄理论本身的用意。

以上所言，都是个人浅见，由于学力有限，肯定有不少误解乃至错误之处。本文作为读后感，主要是提出自己的疑惑，求教于国东兄。我最后想说的是，国东兄的大作在相当程度上代表了我辈学人努力的方向，"通过'问题化的理论处理'与'理论化的问题处理'的结合，特别是通过价值理想与结构化情境的'反思性平衡'，实现政治哲学建构与社会－历史分析的深度结合"。②

---

① 孙国东：《公共法哲学：转型中国的法治与正义》，中国法制出版社，2018，第407页。

② 孙国东：《公共法哲学：转型中国的法治与正义》，中国法制出版社，2018，第15页。

中国现代性的超越之维[*]

——兼评孙国东的《公共法哲学：转型中国的法治与正义》

邹益民[**]

摘　要： 中国当代社会正在进行现代化建设，中国现代性正在形成。孙国东提出了公共法哲学，探讨转型时期中国的法治与正义，以为中国法治和社会的发展提供理想图景。这有助于发挥法律作为公共沟通媒介的论证、辩护功能，有助于运用法律、法治推动中国社会前进。但是，孙国东的公共法哲学依然受源出于西方的"现代化范式"支配。因此有必要从中国现实出发，发挥中国人的想象力，阐明中国现代性的普遍价值追求，进而超越西方现代性，确立中国主体性，以为人类的世界历史做贡献。对此，解放可以作为例子。

关键词： 中国现代性　中国主体性　想象力　超越　解放

中国自近现代，特别是清末遭遇西方以来，一直在探寻自己的现代性之路。当代中国现代性正在进一步展开，现代化进程正在深入推进，社会正在进行急剧变迁，中国法治正在全面建设之中，中国法学也正处于前所未有的繁荣之中。但是正如邓正来所指出的那样，中国主流法学因受制于西方现代化范式，无力提供指引中国法治发展的理想图景。为打破此种支配，有必要确立中国的主体性。邓正来开辟了对中国主体性进行思考的时代，但只是纲领性的。邓正来之后，中国主流法学强化了专业化、技术化、功能化趋势，并没有对中国（法学）的主体性做更多的思考。孙国东力图打破这种不思的状况，从中国现实出发，阐发一种作为转型法哲学的公共法哲学，意图确立起可欲的中国法律理想图景，从而解决邓正来所提的受西方现代化范式支配问题。孙国东付出了很大努力，进行了相当出色

---

[*]　本文系国家社会科学基金项目"环境保护督察的治理逻辑与制度创新研究"（18CFX070）的阶段性成果。
[**]　邹益民，法学博士，河南大学法学院副教授，硕士生导师。

的思考，也做出了很大贡献，但没有超越西方现代性，在很大程度上依然受西方现代化范式支配，至多动摇而没有打破这一支配。为克服这种局限，我们需要继续努力。

具体来说，本文将做如下安排：首先，厘清孙国东的公共法哲学的贡献；其次，指出孙国东的公共法哲学的局限在于缺失了中国现代性的超越之维；最后，以想象力为基础，论证中国现代性超越西方现代性的可能，从而确立中国主体性的可能，并尝试性地以解放为例进行说明，以期推动中国现代性之路继续前进，推动中国主体性的生成。

一 公共法哲学对中国现代性的追求

邓正来对自改革开放以来中国法学的发展，从知识社会学进路进行了批判。他指出中国法学因受西方现代化范式支配，不仅提供不了从中国现实出发的理想图景，还使得中国论者把西方法律图景误认为中国法律的理想图景，[①] 从而丧失了反思力，无力对处于"三千年未有之变局"的中国进行深入把握，而处于危机之中。而破除这一危机的进路在于，进行"从强调'主权的中国'到强调'主体性的中国'的转换"，[②] 确立中国的主体性。中国的主体性"核心在于形成一种依据中国的中国观和世界观（亦即一种二者不分的世界结构下的中国观），并根据这种中国观以一种主动的姿态参与世界结构的重构进程"。[③] 这意指，从中国现实出发，形成对关于中国和世界的普遍性观念，以此克服中国只有形式上平等资格而没有实质能力的窘境，重构世界。由于世界实际上由源出于西方的普遍性价值，如自由、民主、法治等支配，因此，重构世界从根本上意味着对西方的超越。简言之，形成中国的普遍性价值，超越西方。这是中国主体性的核心之所在。中国主体性一旦确立，运用于各领域形成各领域的主体性，从而推动中国自身继续追求现代性，继续在各领域进行现代化。就本处所论法律而言，形成中国法学/法律的主体性，体现为中国法律发展的理想图景，推动中国法律/法治继续发展。邓正来开启了对主体性中国或中国

---

① 参见邓正来《中国法学向何处去——建构"中国法律理想图景"时代的论纲》，商务印书馆，2011，第121页。

② 邓正来：《中国法学向何处去——建构"中国法律理想图景"时代的论纲》，商务印书馆，2011，第31页。

③ 邓正来：《中国法学向何处去——建构"中国法律理想图景"时代的论纲》，商务印书馆，2011，第31页。

主体性进行思考的时代。

孙国东在邓正来对中国主流法学批判的基础之上，阐发"作为转型法哲学的公共法哲学"，[①] 以继续邓正来的思考，探索中国的现代性之路。中国主体性一定是从中国自身身上成长起来的，中国的现代性一定是中国现代自身命运的展开，所以一定要从中国现实出发。中国现实在孙国东那里被称作"结构化情境，即经由历史的积淀、社会的演化和政治的博弈而形成的某些相对固化的情境"，[②] 具体来说包括悠久的历史文化、超大规模、社会主义的政党－国家结构等"元结构"层面的情境，以及诸如差序格局等较具体层面的情境。中国现实中的这些结构纵横交织，联系在一块儿，构成了中国所处情境的整体性、共时性，也就是复杂性。中国的复杂情境一方面使得任何理论，无论是中国古代的还是西方的，都不能直接运用于当代中国，另一方面也使得从这种情境出发，阐发对源出于西方的诸现代性价值的不同理解成为可能，也就是阐发不同于西方的现代性价值观成为可能，从而基于此构建不同的制度，走不同的中国现代性道路。

这进一步体现为他运用"反思性的情境主义"[③] 这一方法论，以问题意识为导向，采取跨学科的具体方法，对中国的结构化情境进行历史、政治、文化、社会等各种分析。这种分析最关键之处是，一方面深化对作为中国现实的结构化情境的认识，另一方面是反观源出于西方的现代性价值，而非把这些价值不加反思地强加于中国。用孙国东的话来说，达致"政治理想与结构化情境的'反思性平衡'"。[④]

具体而言，孙国东从"文明型国家"、"超大规模型国家"和"社会主义政党－国家"这三大中国推行法治的实践约束条件出发，结合西方政治现代化的理论与实践，提出"永续国家"，不仅作为政治现代性的普遍性要求，而且作为中国式法治的政治理想。[⑤] 要发挥法律/法治"形成基于'规则政治'的'常态政治'，建构基于'共识政治'的公意政治"[⑥] 这两大政治功能，以实现这一理想。这样，孙国东提出一种"功能主义法

---

① 孙国东：《公共法哲学：转型中国的法治与正义》，中国法制出版社，2018，第 3 页。
② 孙国东：《公共法哲学：转型中国的法治与正义》，中国法制出版社，2018，第 8 页。
③ 孙国东：《公共法哲学：转型中国的法治与正义》，中国法制出版社，2018，第 11 页。
④ 孙国东：《公共法哲学：转型中国的法治与正义》，中国法制出版社，2018，第 11 页。
⑤ 参见孙国东《公共法哲学：转型中国的法治与正义》，中国法制出版社，2018，第 197~201 页。
⑥ 孙国东：《公共法哲学：转型中国的法治与正义》，中国法制出版社，2018，第 220 页。

治观：超越形式主义与工具主义"。① 确立这一理想后，进一步则要在中国目前正在进行的城市化这一背景下，通过利用社会资本、发展社会组织等进行社会建设，实现社会正义，实现对差序格局的功能替代，最终促进文化变迁，重建社会信任，破除"差序格局"对中国法治和社会发展的阻碍。同时发展"底线正义"和"关联性正义"，② 引导公民正义观和社会结构的变化，为公民的公共商谈提供正义的社会基本结构。最终，所有公民在此基础上进行公共商谈，达致对社会主义作为共同的政治文化的重新理解，解决政治认同问题，提供中国（法律）的理想图景。

孙国东的公共法哲学，有助于打破当代中国法学发展的专业化、技术化等造成的对现实无原则肯定从而不思的现象，使中国法学真切地回应社会现实，引导社会向可欲方向发展，有助于激活公众的反思、批判潜力，有助于发挥法律作为社会公共沟通媒介的功能，有助于重建社会的公共性，形成社会团结，推动中国主体性的确立，推进中国的现代性发展。简言之，孙国东的思考很有意义，做出了很大的贡献。

二 公共法哲学中超越维度的缺失

孙国东的公共法哲学也存在很大的局限性。姑且不论他对中国现实的结构化情境分析是否妥当，对现代性价值观的确立是否妥当，这种局限性的最大之处，笔者以为在于超越维度的缺失。这可从两方面分析。

这一缺失首先来自他对邓正来的狭隘化解读。如上所论，邓正来极其重要的贡献是，提出主体性问题，开启了对主体性中国或中国的主体性进行思考的时代。但观之于孙国东的论述，基于其所受哈贝马斯强调主体间性而批判主体性的影响，主体性在他那里，就像在哈贝马斯那里一样，在很大程度上是负面的，因而也很少论述。他只是在讨论中国社会中人们对正义的争论时，提及了主体中心这一主观倾向。他说："我们可以把这种本位主义乃至唯私主义的论说取向，统称为主体中心（subject-centered）乃至自我中心的（self-centered）论说取向，因为它们都缺乏主体间性的向度，是一种独白式的论说取向，无视或无法通过公共商谈或公共证成的

---

① 孙国东：《公共法哲学：转型中国的法治与正义》，中国法制出版社，2018，第231页。

② 参见孙国东《公共法哲学：转型中国的法治与正义》，中国法制出版社，2018，第304～430页。

检验。"① 这种主体中心的取向，确实是造成中国包括正义原则争论、斗争乃至社会分裂的重要因素，需要克服。但这只是在转型中，中国社会发展的不完善所致，它呈现的是主体性的一种病态，甚至包括哈贝马斯所批判的主体中心，我们也可以说，只是以自我意识为基础所发展的主体性，及以此为基础在西方形成的病态现实，而哈贝马斯并没有否定主体性本身，因为他所极力推崇的主体间性本身，以主体性为前提。总之，孙国东没有充分注意到，也没有深入讨论主体性意味着什么，从而主体性中国或中国主体性到底意味着什么也没有得到很好的澄清。相较之下，他谈得比较多的是"现代性"。但是不探讨作为现代性根本原则的主体性，怎么能够深入探讨现代性呢？也因此，邓正来所提以中国法学为例如何建构主体性中国或中国主体性的划时代问题，在他那里缩减为"基于中国文化认同的（法律）理想图景问题"，② 不能不说，太狭隘了。

其次，经过上述缩减，邓正来所提的构建中国主体性，也就是形成基于中国的中国观和世界观，这一整体性、根本性的观就丢失了，从而在法学、法律抑或法治领域的根本性问题变成了什么是理想图景，也就是理想追求的问题。由于缺少了中国观、世界观的根本性追问，缺少了对中国与世界关系的根本性追问，因而对理想图景的探讨，在很大程度上变成了对源出于西方的诸现代性价值在中国这一时空下如何落实的方法论探讨。这一方法，就是孙国东所论的"反思性情境主义"。他明确指出："'反思性情境主义'应该是一种方法论，而不是一种'世界观'。"③ 所以，我们可以说，邓正来所提出的事关世界观的主体性问题，在孙国东那里变成了与世界观无涉的方法论问题。这不是语词之争问题，而是根本涉及中国与世界的关系问题，涉及中国的现代性到底意味着什么，以及中国主体性到底是否能够真正确立的问题。

反思性情境主义之所以成立，正如孙国东本人所交代的，其根源在于哈贝马斯所论，人们在社会合理化中所形成的后习俗层次的意识结构。这种意识结构的核心在于，在社会的理性化进程中，人们的世界观发生变化，变得具有反思性，也就是能够把抽象化的原则当作规范性的判准，对自身所处社会的习俗、伦理、法律、经济等各方面的状况进行反思、批判，在经过反思、批判后，才认可这些东西的合理性。正如恩格斯所言：

---

① 孙国东：《公共法哲学：转型中国的法治与正义》，中国法制出版社，2018，第393页。
② 孙国东：《公共法哲学：转型中国的法治与正义》，中国法制出版社，2018，第84页。
③ 孙国东：《公共法哲学：转型中国的法治与正义》，中国法制出版社，2018，第307页。

"一切都必须在理性的法庭面前为自己的存在作辩护或者放弃存在的权利。思维着的知性成了衡量一切的唯一尺度。"① 孙国东汲取这一点，形成了他的反思性情境主义。

在反思性情境主义中，关键的是依据什么东西，对什么进行反思，或者说反思的根据和对象是什么。按照孙国东的主张，反思的根据和对象都有两个，一是现代性价值，如正义、自由、平等，二是中国现实。也就是说，对现代性价值要依据中国的情境进行反思，反过来，也要对中国情境依据现代性价值进行反思。这种在二者间来回地反思，就是孙国东所说的"反思性平衡"，平衡的结果就是诸如"永续国家""关联性正义"等现代性价值观。这些价值观一方面是从中国现实出发的，另一方面又对中国现实进行反思，因而对中国而言是可欲的，值得追求的。同时，这些价值观又是对现代性价值的看法，是从中国出发的对现代性价值的看法，在孙国东看来，其不同于具体语境下西方人对现代性价值的看法，如他针对中国所提的"底线正义"不同于罗尔斯的"作为公平的正义"，尽管受后者影响。② 因而，在孙国东看来，反思性情境主义的"反思性平衡"能够开出中国人对现代性的不同理解，从而破除"现代化＝西化"的西方中心论，摆脱西方现代化范式的支配，走"兼具现代性和中国性的'另类现代性'道路"。③ 但是，这是否真的突破了西方现代化范式，走上了中国的现代性之路？

这里的关键是对现代性和中国性的关系的理解。显然，按照孙国东的意见，现代性和中国性是两种不同的东西，否则他也不会有"兼具现代性和中国性的'另类现代性'道路"这种提法。也因此，现代性和中国性发生了分裂，现代性成了普遍的东西，中国性成了特殊的东西，正如他所言，厘清"中国现代性"这一概念的关键，是"厘清'现代性'的普遍要求与'中国性'的特殊范导空间"。④ 那么，"中国现代性"就成了普遍的现代性要求在中国这一特殊文明时空下的运用，用他的话来说，是"现代性价值在中国'落地'"。⑤ 落地的成果是如上所论中国的现代性价值观，所以他强调要把自由、民主、法治、正义等这些现代性价值与基于中

---

① 《马克思恩格斯全集》第26卷，人民出版社，2014，第20页。
② 参见孙国东《公共法哲学：转型中国的法治与正义》，中国法制出版社，2018，第351～385页。
③ 孙国东：《公共法哲学：转型中国的法治与正义》，中国法制出版社，2018，第308页。
④ 孙国东：《公共法哲学：转型中国的法治与正义》，中国法制出版社，2018，第198页。
⑤ 孙国东：《公共法哲学：转型中国的法治与正义》，中国法制出版社，2018，第430页。

国对这些价值的看法，也就是价值观区分开。所以，中国对于现代性的贡献在于只是对普遍的现代性价值提供不同的看法、落实方案，至于中国性本身是否普遍，或者是否包含了普遍的现代性价值，在他那里根本没有提及，是缺失的。

在孙国东那里，他预设自由、平等、法治、正义等现代性价值在中国和西方的独立性，或者说现代性价值高于中国和西方，因而中国和西方任何一方都不能独占现代性，只是对现代性价值有不同的理解，从而才能走不同的现代性道路。但反过来看的话，这些价值从根本上看，源于西方，源于把这些价值从西方具体时空中进行剥离并抽象化，也就是孙国东所批判过的"去情境化的普遍主义"，[①] 从而形成规范性原则、判准。所以，孙国东实际上运用了两种方法，对中国现代性进行探讨。第一种方法是他所批判的"去情境化的普遍主义"，只有经由这一方法，孙国东才能把自由等现代性价值从西方抽离，而当作现代性本身，当作高于西方、中国的。第二种才是他所主张的"反思性的情境主义"。实际上依然把西方的现代性，或现代性价值加之于中国，只不过，这种施加是更进一步的，即反思性的，通过他的"反思性情境主义"反思中国情境之后再施加的。比之于形形色色的"西化论"的拿来主义，我们可以说，孙国东确实有些不同，他动摇了现代化范式的支配，但依然没有突破。如果就西方现代性价值更进一步对中国提要求来说，孙国东依然受到并深化了这一支配。

那么，合起来看，正是他对主体性原理的轻视或哈贝马斯式的批判，以及他的不甚妥当的方法论，才使得他对中国现代性的探讨，实际上依然堕入西方现代性，依然没能触及中国主体性，没能真正开启中国现代性道路。

对于现代性，或现代性价值，是否就是现有的自由、法治、正义等这些？特别是中国性有无可能本身是现代性，或者至少和现代性有交集、交叉，体现现代性的部分内容，换言之，中国本身是否有某种或某些现代性价值，不仅对中国人普遍，而且对整个世界普遍，尤其对西方普遍，需要在整个世界运用一下，尤其是需要西方运用一下？这样的问题，实际上是中国现代性的超越之维度的问题。公允地说，孙国东也确实注意到了这样的问题，他把中国的任务定位为，"如何'接榫、吸纳、转化乃至超越'

---

① 孙国东：《公共法哲学：转型中国的法治与正义》，中国法制出版社，2018，第33页。

现代文明秩序"，而明确地把自己的工作限定在"接榫、吸纳、转化"，没有触及"超越"。① 尽管他所倡导的公共商谈、公共论证，不对任何政治哲学立场做预先承诺，采取赵汀阳的"无立场"方法，且他所构想的底线正义、关联性正义，也要为社会发展保留想象空间，激发公民进行社会想象，这些都为中国现代性的超越之维留下了空间。但我要强调的是，姑且不论这里的论述是否矛盾，更重要的是，他对主体性的否定性批判立场，对想象力本身的不思，致使他的公共法哲学方案的想象力有限，不大可能超越西方，走上对中国主体性的思考之路，也不大可能实现真正意义上的中国现代性。他的中国现代性之路，就目前而言，实际上没走多远，也不大可能走远。做个形象的比喻，在孙国东的主张里，中国很大程度上就像《西游记》中的孙行者一样，西方则像如来佛一样，而现代性价值像如来佛的五指形成的山。孙行者再怎么厉害也逃不出如来佛的五指山，同理，中国的现代性之路走得再远，也超越不了西方的现代性价值。那么，如何进一步实现中国现代性的超越，从而真正确立中国主体性，下文将予以探讨。

三 中国现代性的超越之维：解放作为例子

（一）中国现代性的超越根基：想象力

想要中国主体性真正得以确立，中国现代性真的超越包括西方在内的世界，当然要从中国现实出发。就中国现实的客观方面而言，孙国东已经进行了不少分析，虽然这种分析可以继续探讨，但本文不从这方面进行，因为如果我们承认人的主观能力的重要作用的话，那么中国现代性的超越之维得以实现，中国的主体性得以确立，根本上需要发挥中国人的想象力，这属于中国现实的主观方面。所以，我将对想象力这一概念进行探讨，进而探讨中国主体性的根本原理，以及可能的中国现代性对世界尤其是西方的超越问题。为此，我也将尝试论证解放这一现代性价值，作为中国现代性超越之维的例子。

这里的想象力并非认识论意义上的，而是存在论意义上的。据海德格尔所论，这种想象力是人最内在的本质，是人作为此在（Das Sein）的源

---

① 参见孙国东《公共法哲学：转型中国的法治与正义》，中国法制出版社，2018，第 520 ~ 522 页。

生性境域，是本源的时间性、"源生性的时间"，① 是包括将来、曾在和当前这三种时间性样式的统一体。这种想象力是一种渊源性的奠基力量，表明了人作为一种存在者不断超越自身的可能性，源初的可能性。这种可能性存在于以将来为核心的时间性绽出机制中："保持住别具一格的可能性而在这种可能性中让自身来到自身，这就是将来的源始现象。"② 人从将来的能在出发做出本真性的先行决断，承担被抛的状态，也让在世界之内的存在者照面，把它们唤上前来，也在此意义上当前，从而形成世界。人

通过这种机制，不断地把面向将来的可能性转化为现实，创造新世界，并超越这种可能性，从而也不断超越自身，追求本真的意义。在此过程中，人也形成主体，获得主体性。当然，这是一种存在论、超越论意义上的而非认识论意义上的主体性："如若人们选用'主体'这个名称来表示我们自身向来所是并且作为'此在'来理解的那个存在者，那么，这就是说：超越标志着主体的本质，乃是主体性的基本结构。主体绝不事先作为'主体'而实存，尔后也才——如果根本上有客体现成存在的话——进行超越；相反，主体之存在（Subjektsein）意味着：这个存在者在超越中并且作为超越而存在。"③

上述原理表明，人本身是一种超越的存在者，不断超越自身、世界，因而人类历史远未终结，不会终结于西方的自由、民主等理念和制度里，总是有不同的可能性。从而我们中国人面对将来，发挥想象力，主观上有可能不断地超越现成世界，从既有世界的各种支配中，特别是西方现代化范式的支配中解放出来，开创本真的美好生活，开创不同的历史可能性，形成我们自觉的自信的主体性，从而为世界历史做出我们自己的贡献。

当然，想象力是有基础的，是要结合现实的，否则会成为幻想。所以发挥想象力要和中国现实相结合，才能生发出本真性的价值追求，继续深入走中国现代性之路，最终形成中国主体性，而非使中国主体性沦为单纯的口号。笔者在这里尝试以此方式，提出解放作为一种体现中国主体性的现代性价值。

---

① 〔德〕马丁·海德格尔：《康德与形而上学疑难》，王庆节译，商务印书馆，2018，第203页。

② 〔德〕马丁·海德格尔：《存在与时间》，陈嘉映、王庆节译，商务印书馆，2016，第443页。

③ 〔德〕马丁·海德格尔：《路标》，孙周兴译，商务印书馆，2014，第162~163页。

(二) 解放作为中国现代性的超越之维

1. 解放作为中国现代性的核心追求

众所周知，这种追求首先体现在中国革命中。无论是以孙中山为代表的资产阶级领导的旧民主主义革命，还是以毛泽东为代表的无产阶级领导的新民主主义革命，都追求解放。这种解放破除了西方帝国主义、古老的传统等对中国现代性的支配、阻碍，是中国追求现代性的重大进展，也为中国继续走自己的现代性道路奠定了根基。

中国自改革开放以来取得的重大成就，是解放的结果。从思想上看，众所周知，正是通过"实践是检验真理的唯一标准"这一讨论及以后的新启蒙运动①，白猫黑猫论等思想解放运动、实践，打破了"以阶级斗争为纲"等教条的束缚，不断使社会产生新思潮，引领社会前进。从经济上看，通过家庭联产承包责任制改革、建立现代企业制度改革等措施，革除了计划经济，建立起社会主义市场经济，解放生产力，从而使我国的人力资源、自然禀赋、技术进步等结合在一起，创造了经济奇迹，发展了生产力。从政治上看，我国从"文革"那种错误的斗争政治、全能性政治中解放出来，不断放权让利，以使个体、社会发挥出巨大的活力，公民在市民社会的领域里表达公共意见，同时通过集中民意，形成代表公共利益的决策。这使得我国既释放了政治领域的活力，也维持了政治秩序的大致稳定，取得了政治发展上的相当成就，特别是就广大发展中国家，乃至发达国家在现代化中的政治动荡而言。因此，通过此种对改革开放历史的简要回顾，也可以说，改革开放作为"中国的第二次革命"，② 作为中国现代性的继续展开，依然追求不断解放。正是通过不断解放，改革开放各领域才取得了不断的成功。展望未来，中国改革开放要取得最后的成功，依然需要我们在思想等各个领域的解放，破除苏联的、西方的等各种既有模式、教条、权力结构等形成的支配、束缚、压制，从而继续走中国现代性之路。

2. 解放作为普遍性的现代性价值

解放最直接的含义，是从统治、压迫、剥削、掠夺等形形色色的束缚中释放出来。这些束缚的形成，可归结为自然界的、社会世界的以及人内

---

① 参见贺桂梅《"新启蒙"知识档案：80 年代中国文化研究》，北京大学出版社，2010。
② 《邓小平文选》第 3 卷，人民出版社，1993，第 113 页。

在心灵世界的异己力量对人支配的结果。由于自然物没有意志，从其中获得解放是人类科学、技术发展的结果，所以在自然界探讨解放作为社会价值，尤其是与自由、平等的关系，无甚意义。就人类在心灵世界的束缚而言，上述海德格尔意义上的想象力，意味着人本身是一种不断超越自身、超越世界的存在者。这种超越如果也意指人从自身所是，也就是现成事物、现成世界的束缚中，不断解放出来，获得自身发展、完善的新的可能，那么，也可以说，从人本身存在的意义上讲，人不断寻求解放，以发展自身的存在。人是社会性的动物，从内本质上讲的不断超越、解放，要在社会中才能实现。对于在陷阱中的类似于猎物的人，或者在荒岛上类似于鲁滨孙的人，谈解放也无甚意义。所以，解放在很大程度上或者从根本上讲，是一种社会性的价值。这种价值作为普遍性的社会追求，即使不具有源始的独立性，也应当具有相对的独立性。因此我将结合平等、自由、民主等诸现代性价值，论述解放同它们的联系与区别。

解放作为社会性的价值，针对的是社会性支配及其形成的束缚。这种支配及其束缚由异己性的力量、权力在人与人之间形成。所谓异己性的权力源于人之间的差异性，以及由于这种差异所形成的不平等。所以解放作为一种独立价值的意义，首先在于预设人本是一种不平等的差异性存在。这是一种人类学的假定，也就是说人的存在本身是具有差异性的，从这种差异性中产生不平等，以及人类社会不断变革甚或进步的动力。人类的差异之所以存在不仅因为人在体力、外貌等物理意义上的差别，更因为上述人最内在本质的超越性。人外在的物理意义上的差别，就像自然界的因素一样，即使能够形成支配，也要凭借社会，所以不需过多关注物理意义上的差别。况且，人类最初的自然状态，可能如霍布斯、洛克、卢梭、罗尔斯等诸多论者所主张的那样，是平等的；或者如哈特所主张的那样，"近乎平等"。① 因此，本处集中论述人内在的超越性所导致的社会性差别，这才更重要。因为即使人类社会在最初是平等或大体上平等的，人由其内在的超越性所导致的差别、不平等，依然能够形成支配、束缚，从而需要解放。

人内在的超越性表明人总是在超越自己，追求不同的可能性，人不仅寻求与自己的不同，也在寻求与他人的不同，在这种不同中区别于自己与他人，确立自己的个别化、个性化存在，获得自己独立存在的意义。这种

---

① 〔英〕哈特：《法律的概念》，许家馨、李冠宜译，法律出版社，2018，第 261 页。

超越既是个体性的，也是群体性的。但是无论个体还是群体，超越虽然从本源上看是绝对的，但就其发展阶段而言，又是相对的，也就是说在一定时期内具有稳定性，以保持自己的同一性。也因此，人们之间的差异是绝对的，但保持相对稳定性。在相对稳定性中，人们形成对自己以及所属群体的认同，进而形成一定范围内的同一性、平等。而且对自己以及所属群体的认同，是基于相对于他者的差异形成的，也就是说，对于他者而言，是认异。认同与认异是同时发生的。所以，人类社会里差异、不平等是绝对的，而相同、平等是相对的。从人类的差异、不平等中，产生出"中心与边缘"这一社会结构，① 进而产生出对人的支配。为破除这种支配，从其中解放出来，人类不断斗争，从而获得某种相同、平等。同一性、平等意味着对人们尊严的承认的同时，在某一方面对个性的压抑、支配，因而又引发新的解放斗争。所以，解放这一价值，根植于由人的超越性而产生的不平等/平等、差异/同一性这一辩证关系中。

从这种辩证关系的支配中解放出来，所形成的结果、状态，是自由。由于人是一种超越性的存在者，因这种生存状态而形成的社会关系本身，是不平等/平等、差异/同一性这一辩证关系，是一种本源性的关系。卢梭说："人是生而自由的，但却无往不在枷锁之中。"② 大体上即是对这种状态的描述。只有从枷锁中解放，破除其支配、束缚，才能获得自由，回归自由。如果说自由与生俱来，枷锁无所不在，那么作为连接二者的解放，同样是一种与生俱来的、无所不在的本源性的需要，是人的一种本真性的社会性追求。哈贝马斯把解放定位为人的一种生存兴趣，③ 同样意味着解放对人的生存的根本意义。所以，我们可以说，解放是一种人与生俱来的本源性追求。

人总是处于枷锁的支配之中，总是要寻求解放，只有经过解放，才能获得自由。解放既表示去除枷锁支配的过程，也表示这一过程结束后的状态，这种状态可称为自由。所以解放对于自由具有独立性，是独立于自由的一项价值。解放以达到自由为目的，所以对于自由来说具有手段性，从此意义上讲解放对自由的独立性是相对而言的。由于解放过程不是自由，

---

① 参见〔美〕爱德华·希尔斯《中心与边缘：宏观社会学论集》，甘会斌、余昕译，译林出版社，2019。

② 〔法〕卢梭：《社会契约论》，何兆武译，商务印书馆，2003，第4页。

③ 参见〔德〕哈贝马斯《认识与兴趣》，郭官义、李黎译，学林出版社，1999，第199~214页。

解放不仅仅以自由为目的，还追求其余的目的，如尊严等；并且表示作为解放过程结果的解放，是一种去除束缚、没有束缚的状态，但这只是一种消极意义上的自由，[①] 而自由也包含更多的含义。所以可以说，解放是自由的手段，但不从属于自由；解放不等同于自由本身，只是和自由有交叉、交集。但自由以解放为前提，没有解放，不可能有任何自由。所以，解放是一种前提性的相对独立于自由的价值。

就民主而言，无论对民主有何种理解，它有一种基本含义，也就是多数人的统治。而多数人之所以能够统治，前提是多数人是不受束缚的，至少是不受某种束缚。无法想象，多数人作为奴隶或具有从属性、依附性的人能够进行统治。而不受束缚则意味着得到解放，所以我们也可以说，民主也以解放为前提。当然，解放不一定带来民主，因为去除束缚，并不一定能使多数人统治，即使是名义上的。并且多数人的统治，也是支配的一种形式。尽管人类历史发展到当今，民主经历了好几波浪潮，[②] 似乎作为当然的价值被接受，具有天然的正当性。但民主作为一种支配形式，除了人们通常所说的"多数的暴政"[③] 这一危险外，依然有很多局限、不足，而对于这些，需要解放等去克服。所以，解放对于民主也是具有独立性的价值。

就秩序而言，秩序的基本含义是在一定的历史时间和社会空间维系一定行为模式的稳定性、连续性、规律性和可预期性。这往往是用一定的理念作为意识形态、制度作为规则以及强制力作为支持，共同维系的。因而秩序往往意味着支配，意味着束缚，特别是僵化的秩序，更是如此，正需要解放加以克服。所以解放往往和秩序相对，意味着破除旧的不合理的秩序，建立新秩序。但新秩序依然会带来束缚、支配，甚至僵化，所以又需要解放。因而从长远看，人类没有永远不变的秩序，而是在秩序/解放中不断循环。但解放，特别是通过革命而进行的解放，对秩序带来的破坏往往是异常暴烈的，甚至意味着毁灭。所以尽量在秩序大体上稳定的前提下，对秩序进行点滴变革，逐步改进，也就是温和的试错式的解放，方为恰当的、可欲的。因此，需要发挥智慧，进行妥协，以使解放保持在适当的范围、强度、烈度内，从而既发挥其应有的作用，又避免带来不可欲的

---

① 参见〔英〕以赛亚·伯林《自由论》，胡传胜译，译林出版社，2003，第189~200页。
② 参见〔美〕塞缪尔·P. 亨廷顿《第三波：20世纪后期的民主化浪潮》，欧阳景根译，中国人民大学出版社，2013。
③ 〔法〕托克维尔：《论美国的民主》，董果良译，商务印书馆，1997，第287页。

危害、恶果，以维系秩序和自由间的平衡。这种探讨也表明，解放独立于秩序，甚至与秩序相对立。

以上对解放与平等、自由、秩序这些基本的社会价值的关系进行的去情境化的抽象简述，主要是为了表明解放作为一种独立的社会价值的根本意义。也就是说，解放作为一种普遍追求的重要意义。这表明解放不仅是中国人现代性的追求，更是人本身的追求，全人类的追求。而且中国人对解放的追求，具有普遍的意义。

首先，中国对自身进行了超越，即超越了过去遥远的传统，也超越了近现代以来形成的不断革命的传统，现在正在保持秩序大体稳定的基础上继续进行改革开放，超越自身。这些超越，也就是中国从各种自身的束缚中解放出来，开创自身发展的不同可能性。上文已有论述，在此不赘。

其次，本处侧重谈中国对西方的超越，从西方的支配中解放出来，以彰显中国现代性道路的普遍意义、中国主体性确立的可能，从而彰显中国对人类历史与世界的可能贡献。因为，可以大致地说，自近现代以来的人类历史在很大程度上依然是受西方以及"西方中心论"这一意识形态支配的历史。

近现代西方以自由、民主等价值为核心追求，以政治、经济、军事、文化、宗教等为一体，形成"现代世界体系"，[①] 从西欧开始向全世界扩张，至今亦未停息。这种扩张一方面把先进的理念、制度模式、技术等输向世界其余地区，尽管对世界其余地区的发展曾经起到推动作用，但更多的不仅造成世界其余地区深重的灾难，也给它们自己带来了痛苦，乃至灾难，至今依然未有根除，如种族主义所显示的。这深深地表明了西方现代性的局限。

中国在这一进程中同样未免于难，遭受了深重的痛苦。但中国的现代性追求一开始就有超越西方的明显意图，除却早期同各种传教士等的交流，在遭受西方压迫、支配最严重，中国危机最严重而面临灭亡危险的时候，中国也依然没有放弃对西方的超越。如严复对自由的著名的"群己权界"式理解，[②] 康有为对大同世界的构想，[③] 梁启超对西方文明的批判、

---

① 参见〔美〕伊曼纽尔·沃勒斯坦《现代世界体系（四卷本）》，郭方等译，郭方校，社会科学文献出版社，2013。

② 参见林平汉等编《严复全集5：群己权界论》，天津教育出版社，2016。

③ 参见康有为《大同书》，上海古籍出版社，2009。

反思，① 孙中山的三民主义、世界主义，② 毛泽东对中国革命道路和现代化道路的探索，③ 乃至当今的改革开放。也因此，汪晖把中国的现代性概括为"反现代性的现代性"。④ 在这个概念里，所要反的前一个现代性，正是片面的单向度的独白的体现霸权式支配的西方现代性，而所要追求的后一个现代性正是中国自己的现代性；而"反"本身意味着对抗、冲突、斗争乃至革命，也就是把中国甚至世界从充满局限性的西方现代性的支配下解放出来，而实现互惠的对话的更完善的现代性，不仅实现中国人的解放，而且实现整个世界的解放。

这种解放为中国人，也为世界上其余地方的人们，追求自由、平等、尊严、良好秩序、法治等其余美好价值创造了条件。同时，中国作为人类历史中有古老传统的一部分，作为受西方支配的世界中的一部分，作为经历起义，立宪改革，各种革命、运动等复杂尝试而终于走上自己道路的国家，实现自身解放，也昭示了受各种支配特别是受西方支配的后发国家实现自己解放、发展的可能性，也为整个世界，整个人类历史的发展提供了可以参考、可资借鉴的可能性。它表明在西方那种片面的充满局限性的现代性追求、现代性道路之外，可能有另一种更可欲的更完善的现代性道路。人类历史远远没有终结，也不会终结在西方现代性里。因此，中国的解放不仅凸显了对于中国人、中国自身的意义，而且也凸显了对整个世界、人类历史的意义、贡献。中国对解放这一现代性价值的追求，是对西方的超越，也确立起中国自身的主体性。

四　结语

需要指出的是，本文对解放作为中国超越西方追求的普遍性价值的论证，是尝试性的。这种尝试性一方面意指，有待继续论证，从而可能是失败的；也意指，有可能是成立的，但不仅自身有更丰富的含义，而且可能面临别的超越西方现代性的价值的竞争，简言之，中国的现代性价值追求有可能不仅仅是解放，还有更丰富的内容，是多元的。还需要强调的是，论证解放作为中国现代性的追求，不能被视为对自由、民主、法治等源出

---

① 参见梁启超《欧游心影录》，商务印书馆，2014。
② 参见《孙中山全集》第 1 卷，中华书局，2006，第 324~331 页。
③ 参见《毛泽东选集》第 2 卷，人民出版社，1991，第 662~709 页。
④ 汪晖：《别求新声：汪晖访谈录》，北京大学出版社，2010，第 115 页。

于西方的现代性价值的否定，而是使它们更好地实现，从而意味着对它们的超越。

中国现代性正在生成之中，需要大家共同进行深度的反思。因此，也期待更多的反思继续深入推进，期待更多的批判，以阐明中国现代性，确立中国主体性，从而更好地为世界和人类历史做贡献。

稿　约

《法律与伦理》是由常州大学史良法学院创办、社会科学文献出版社出版的集刊。每年出版两期（1月和7月）。现面向海内外专家、学者真诚约稿。

一　刊物栏目设置

本刊主要栏目有：

（1）自然法专题；

（2）法律与环境伦理专题；

（3）法律、科技与伦理研究专题；

（4）法律与人性关系研究专题；

（5）法政治学研究专题；

（6）法律职业道德研究专题；

（7）部门法学研究专题；

（8）书评；

（9）人物访谈；

（10）学术通信。

二　注释体例

（一）本集刊提倡引用正式出版物，根据被引资料性质，在作者姓名后加"主编""编译""编著""编选"等字样。

（二）文中注释一律采用脚注，每页单独注码，注码样式为：①②③等。

（三）非直接引用原文时，注释前加"参见"；非引用原始资料时，应注明"转引自"。

（四）数个注释引自同一资料时，体例与第一个注释相同。

（五）引用自己的作品时，请直接标明作者姓名，不要使用"拙文"等自谦辞。

（六）具体注释举例：

1. 著作类

①王泽鉴：《民法总则》，北京大学出版社，2009，第80页。

2. 论文类

①朱庆育：《法律行为概念疏证》，《中外法学》2008年第3期。

3. 文集类

①〔美〕杰里米·沃尔德伦：《立法者的意图和无意图的立法》，〔美〕安德雷·马默主编《法律与解释：法哲学论文集》，张卓明等译，法律出版社，2006，第115页。

4. 译作类

①〔德〕维尔纳·弗卢梅：《法律行为论》，迟颖译，法律出版社，2013，第155页。

5. 报纸类

①刘树德：《增强裁判说理的当下意义》，《人民法院报》2013年12月27日，第5版。

6. 古籍类

①《汉书·刑法志》。

7. 辞书类

①《元照英美法词典》，法律出版社，2003，第124页。

8. 外文注释基本格式为：

author, *book name*, edn. , trans. , place：press name, year, pages.

author, "article name," *journal name*, vol. , no. , year, pages.

三 审稿期限

集刊实行审稿制，审稿期限为两个月。谢绝一稿多投。

四 投稿邮箱

投稿邮箱：lawethics@ sina. com。

《法律与伦理》编辑部

图书在版编目（CIP）数据

　　法律与伦理. 第十辑／侯欣一主编；夏纪森执行主
编. -- 北京：社会科学文献出版社，2022.12
　　ISBN 978 - 7 - 5228 - 1359 - 2

　　Ⅰ.①法…　Ⅱ.①侯…②夏…　Ⅲ.①法律 - 伦理学
 - 研究　Ⅳ.①D90 - 053

　　中国版本图书馆 CIP 数据核字（2022）第 256475 号

法律与伦理　第十辑

主　　　编／侯欣一
执行主编／夏纪森

出 版 人／王利民
组稿编辑／刘骁军
责任编辑／易　卉
文稿编辑／侯婧怡
责任印制／王京美

出　　　版／社会科学文献出版社·集刊分社（010）59367161
　　　　　　 地址：北京市北三环中路甲 29 号院华龙大厦　邮编：100029
　　　　　　 网址：www. ssap. com. cn
发　　　行／社会科学文献出版社（010）59367028
印　　　装／三河市龙林印务有限公司

规　　　格／开　本：787mm × 1092mm　1/16
　　　　　　 印　张：15　字　数：252 千字
版　　　次／2022 年 12 月第 1 版　2022 年 12 月第 1 次印刷
书　　　号／ISBN 978 - 7 - 5228 - 1359 - 2
定　　　价／98.00 元

读者服务电话：4008918866